# 本书编委会

主　编：林平珠

编　者：黄瑜香　吴棉棉　谢国华　肖钦华　杜意妹
　　　　黄庆迎　何清华　潘茹梅　吕月云　黄凤玉
　　　　郑雅莉　吴惠玲　张明媚　陈美聪　林磊磊
　　　　王小岚　何浩程　曾华彬　李平霞　钟小婷
　　　　饶燕燕　叶茹青　陈　璐　李艺云

# 小学英语课这样上

——基于11种常见课型的教学模式和策略

林平珠 /主编

海峡出版发行集团 | 福建教育出版社

图书在版编目（CIP）数据

小学英语课这样上：基于11种常见课型的教学模式和策略/林平珠主编. —福州：福建教育出版社，2021.11（2023.11重印）
ISBN 978-7-5334-8954-0

Ⅰ.①小… Ⅱ.①林… Ⅲ.①英语课—课堂教学—教学研究—小学 Ⅳ.①G623.312

中国版本图书馆 CIP 数据核字（2020）第 268544 号

Xiaoxue Yingyu Ke Zheyang Shang
——Jiyu 11 Zhong Changjian Kexing De Jiaoxue Moshi He Celüe

**小学英语课这样上**
——基于11种常见课型的教学模式和策略
林平珠　主编

| | | |
|---|---|---|
| 出版发行 | | 福建教育出版社 |
| | | （福州市梦山路27号　邮编：350025　网址：www.fep.com.cn |
| | | 编辑部电话：0591-83786912 |
| | | 发行部电话：0591-83721876　87115073　010-62024258） |
| 出 版 人 | | 江金辉 |
| 印　　刷 | | 福州报业鸿升印刷有限责任公司 |
| | | （福州市仓山区建新镇建新北路151号　邮编：350082） |
| 开　　本 | | 710毫米×1000毫米　1/16 |
| 印　　张 | | 19.75 |
| 字　　数 | | 323千字 |
| 插　　页 | | 1 |
| 版　　次 | | 2021年11月第1版　2023年11月第6次印刷 |
| 书　　号 | | ISBN 978-7-5334-8954-0 |
| 定　　价 | | 46.00元 |

如发现本书印装质量问题，请向本社出版科（电话：0591-83726019）调换。

# 目录 CONTENTS

第一章　绪论 ………………………………………………… /1

第二章　对话课型 …………………………………………… /4

第三章　语音课型 …………………………………………… /36

第四章　词汇课型 …………………………………………… /60

第五章　语法课型 …………………………………………… /86

第六章　阅读课型 …………………………………………… /117

第七章　写作课型 …………………………………………… /145

第八章　绘本课型 …………………………………………… /171

第九章　故事课型 …………………………………………… /199

第十章　复习课型 …………………………………………… /228

第十一章　科学探究课型 …………………………………… /254

第十二章　主教材与绘本融合课型 ………………………… /279

参考文献 ……………………………………………………… /310

# 第一章 绪论

迈入核心素养新时代,教师不仅要注重核心素养理论的深度解读,更要注重课堂实践的应用分析。在小学英语教学中,教师应树立核心素养导向的英语学习观,融合多媒体信息技术,构建多模态的英语课堂教学,引导学生在不同课型中,通过一系列相互关联的语言、思维、文化、策略有机融合的活动,实现对主题和语篇理解的提升和优化,形成新的知识结构,并进行创新迁移。

本书的编写,紧扣小学英语教学前沿理论,深度融合一线教师的教学实际,内容具有很好的借鉴价值。我们提出"STAMP"作为小学英语课堂教学的理念,旨在为小学英语教师的教学实践提供前沿理论,将核心素养落地并根植于课堂教学。"STAMP"本意为"用铸模或刻刀等赋予某物以形状",在本模式中意为"塑造学生的必备品格和培养学生的关键能力"。将其引申至课堂,所赋予的教学理念解读如下:

S—Student & study 以学生为主体的学习;

T—Teacher & teaching 以教师为引导的教学;

A—Assessment 采取科学的多元评价;

M—Multi-model teaching and learning 采用多模态的教学;

P—Progress 提升师生的素养。

构建核心素养下的小学英语"STAMP"课堂,是指以学生学习为中心,以教师教学为引导,构建以培养学生听、说、读、看、写的语言能力为主,同时融合科学评价和多元资源的多模态教学的课堂模式，旨在培养学生英语学习的关键能力和必备品格，促进学生核心素养的形成和提升。

课堂是落实英语核心素养的主阵地。本书以参加全国赛、省赛、市赛的一些小学英语优秀课例为切入点，基于"STAMP"理念，从理论和实践方面深入剖析小学英语11种常见课型的教学模式、教学策略及教学设计。

### 一、课型的概念

所谓"课型"，就是课的类型或课的模型。课的类型是在对各种课进行分类的基础上产生的。课的模型是对各版本教材同类型的课在教学任务、教学内容、教学策略、师生活动方式、需用时间等方面的共同特征进行抽象和概括的基础上形成的模型或模式。现代教学理论认为，教学过程结构是课型分类的主要依据之一，特定的课型必然有特定的教学过程结构。本书通过对小学英语课型的实践与研究，有针对性地进行梳理、提炼、归纳、总结，形成一系列操作性强的、可借鉴的教学模式和教学策略，帮助一线教师更好地掌握各种课型的教学目的、教学结构、教学方法等方面的规律，提高教学设计、实施和评价的能力。

### 二、划分课型的意义

基于本书的小学英语"STAMP"教学理念，为使课型的定义更简洁清晰，方便一线教师结合自己所使用的教材和实际教学情况，有效进行参考借鉴，提高课堂实效，我们根据不同的课型，采取不同的教学模式和教学策略。这样不仅能够促使学生扎实掌握语言知识、训练语言技能、培养用语言做事的能力，而且能够更好地落实学生的英语核心素养，提高学生可持续发展的英语学习力，使小学英语课堂更有效，甚至是高效。

### 三、课型的分类

本书主要根据教学任务，以教学内容的性质为切入点，将小学英语课划分为对话课、语音课、词汇课、语法课、阅读课、写作课、绘本课、故事课、复习课、科学探究课、主教材与绘本融合课这11种常见课型。

## 四、把握课型的特点

小学英语课型主要以教材为载体，只有根据其教学内容和编排体系科学解读教材，把握课型特点，才能根据学情进行针对性的教学，培养学生的各项语言技能。

在小学英语教学实践中，教师要把握不同课型的特点，突出其教学重难点。例如，词汇课教学侧重于在语境中将单词的音、义、形、用融为一体，指导学生学习和运用词汇表达思想、交流情感，提升词汇学习能力和综合语言运用能力。而对话课教学则侧重于培养学生的口语交际能力，通过课堂教学训练和提升学生的听说能力，提高会话技巧，培养学生在真实生活和情境中初步运用英语进行交际的能力。

不同的课型侧重点不同，采用的教学模式和策略也不同，但都有一个共同的目的：为培养学生的综合语言运用能力进行教与学。小学英语教学具有整体性特点，教师不能在教学环节中顾此失彼，但可以根据教材，有所侧重地确定课型，并采取相应的教学模式和策略进行教学。

## 五、教学模式与策略

本书中的教学模式是在"STAMP"教学理念的指导下，基于不同课型，为完成特定教学目标和教学内容进行归纳、凝练、发展而形成的具有参考价值、可操作性强且简明稳定的教学活动和教学流程。各课型的教学模式都是在生本教育、启智育人、落实核心素养的基础上建构的扎实有效的模式。

书中各课型所使用的教学策略是在基于学情、立足不同课型、为达到教学最优化效果而采用的方式、方法、信息技术应用的总和，它指向单个的或局部的教学行为，具有灵活多样性，可随着教学进程的变化及时调整、优化。本书中的优秀课例、可借鉴的教学模式和灵活的教学策略，让不同课型的小学英语教学更别出心裁、自主高效。

核心素养时代的小学英语教师不仅需要在观念上更新，在专业上提升，在教学中实践，在日常中积累，更需要举一反三的教学反思能力。我们通过呈现和解读不同课型的教学模式、教学策略、教学案例，意在帮助一线教师更好地抓住重点、把握课型、熟悉模式、运用策略，提高教学设计、实施和评价的能力，切实感受"小学英语课这样上"的自信和魅力。

# 第二章　对话课型

  小学英语教材编写体系中,对话课占有很大的比重。对话课是小学英语教学的主要课型之一,也是培养学生英语学科核心素养的重要阵地。对话教学对于学生形成口语表达能力和英语思维能力等具有重要的促进作用,是学生实现真实交流和自然交际的重要途径。在《义务教育英语课程标准(2011年版)》(以下简称《课程标准》)分级目标中,一级目标描述对听说的要求是:对英语有好奇心,喜欢听他人说英语;能做简单的角色表演;能交流简单的个人信息,表达简单的感觉和情感;在学习中乐于模仿,敢于表达,对英语具有一定的感知能力。二级目标描述对听说的要求是:能用简单的英语互致问候,交换有关个人、家庭和朋友的简单信息,并能就日常生活话题作简短叙述。

## 一、小学英语对话课的定义

  小学英语对话课是以教材文本为依托,针对某一话题进行英语听说训练,培养学生口语交际能力的教学。小学英语对话教学是教师通过解读教材,整体设计目标,深入挖掘对话文本,帮助学生感知与理解对话,激活、深化和拓展学生思维,让学生有意识地学习对话策略、提高对话技巧,从而能够在真实生活与情境中运用所学语言进行自如对话与交流,最终实现发展学生综合语言运用能力目标的教学活动。

## 二、小学英语对话课的特点

小学英语对话课应依托文本，围绕主题，设计贴近生活的情境，引导学生进行真实的口语交际，体现语言的工具性和人文性特点，让学生在探究新知、习得知识的同时形成能力、发展思维、体验情感，实现英语学科的育人价值，它具有以下几个特点。

1. 情境性

对话是在特定情境中发生的一种交际现象。有情有境才能有交流，脱离情境的语言交际会失去准确传达信息的意义。小学英语对话课倡导构建统一的、完整的、连贯的、真实的主题情境，让学生围绕对话主题，感悟对话内容，探究对话意义，使学生在和谐的主题情境氛围中学有所得、学以致用。

2. 交际性

对话来源于生活，具有交际功能，是一个双向或多向互动交流的过程。在小学英语对话课教学中，教师要通过创设交际性情境，开展交际性活动，培养学生交际的主动性，真正实现师生之间、生生之间的多向互动交流，让学生能够运用英语进行交际并解决实际问题，从而培养学生的英语语言交际能力。

3. 得体性

对话的内容和辅助语言，包括眼神、肢体动作等都要遵循对话的互动原则和礼貌原则，符合语言交际时的真实语境，采用最佳的言说方式，做到适时、适情、适度、适机，展现出良好的语言交际素养，实现交际意图。

4. 生成性

对话的目的是通过对话信息的交流互动，生成和建构新的意义。建立在对话基础上的教学会超越传递信息的功能，具有生成性。在小学英语对话课中，教师应时时关注课堂上的动态生成，引导师生间、生生间展开智慧的对话，完成高质量的交流，在动态生成中推进课堂教学，构建出一个充满生命活力的课堂。

## 三、小学英语对话课的教学模式

话题的科学合理性直接影响到对话教学的整体效果。小学英语对话教学应围绕主题，定位话题，进行合理的教学设计与实施，有条理、有层次地逐步推进对话教学,让学生基于话题理解对话、活用对话、丰富对话、拓展对话,提高课堂教学的实效性,提升学生的核心素养。但在当前的教学中,很多教师未能重视对话课的多元作用,导致教学中出现了"重知识、轻功能""重语句、轻语境""重部分、轻整体"等问题(贾秋林,2018)。这些问题造成对话教学缺乏话题意识的提升运用,教学内容之间没有层次感,新旧知识无法有效衔接,教学环节之间毫无逻辑关系,教学活动缺乏真实语境和交际目的,导致课堂教学沉闷,学生学习英语的兴趣降低,对话教学效率低下。基于这些原因,为了提升对话课教学质量,经过教学实践,我们总结出小学英语"TOPIC"对话课教学模式,其教学活动分为 Theme、Obtainment、Practice、Interaction、Comment 五个步骤。

小学英语"TOPIC"对话课教学模式

图 2-1

1. Theme(呈现主题)

通过图片、视频、活动等方式呈现主题,引入话题,创设语境。基于话题,可以让学生自主提问,也可以教师提问,激活学生相关的背景图式,为学生在轻松愉快的语境中感知与理解新的语言做好铺垫。

2. Obtainment(新知获取)

基于话题情境,设计语言活动链,获取新知。在由易到难的阶梯状的任务活动中,引导学生分层解决各个新语言点,突破重难点,梳理细节,概括、整合、重组信息,形成新的知识和新的对话结构。

3. Practice(对话操练)

对话操练包括机械操练、意义操练(情境操练)与交际操练等形式。教师应围绕对话话题整体操练对话中的主要词汇和句型,操练形式尽量做到多样化。例如,针对对话中某些核心词汇进行挖空、补白等替换训练;句型情境练习;跟读模仿录音、配音;分角色朗读、表演对话,让学生体会不同角色、不同语境的语音、语调以及语言表达习惯,为下一步交际运用奠定基础。

4. Interaction(交际运用)

从文本回归生活,针对学生已有的生活经验和语言积累,创设接近真实的语言交际情境，促进学生实践语言交际。学生围绕对话中的交际目的和语言项目，拓展对话交际情境，创编对话，将所学知识融会贯通，在听、说、读、看、写等语言活动中创造性地综合运用语言进行对话，实现语言技能的形成、语言素养的提升，切实发展综合语言运用能力。

5. Comment（评价展示）

采用多元评价方式贯穿课堂始终，基于《课程标准》与学生实际设定操作性强的评价标准，从多个维度评价学生的综合语言运用能力。有目的地选择一两组学生代表进行展示或检测。每组展示完毕，师生按设定的标准进行针对性的评价，以便下一组的展示水平能有所提升。最后，教师进行总结评价、回顾梳理、布置作业。教师分层设计实用型、创造型、交际型作业，让每个层次的学生都有所练，且练有所得。

## 四、小学英语对话课的教学策略

对话与交流能力是衡量一个人语言素养高低的重要因素，因为语言学习的最终目的是学习者通过与他人的对话与交流获取信息、分析信息和处理信息。要使学生形成较好的对话素养和能力，教师就要把握对话的实质内涵，不断创新对话教学的研究思路和实践路径（陈剑，2019）。在小学英语对话教学中，教师应基于核心素养理念，从主题意义出发，推动深度学习，促进思维发展，助力学生语言的实际运用，让学生在语言交流的过程中，将语言知识转化为语言能力，提升对话教学质量。

1. 基于主题意义探究，深度解读对话文本

《普通高中英语课程标准（2017年版）》指出："英语课程应该把对主题意义的探究视为教与学的核心任务，并以此整合学习内容，引领学生语言能力、文化意识、思维品质和学习能力的融合发展。"在小学英语对话教学中，教师要立体把握教材编者的意图，深度解读和分析教材，对文本深刻含义展开全面探究，既要看到对话文本中包含的语言知识和语言技能训练点，又要挖掘出文本所承载的主题意义和深层文化内涵。教师要以主题意义探究为主线，从学生实际出发，充分利用各种教学资源，创设统一的、完整的、连贯的、真实的主题情境，设计循序渐进的多层次语言实践活动，激活学生已有的背景图式，使学生的生活经验成为探讨文本主题意义的源泉，让学生更深入全面地理解文本主题意义，多维度建构起与该主题相关的结构化知识，提升学

生的英语学科核心素养。

【课例1】外研版《英语（新标准）》（一年级起点）五年级上册 Module 7 Unit 1 His dog can help him. 教学片段

本课主要记录三个小朋友在看一档关于导盲犬帮助盲人的电视节目期间发生的对话。教师在深度解读文本的基础上，基于学生生活经验，为了能让学生深入理解"Dogs are useful."，结合聚焦主题意义的关键词语 special dogs 对文本进行拓展，丰盈主题内容，深化主题内涵。

T：What can this dog do? Look!（呈现导盲犬带盲人过马路的图片）

$S_1$：It can guide the blind.

T：Wonderful! It can guide the blind.（教师板书）It is a special dog. Do you know other special dogs?

Ss：…

T：Great! You know so many special dogs. Look, what can they do?

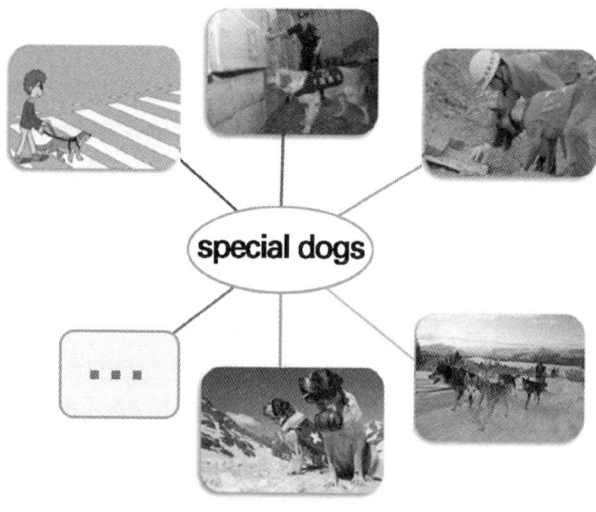

图 2-2

Ss：…

T：Children, now we know special dogs are helpful. What about Fifi? Can Fifi help blind people?（见图 2-3）

Ss：No, he can't.

T：Right, because Fifi is a pet dog. He can't help blind people. Look, he's unhappy. Now here comes a dog trainer. What can't Fifi do? Please tell him.

(Ss use "Fifi can't..." to tell the dog trainer.)（见图2-4）

T：Children，after training，pet dogs can help people，too. Special dogs and pet dogs are our friends. They are helpful. We should love them and be kind to them.

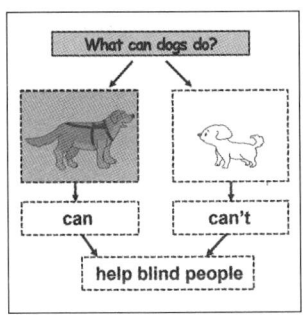

图2-3

图2-4

来源：王金鹤（泉州市晋光小学）

本课例荣获第十一届全国小学英语教师教学基本功大赛现场课评选一等奖

在上述教学课例中，教师以主题意义为引领，紧扣关键词语 special dogs，挖掘文本的深层内涵，将对主题意义的探究从文本向现实生活推进，通过文字、图片、视频等教学手段，让学生能够自主形成具象化感知，激起学生对文本对话主题的探究欲望。在教师的引导下，学生聚焦文本深层信息，更清楚地了解特殊犬对人类的帮助。教师通过视频介绍驯犬师。驯犬师把宠物狗Fifi训练成 a special dog 这一活动环节，让学生明白宠物犬经过训练也可成为 helpful dogs，引导学生感悟文本，激起情感共鸣，全面和深刻地理解文本主题意义，真正实现师生和文本之间精彩深入的对话。深度解读对话文本，既能够促进学生对对话文本的深入理解和拓展，渗透情感教育，培养学生探究主题意义的能力，又能够基于语用教学这一杠杆，全面提升学生的英语语言运用能力，真正实现学科核心素养的落地生根。

2. 巧用图片资源，整体串联对话情境

美国著名教育心理学家布鲁纳说过："对学生最好的刺激，乃是对所学材料的兴趣。"根据实际教学需要，创造性地利用图片资源丰富教学的内容和形式,提供有利于学生观察、体验真实语言的情境,可以使英语学习更好地体现真实性和交际性。图片资源包括教材插图和教材以外与本课相关的图片,教师在小学英语对话教学中应充分利用图片资源创设直观、生动、形象的情境,以图导学,激发学生的学习兴趣。对话前,利用形象、直观的图片与文字相互照应,图文并茂,导入情境,渗透新知,为文本的学习做好铺垫。对话中,图片中的真实语境,有利于学生对文本内容的理解和掌握。对话后,鼓励学生深入探讨图片中的其他细节,依托图片,深入开展对话进行交际活动,提升学生的语用能力。

【课例2】外研版《英语(新标准)》(三年级起点)五年级上册 Module 3 Unit 1 Where did you go？教学片段

本课的话题是旅游,教师利用图片资源,将自身经历与文本中 Amy 的伦敦旅游情境整体串联在一起,自然导入文本。

T：Let's enjoy the pictures of special London.（见图2-5）

播放有关伦敦的趣味图片,渗透重点句型"Where did you go? What did you do?"和词汇 went、visited。

T：I like traveling. That's my favourite hobby. Do you like traveling? Last year, I went to London. Where did I go in London? Do you want to know? Guess!

S：…

T：Look, where did I go? I went to…（教师播放幻灯片）

Ss：Big Ben.

T：What did I do? I bought…

Ss：A big watch.

T：Where did I go? I went to…

Ss：Tower Bridge.

T：What did I do? I went…

Ss：Fishing.

T：Then I visited…

Ss：The London Eye.

图2-5

T: And I rode a bike there. Then I went to St. Paul's Cathedral and ate a big ice cream. Delicious! In London, I stood here and ate my ice cream. Then I visited the British Museum...

播放教师参观伦敦景点的视频,让学生复习四个景点名称,最后连成 Amy 头像(见图 2-6),呈现课文插图(见图 2-7)。学生观察课文插图,获取信息。

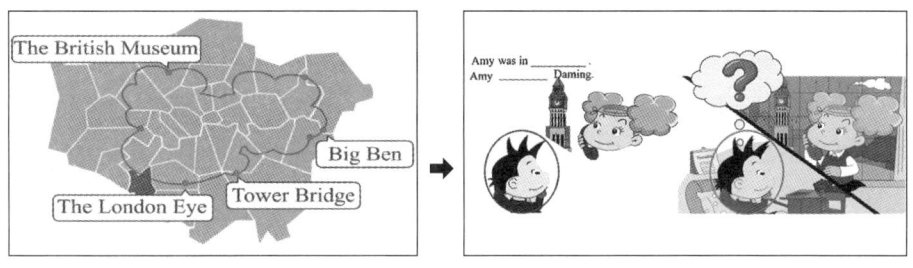

图 2-6        图 2-7

T: Who's she? She's my friend, Amy. Last weekend, she was in... (教师切换幻灯片,引导学生看图。)

Ss: London.

T: She...

Ss:打电话。

T: Right. She phoned Daming. Boys and girls, if you were Daming, what would you ask Amy? You, please.

$S_1$: What did you do?

$S_2$: How did you go there?

$S_3$: Where did you go?

T: Good questions! So today we will learn "*Module 3 Unit 1 Where did you go?*". It's on Page 14.

来源:庄筠(泉州市泉港庄重文实验小学)

本课例荣获第十届全国小学英语教师教学基本功大赛现场课评选一等奖

该课例是一节新课的导入环节,庄老师基于课文图片,融入生活图片,形成资源的再生成。庄老师用学生感兴趣的 GPS 定位系统的视频来引出本课情境 London,引导学生说出与伦敦相关的景点,并以伦敦的趣味图片吸引学生的注意力，同时向学生不断渗透本课重点句型和难点词汇，分解本课的重、难点。由教师本人的伦敦旅行路线形成的Amy头像与课本插图无缝衔接，创造性地串联起整个对话教学情境，引导学生说出本课的基本信息，启发学生自主提问。这种步步为营的导入方式培养了学生的看图能力和思考能力，同时自然地过渡到新课的学习。

3. 注重视听输入，感知理解对话文本

实验心理学家赤瑞特拉的实验表明：人类获取的信息83%来自视觉，11%来自听觉，3.5%来自嗅觉，1.5%来自触觉，1%来自味觉。美国著名语言学家Stephen D. Krashen曾说："无论儿童还是成年人，在语言的习得中头等重要的是听力理解。"儿童学习语言的规律是先听后模仿，然后才是写，这样才能建立起有效的语言学习系统。听说是一种非常有效的学习方式，是所有其他能力发展的基础，也是学习的基础。听说之间的关系，一定是听在前，说在后。学生体验语言的学习过程离不开多途径的听说活动，只有大脑里储备了一定的声音，在说的时候才能够自如表达，因此在小学英语对话教学中，应着重训练和提升学生的听说能力。教师可以借助媒体，视听结合，整体呈现文本，让学生感知和理解语言，突破重、难点，培养学生的语言能力和思维能力。

【课例3】外研版《英语（新标准）》（三年级起点）四年级上册Module 9 Unit 1 Are you going to run on sports day? 教学片段

本课的情境是：学校要开运动会，Daming打算参加100米短跑比赛。他每天早起去公园跑步锻炼，最终获得了冠军。在教学中，教师精编"视听要求"，借助媒体，将文本材料直观化，恰到好处地帮助学生感知、理解完整的文本内容。

①Listen and underline.

教师播放课文录音，让学生在含有"Are you going to...?"的句子下面画线。

T：Have you finished? Let's check the answer. In which picture?

Ss：Picture 2 and Picture 4.

T：Yes. Now let's look at Picture 2. Are you going to run on sports day?（教师点击课件播放句子录音，学生模仿跟读，教师板书句子。）

T：Daming answers, "Yes, I'm going to run the 100 metres."（学生模仿跟

读句子录音）Please look at this phrase：100 metres.（教师运用自然拼读法教授单词 hundred 和 metres，并让学生欣赏有关百米赛跑的视频，见图 2-8。）

Ss：Wow!

T：So amazing! Please look. Daming answers...（教师指着答句）

图 2-8

Ss：Yes，I'm going to run the 100 metres.

T：Good! Now let's look at Picture 4.

教师点击课件播放课文中第四幅图的对话录音，学生模仿跟读，教师板书"No，I'm going to..."。

②Watch and answer.

教师播放文本动画，让学生找出问题"Who is the winner?"的答案。学生观看课文动画，当动画播放到 Daming 冲向终点线时，教师引导学生一起喊道："Come on，Daming. Run! Run!"。当视频里 Daming 第一个冲过终点线高喊："I'm the winner! I'm the winner!"时，全班学生自发地为其鼓掌。

图 2-9

来源：肖钦华（泉州市泉港区后龙中心小学）

本课例入选 2019 年泉州市中小学优质课

在该课例中，教师以问题为导向，让学生通过初听课文录音找出功能句型，整体感知文本内容。紧接着设计问题，让学生再看课文动画，在视频及音效的烘托下，让学生仿佛身临其境，深刻地体会到 Daming 为参加运动会认真做准备，通过努力收获成功的激动心情。通过初听、再看的视听体验，学生整体感知文本，体验人物角色情感，同时在文本情境中习得新知。教师让学生带着问题去听、去看，给他们一个视听的目的和方向，让他们在视听中深入理解对话文本。

4. 以冲突性问题为引线，提升学生思维品质

高质量的问题不仅能激发学生主动参与对话活动，而且能启发学生的思维，提高学生的口语能力。在小学英语对话教学中要精心解读文本，找准提问的角度，设计矛盾冲突问题，以问题链等方式，引导学生在深挖细品中解码内化，深化思维，提升思维品质。教师可以通过不断设置矛盾冲突，如一些认识、理解、感悟的障碍，让学生在冲突中质疑、在质疑中探究、在探究中发展，逐步推进对话教学，从而促使他们主动交流学习，从中找到解决问题的办法。

【课例4】外研版《英语（新标准）》（三年级起点）五年级上册 Module 6 Unit 1 You can play football well. 教学片段

本课中，教师围绕 Lingling 能否踢好足球这一冲突性问题展开，紧紧抓住 "can" 或 "can't" 这样的冲突悬念，聚焦学生的深度思维，展开文本教学。

T：Do you know how to play football well?

S₁：Run fast.

S₂：Strong.

S：…

教师出示课件，师生进行小结。（见图 2-10）

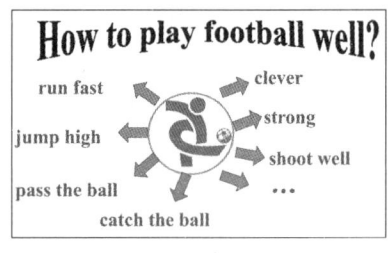

图 2-10

T：Can Lingling play football well? Let's watch the video.

T：From the video, we know…

Ss：Lingling can't run fast. Lingling can't pass the ball well.

T：So we think…

Ss：Lingling can't play football well.（见图 2-11）

T：But what does our friend Sam say?

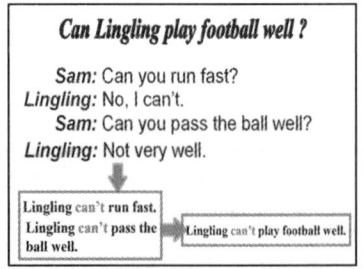

图 2-11

Let's have a look.（播放课件）

T：Why does Sam say "You can play football well，Lingling."? Can you guess?（见图2-12）

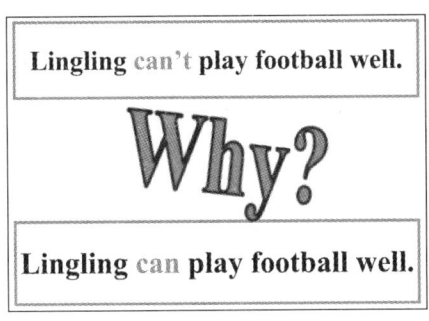

图 2-12

S：...（学生自由发挥想象，进行猜测。）

来源：钟小婷（泉州市泉港庄重文小学）

本课例荣获第五届全国农村及少数民族地区中小学英语课堂教学现场课评选一等奖

在本环节中，钟老师通过提出"How to play football well?"这一开放性问题让学生进行头脑风暴，发散思维，为他们搭建温故而知新的平台，让他们滚动复习旧知，融合新知，为文本学习做好铺垫。通过教材第一部分内容引导学生得出与第三部分内容截然相反的结论，围绕这样的矛盾冲突产生的信息差，引发学生主动质疑、思考，设置悬念展开文本学习，带着问题有目的地深入探究文本内容，培养学生的高阶思维，从而把学习的主动权交给学生。这种具有一定思维含量的活动，使对话活动更富有挑战性，提高了学生参与对话的积极性，激发了他们深入学习文本的欲望，实现语言与思维的同步发展。

5．搭建对话框架，理清文本脉络

在小学英语对话课的教学中，教师应围绕主题进行知识点的情境串联，让学生逐步展开对话文本的学习，激活他们的思维，有目的地推进对话教学。在此过程中，逐步建构对话框架，以清晰的逻辑层次引领教学活动，降低对话难度，增强学生的表达欲望，促进学生思维能力的提高，有效地引导他们理清文本脉络。同时，清晰的框架式板书能帮助学生更好地运用所学知识进行交际，发展他们的语言能力、学习能力、思维品质，提升他们的核心素养。

【课例5】外研版《英语（新标准）》（三年级起点）五年级下册Module 10 Unit 1 Where are you going？教学片段

本课情境是：Daming第二天要去美国，奶奶打电话嘱咐Daming做好准备，并帮助他列一张出行清单。上课伊始，教师首先展示自己的Trip List，通过课件动画与学生交流讨论，师生一起逐步搭建对话框架。从学生家乡的旅游景点白水洋切入话题，消除学生对文字的陌生感。

T：I'm in Fu'an now. Tomorrow I'm going to Baishuiyang. I'm going with my friend by car. Let's have a look.（见图2-13）

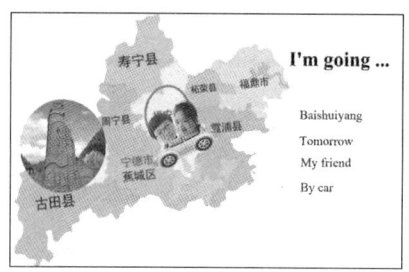

图2-13

图2-14

T：Where am I going?（板书Where）

Ss：Baishuiyang.

T：What am I going to take?（板书What）

Ss：Clothes, shoes, camera, hat and suitcase.

T：When am I going?（板书When）

Ss：Tomorrow.

T：Who is going with me?（板书Who）

Ss：Your friend.

T：How am I going?（板书How）

Ss：By car.

（课件逐步呈现师生对话内容，见图2-14。）

来源：肖钦华（泉州市泉港区后龙中心小学）

上述课例为本课的导入环节，教师抓住本课主线制作出行清单，呈现教师个人旅游计划清单的构建过程，引入本课主线——制作清单所包含的五个部分：Where、What、When、Who、How。在文本学习环节中，教师根据导入环节与学生一起搭建4W1H对话框架，引导学生理清文本脉络，完成主人公Daming的出行清单，逐步形成框架式板书（见图2-15）。在产出环节，教师借助板书，帮助学生交流讨论并制作自己的旅游清单，形成旅游计划，在全班展示。教师通过连贯一体的活动设计，让学生学习和内化语言知识，将课堂转换成真实交流的平台，让学生从学习无痕过渡到生活，在语言运用环节能丰富、自然、流畅地表达，在锤炼英语语言表达的同时丰富了生活感悟。

图 2-15

6. 融合信息技术，实现真实交际

《课程标准》指出："现代教育技术和教学资源为英语教学提供了多种媒体的手段、多种类型的平台和多方位的空间。"信息技术与英语学科深度融合可以极大地丰富教学内容和教学形式，提供足够的英语对话情境，给小学英语对话教学带来高效、逼真的语言学习环境，使枯燥抽象的英语学习内容变得富有趣味性和吸引力。QQ、微信、钉钉、希沃、虚拟空间等作为当代信息技术的产物，让人与人之间可以借助网络环境进行无限的交互，为小学英语对话教学活动方式的多样化、跨时空化、合作化提供了很好的平台。教师应发挥这些平台在对话教学活动中的优势，实现课堂教学在时间和空间上的延伸，增强教学效果，让学生进入真实的语言情境中进行交际。

【课例6】外研版《英语（新标准）》（三年级起点）五年级上册 Module 3 Unit 1 Where did you go? 教学片段

在本课对话产出环节，教师通过模拟微信聊天，引导厦门的学生与泉州市泉港区的学生运用本课重点句"What did you do？""Where did you go？"等进行微信语音聊天，展开对话，进行真实交际。

T：Amy had a good day at the weekend. （播放 Amy 的笑脸）How about you? Let's talk about your weekend with your new friends. Look，they are my students. Let's say "hello" to them.（拿着手机打开到微信聊天界面，同时拿着话筒靠近学生。）

图 2-16　　　　　　　　　图 2-17

Ss：Hello.（见图 2-16）

T：Let's chat with our new friends.（播放幻灯片）Listen.

Ss：…（见图 2-17）

来源：庄筠（泉州市泉港庄重文实验小学）

本课例荣获第十届全国小学英语教师教学基本功大赛现场课评选一等奖

在本环节中，庄老师利用大家熟悉的微信聊天形式，呈现不同区域的学生运用本课重点句型进行微信聊天，充分挖掘学生的已有知识，让学生在完成任务的过程中感知、理解、体验和运用所学对话，在轻松、愉快的氛围中达到用英语交流、用英语做事情的目的。通过信息技术与英语学科的巧妙融合，使英语学习能够更好地体现真实性和交际性特征，实现语言在生活中的运用。

7. 实施单元整体教学，巧妙整合对话内容

单元整体教学设计能使教师梳理单元教学思路；规划板块资源，开发板块功能；设计单元教学主线，形成单元教学框架；深入挖掘教材内容，拓展教学资源；帮助学生形成连贯的知识体系，促进学生综合语言运用能力的发展（冯茜，2018）。在小学英语对话单元整体教学设计中，教师要有整体教材观，应站在单元整体的高度，做到充分解读教材，多方位、多层面、多角度地分析和比较文本内容，了解各板块在单元教学中各自承载的不同作用。教

师应寻求对话板块间内容的连接点,统筹各课时的教学,进行有效衔接,承上启下,融会贯通,在整体情境中将各板块内容有机整合,形成单元整体教学,实现课堂教学效益的最大化。

**【课例7】** 闽教版《英语》(三年级起点)四年级上册 Unit 8 *The Spring Festival* 教学片段

在本单元中,Part A(见图2-18)与Part B(见图2-19)均为对话课,都是围绕"春节"这一话题展开,通过Sally、Wang Tao和Lily的对话,谈论如何过春节。教师从单元整体入手解读文本,发现两课时的教学目标各有侧重,Part A 主要是从 What 和 How 这两个方面来谈论春节的美食,而 Part B 主要是从 How 这一方面谈论通过什么活动庆祝春节。为了凸显单元整体教学的逐步推进和递升,在教学 Part B 板块时,教师通过问题引领,复习上节课 Part A 的内容,帮助学生更好地比较、整合、归纳 Part A 与 Part B 的内容,将两个板块的内容进行融会贯通(见图2-20)。

附:教材内容

图 2-18

图 2-19

T：Do you remember what we have learned in Part A?（学生回顾 Part A 的内容，课件逐步出示学生说的句子。）

$S_1$：We make rice cakes.

$S_2$：We make dumplings.

$S_3$：We have a big family dinner.

T：It's about "eat".（课件出示 eat 的导图）

$S_4$：We sing and dance.

T：It's about "do".（课件出示 do 的导图）

$S_5$：It's the Chinese New Year.

T：Great! How can we ask this?（教师指着课件中 "It's the Chinese New Year." 这句话）

S：What's the Spring Festival?

T：Wonderful! It's about "what".（课件出示 What 单词）

T：How can we ask?（教师指着课件中以 "We…" 开头的句子）

S：How do you spend the Spring Festival?

T: Clever! It's about "how"（课件出示 How 单词）. And today we are going to learn Part B. It's also about "how". How do we celebrate the Spring Festival? What do we do?

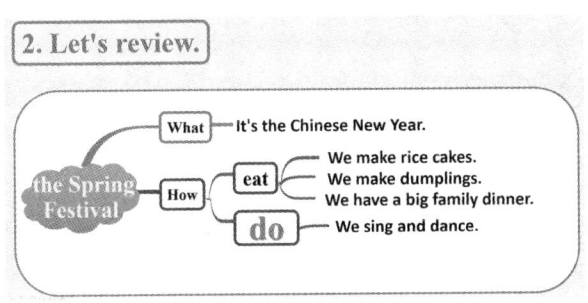

图 2-20

来源：钟小婷（泉州市泉港庄重文实验小学）

在上述片段中，教师基于单元整体教学，将 Part A 和 Part B 两部分内容紧密联系起来，把两课时的目标语言、教学活动、情景内容融为一体，形成具有连贯性、渐进性的知识体系，实现了板块与板块、课时与课时之间的无痕衔接。教师挖掘其中的语言点及前后联系，合理、有效地整合对话板块内容，加强板块之间的联系，构建适合学生的教学内容。这种承前启后、螺旋上升的教学方式，有效地促进了学生综合语言运用能力的逐步提升，提高了课堂教学实效。

鲁子问教授曾说："把对话课上成对话，训练学生运用语句进行真实语境、真实语用的交际很重要。"在小学英语对话教学中，我们应呈现对话主题，关注生活化对话情境的创设，赋予对话新的生机，让对话语言的建构自然发生，让对话语用的空间自然拓展，让对话语言的意义自然凸显，从而激发学生的学习兴趣，使学生有效理解和运用对话语言，真正提升课堂教学实效。

## 五、小学英语对话课的注意事项和准备工作

1. 注意事项

（1）对话前，话题的选择与确定要结合学生实际，应着眼于学生的"最近发展区"，不应超出学生的认知水平和知识水平。情境的创设应在充分运用文本主情境的基础上，根据学生的实际生活经验和语言知识储备，创设真实的子情境，前后的情境应具有一致性、连贯性和完整性。

（2）对话中，教师不能让对话变成个别学生的独角戏，更不能让对话一直处于无信息传递的假交际上，还应注意多媒体的使用不能替代师生课堂上真实的语言交流和人际交往活动。

（3）对话后，教师应对小组对话的呈现结果进行有效检测和评价。

2．准备工作

（1）教师应深度解读对话文本，把握单元主题，定位课时话题，找出与本话题相关的子话题，帮助学生建构知识体系。

（2）基于文本语言梳理对话信息，理清核心语言，明确最终所要提炼的对话支架，增加适当的语言，改变单一话轮，培养学生的对话策略。

## 六、一份完整的对话课课堂教学设计

闽教版《英语》（三年级起点）四年级下册

Unit 6 Weather　　Part A

执教教师/张明媚　指导教师/林平珠、黄庆迎

附：教材内容

图 2-21

**1. 教学内容与学情分析**

（1）教学内容分析

本节课选自闽教版《英语》（三年级起点）四年级下册 Unit 6 Weather Part A。本单元围绕"Weather"这个与学生生活息息相关的话题展开，其主要功能句型是"How is the weather?""It's…"。Part A 主要的文本情境是 Sally 和 Dad 打电话互相了解对方所在地的天气和穿着，展开"How is the weather in…?""It's raining/snowing/cold/warm.""What do you wear?""I wear…"的学习；Part B 则是通过上午、下午天气变化的文本情境，继续谈论当天的天气情况，进一步学习有关词汇：sunny、cloudy、windy；Part C 部分主要是活动、歌曲和语音的学习。

（2）学情分析

四年级的学生喜玩好动，以具体形象思维为主，对英语充满好奇，对英文歌曲、歌谣较感兴趣，但由于缺乏大语境的学习，他们对英语单词遗忘得较快。经过一年多的学习，他们对服装类的单词较为熟悉（已学过 dress、jacket、skirt、T-shirt、cap 等词汇），学会了如何用"What size do you wear?"这类语句选购服装；同时，他们能够用"What do you often do on…?"来谈论一周的活动安排和相关的运动。四年级的学生拥有根据天气情况选择着装的生活经验，但是有关天气的英文表达是初次接触和学习。

 **2. 整体设计思路与教学流程图**

（1）整体设计思路

《中国学生发展核心素养》总体框架强调以"培养全面发展的人"为核心，着眼于学生的语言能力、学习能力、思维品质和文化品格这四方面核心素养的发展。本课采用"TOPIC"的对话教学模式，以学生核心素养的发展为着眼点，围绕主题进行知识点的情境串联，从学生已有的知识水平出发，开展准备性的对话交流，构建表格式思维导图，让学生在了解、学习天气并懂得在不同天气合理着装过程中，培养注重思考问题的角度，以及发散性思维和逻辑性思维；以问题为导向，注重视听输入，从识图谈所见——观影谈所知——细读找答案中，一步步检索天气、穿着的信息，并适当拓展文本信息谈谈"What can Sally/Dad do there?";融合信息技术,创设"Chat with Tommy"的活动和制订分享"五一旅行计划"的任务情境,让学生真正有话可说,有事可做,把对话交际的真实运用做得扎实,让学生的综合能力得到发展。

（2）教学流程图

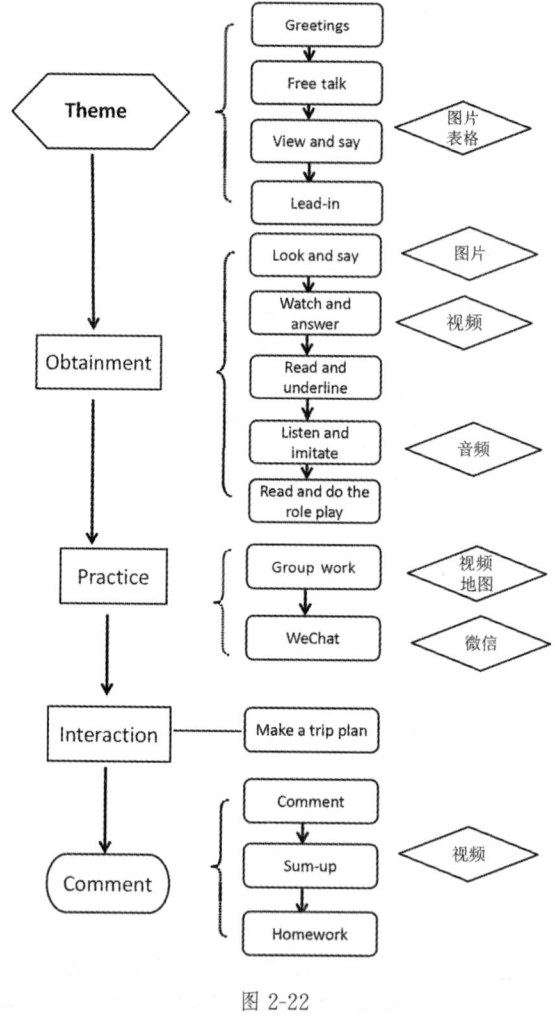

图 2-22

## 3. 教学目标

（1）语言能力目标

①能够听懂、会认、会说、会读关于天气的单词 snow、cold、rain、warm、weather，以及服装类单词 coat；能够认读并正确书写关于天气的单词 snow、cold、rain、warm。

②能够听懂、会说、会运用句型"How is the weather in...?""What do you wear?"来询问其他地方的天气和人们的穿着，并会用"It's...""I wear..."来回答。

③能围绕天气谈论并制订出行的合理计划。

（2）学习能力目标

①渗透自然拼读法，让学生学会举一反三，进行知识的迁移。

②巧用图片资源，培养学生看图获取信息的能力。

③深挖话题，培养学生构建完整对话话轮的意识，提高学生的交际能力。

④懂得运用信息技术获取气象信息，了解世界气象日。

（3）思维品质目标

通过对话文本的层层推进和表格式思维导图的构建，培养学生的逻辑思维；通过推测"What can Sally/Dad do?"对主题进行拓展，培养学生的发散思维，提升对话的交际功能。

（4）文化意识目标

①让学生学会关注天气情况，并根据天气合理着装，学会照顾自己，学会关心家人和朋友。

②了解外国人见面常常谈论天气的文化。

### 4. 教学重、难点

1. 教学重点

（1）能够理解、掌握四个有关天气的单词，并主动运用"How is the weather in...?""It's..."来询问、了解不同地方的天气情况。

（2）能够借助动态图片或手势理解关于天气的单词 rain—raining、snow—snowing。

2. 教学难点

主动运用"How is the weather in...?""It's..."来询问、了解不同地方的天气情况。

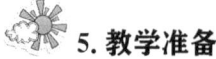 **5. 教学准备**

天气转盘、课件、四线三格、话筒等。

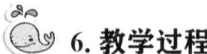 **6. 教学过程**

**Step 1　Theme：Weather**

（1）Greetings

（2）Free talk

T：How is the weather today?

Ss：It's sunny.

T：I like sunny days. I wear a dress. And you?

Ss：T-shirts.

T：Yes，boys and girls. When we talk about the weather，what do you think of it?

$S_1$：The clothes.

$S_2$：Seasons.

$S_3$：Different activities.

$S_4$：Months.

T：That's right. When we talk about the weather，we may think of different time，different clothes，different activities and so on.

**设 计 意 图**

通过轻松的问候和自由的谈话，放松学生的心情，吸引学生的注意力，自然而然地切入有关天气的话题。同时，让学生自由畅谈由天气联想到的其他方面的内容，激活学生关于"Weather"这一主题的相关词汇记忆，为接下来的话题谈论做铺垫。

（3）View and say

T：I like taking trips. Look at these photos. Please look and say what I wear，what I do and guess the weather there.

学生欣赏教师的旅行照（见图 2-23、图 2-24），谈论照片上教师的着装和所做的事情，尝试猜测天气情况。

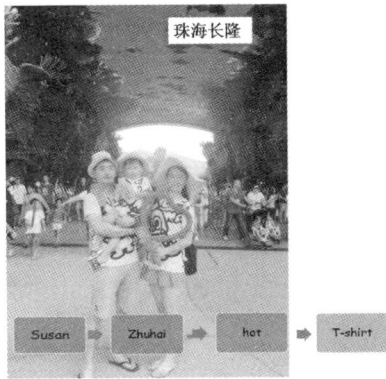

图 2-23　　　　　　　　　图 2-24

T：This is Hangzhou. What do I wear?（见图 2-23）Can you guess the weather?

**设 计 意 图**

根据学生的知识水平，利用学生对老师旅行经历的好奇心，引导学生运用已有知识和经验去观察教师的旅行照片并谈论，从而激活学生与本话题相关的知识经验。逐步帮助学生梳理、构建表格式的思维导图，为接下来的文本学习提供谈论的支架，有效地培养了学生的观察能力和思维能力。

（4）Lead-in

T：Today we'll talk about the weather. We are going to learn *Unit 6 Weather Part A*. As we know，foreign people like talking about the weather.

导入本课课题，学习 weather 单词。借助已学单词 sweater、father、mother 引导学生尝试自主拼读 weather 一词。

**Step 2　Obtainment**

（1）Look and say

T：How is the weather in Fuzhou? Can you guess? Look，our friend Sally is in Fuzhou. What can you see in the picture?

$S_1$：I can see Sally. She is at home.

$S_2$：Sally wears a sweater.

……

教师抛出问题:"福州的天气情况如何?",引导学生采用以下三个步骤走进文本。

①看主情境图的一半(见图2-25),让学生看图谈论图中人物的穿着、所在地点和正在做的事情。

②看主情境图的完整图片(见图2-26),让学生进一步谈谈看到了什么并预测两人的谈话内容。

③呈现完整文本内容图片和文字(见图2-27),让学生谈谈结合文字还发现了什么。

图2-25                    图2-26

图2-27

(2) Watch and answer

T:Where is Sally? What does she wear? Where is Dad? What does he wear? Now let's watch the flash and find out.

教师播放文本动画视频,学生带着问题观看并提取关键信息,完成表格中 Place 和 Clothes 两栏的内容（见图 2-28）。

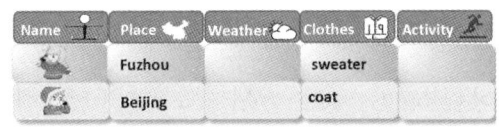

图 2-28

学生回答后，教师标注出文本中句子所在之处，让学生听音跟读句子、学习新单词 coat（自然拼读：boat、goat、coat；象形单词记忆： ）。同时教师板书。

T：Dad wears a coat. How is the weather in Beijing? Sally wears a sweater. How is the weather in Fuzhou?

通过板书中 Sally 和 Sally's Dad 的头像，追问其所在地的天气情况。

**设计意图**

从不完整图片一直到完整对话图片的呈现，教师鼓励学生自信地观察插图，找出图片中的细节，从所见——所想——所猜一步步提取对话中两人的所在地和穿着的基本信息，培养学生的看图能力，为后续文本的理解做好铺垫。同时，有效地培养了学生的发散性思维。

（3）Read and underline

T：Now please read the text by yourself and underline the answer to the question "How is the weather in Beijing/Fuzhou?". Take out your pen. Open your book. Read and underline.

学生边阅读文本，边用笔在文中有关天气情况的句子"It's…"下画线。读后，请学生上来画线并回答，教师标注出文本中句子的所在，让学生听音跟读句子。同时，教师将有关天气的单词和句子"How is the weather?"和"It's…"板书在黑板上，并将表格信息中 Weather 和 Activity 两栏的信息补充完整。

①How is the weather in Beijing?

在文本中找出答案"It's snowing. It's very cold."并在句子下画线。

借助信息技术呈现雪花图片学习单词 snow，再播放下雪的动画让学生感知 snowing（见图 2-29），让学生跟着音乐练习"Snowing, snowing. It's snowing."。

向学生渗透"We can make a snowman/play in the snow/..."的句子学习。

借助自然拼读 old、hold、sold、told（见图 2-30）学习单词 cold。

让学生运用肢体语言表达"It's cold."并板书单词 cold。

T：What can Dad do in Beijing?

图 2-29　　　　　　　　　　图 2-30

拓展延伸文本，由天气谈及活动，引导学生联系生活经验，大胆推测：在北京寒冷的下雪天，Sally's dad 可能做什么呢？以此丰富文本话题。

T：Maybe he can make a snowball and skate.

②How is the weather in Fuzhou?

在文本内容中找出答案"It's raining, but it's warm."并画线。

借助信息技术学习单词 rain，通过播放下雨的动画让学生感知 raining（见图 2-31），跟着下小雨声到下暴雨声的大小声练习"Raining, raining. It's raining."。

板书 raining，让学生了解俚语"It's raining cats and dogs."，学习本单元的语音知识/z/的发音。

通过温度计的演示学习单词 warm，让学生了解、辨识 warm 和 cold。

"Give him/her a warm hug."。让学生给同桌一个 warm hug，练习单词

图 2-31

warm。

引导学生联系生活经验，大胆推测在福州温暖的下雨天，Sally可能做什么，丰富文本话题"What can Sally do at home?"。

**设计意图**

基于"Weather"这一话题情境，以学生的立场为视角，逐层解构文本，突破重难点，获取核心词句的学习。同时，基于文本，拓展文本空间，由易到难，在丰富话题的对话内容中，依托表格梳理话轮，形成新的对话话轮框架。培养学生的语言能力，发展学生的发散思维和逻辑思维能力。

(4) Listen and imitate

学生翻开书本，一边听文本录音，一边在文本上指读，模仿语音、语调。

(5) Read and do the role play

把对话文本内容进行挖空处理，将文本朗读活动变得富有挑战性。首先是第一级别挑战：挖空本课核心词汇，保留主句型的支架，让学生尝试朗读。接着是第二级挑战：挖空功能句型，只保留问候句子，再次让学生朗读。最后是第三级别挑战：角色扮演对话。

T：Boys and girls，you did well in reading challenge. Look，Sally and her dad are in different places. They wear different clothes. But they both care for each other. 不论身在何处，他们都心系家人，关爱家人。

**设计意图**

围绕对话文本设计挖空式骨架文本，开展操练，从模仿跟读，到不同难度的挑战朗读，不断刺激学生的主动记忆和思考，加深学生对文本的内化理解，为后面的Role Play做铺垫，润物无声地培养学生的语言能力，并巧妙渗透关爱家人的情感。

Step 3  Practice

(1) Group work：Find out the weather in different places of China

T：How is the weather in these places? Let's get to know them.

学生四人一组，每组一份地图和一个骰子。组员轮流掷骰子，从泉州出发前往相应城市，同时运用地图上呈现的句型，向掷骰子的同学询问所到地方的天气和相应穿着。最先返回泉州的小组获胜。

(2) Chat with the teacher's son—Tommy

T：You know I'm from Jinjiang. How is the weather in Jinjiang? Let's call and ask my son, Tommy.

教师现场通过微信与家里的儿子联系，介绍学生与他认识，并让他们互相运用所学对话内容，展开关于对方所在地的天气、着装的对话交际练习。

**设计意图**

趣味"环游中国"下棋形式和信息技术"微信聊天"极大地丰富了教学的操练形式，为对话教学营造了富有吸引力、逼真的语言操练环境，变枯燥的英语练习为生动有趣的主动活动，在练习中实现并深化语言在生活中的运用，达到学以致用的目的。

**Step 4　Interaction**

T：May Day is coming. I want to go for a trip with my family. Let me share my plan with you. I want to go to Taiwan.

教师示范如何制订计划，并与学生分享。紧接着让学生自己制订计划，与同桌分享。最后让学生与全班同学分享自己的"五一旅行计划"。

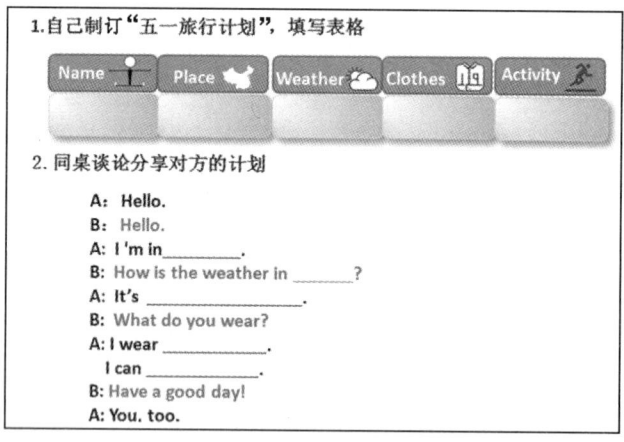

图 2-32

**设计意图**

从文本回归生活，联系学生的生活经验，创设与学生息息相关的生活情境——制订"五一旅行计划"，有目的地推进对话交际实践，在讨论制订"五一旅行计划"并分享的过程中，提高学生的英语交际能力和综合语言运用能力，促进学生思维能力的发展。

**Step 5　Comment**

（1）Comment

T：Today we've learned how to ask the weather and the clothes we wear. We've also learned how to make a plan. Now can you give yourself some comments?

（2）Sum-up

T：Before the trip, we first need to know the weather, prepare the clothes and make the plan. Then we can enjoy it. But how can we get to know the weather? 请大家看看可以从哪些途径获取天气信息，并了解世界气象日和今年世界气象日的主题。

（3）Homework

- Do a survey about tomorrow's weather.
- Share your May Day's Trip Plan.

**学生自评表**

| 序号 | 项目 | 评价标准 | |
|---|---|---|---|
| 1 | 主动参与 | 自始至终参与课堂活动，兴趣盎然，展现自信 | ☆☆☆☆☆ |
| 2 | 倾听交流 | 认真倾听，主动用英语与老师、同学交流，表达清晰、流畅 | ☆☆☆☆☆ |
| 3 | 小组合作 | 能适应小组协作，履行分工合作 | ☆☆☆☆☆ |
| 4 | 语言能力 | 能听懂课文，大声朗读课文 | ☆☆☆☆☆ |
| | | 能根据提示，补全课文并大声朗读 | ☆☆☆☆☆ |
| | | 能主动询问并回答相关的天气、着装方面的会话，并制订出行计划 | ☆☆☆☆☆ |

**设计意图**

在总结阶段，师生依托板书回顾所学知识，并参照评价标准做本次学习的总结评价，帮助学生养成及时归纳、小结的良好学习习惯。同时，学生通过欣赏气象小知识视频，感受与生活息息相关的气象知识，提高了学习能力。

### 7. 板书设计

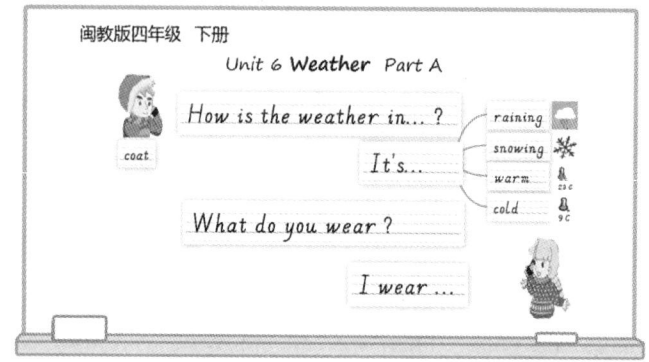

### 8. 课例点评

本课例在由福建省教育厅主办、福建教育学院承办的 2018 年福建省名师"送培下乡"送教到三明市建宁县活动中，获得与会教师的一致好评。张老师以核心素养为根，以学生全面发展为本，围绕天气这一话题，结合学生现有的认知水平，以问题撬动学生的思维，借助思维导图梳理话题，有条理、有层次地逐步推进对话教学。学生在多维互动中能较好地理解对话、练习对话、丰富对话，实现了高效的对话交际功能。

（1）巧用信息技术，营造交际情境

只有在具体真实的语境中才能体现对话的真正意义。在学习有关天气的单词时，张老师依托信息技术创设仿真情境，如动态直观地呈现 snowing，让学生在音效配合下练习说词练句；自然地引入"What can we do in a snowy day? We can make a snowball. We can make a snowman."等关于天气的话轮，为后续对话的拓展做足铺垫。

（2）开放多维思维，发展语言能力

张老师通过设计看、听、说、读、画线等活动方式，激发学生对"Weather"这一对话话题的兴趣，让学生在感悟、观察、理解对话内容中发现询问天气和着装的语言表达方式。基于"Weather"话题，开展深度学习，建构该话题的对话话轮概念——Weather、Clothes、Activity，不断启发学生的多维思维。通过层层递进的问题链引领，搭设完整的对话交际支架，有效地促进学生的思维能力和英语表达能力的提高。教师在教学目标定位和教学过程中都能时刻关注学生知识学习和思维品质的发展。

（3）训练多样朗读，扎实对话语言

学生只有在把对话内容学透、学实的基础上才能灵活加以运用。在文本学习之后，教师设计了多样化的读的形式，如单词挖空读、句子挖空读、角色扮演读，在反复但不枯燥的操练中不断巩固、扎实对话语言，为后续的"五一旅行计划"的制订和分享打下了坚实的对话基础。

（4）创设真实语境，提高交际能力

与对话话题相关的语境，能深化学生对对话的体验，也能让学生在快速理解对话的基础上进行交际。张老师创设制订和分享"五一旅行计划"的真实交际情境，让学生能够运用所学语言"How is the weather? What do you wear?"与同伴分享，在话轮的承接、转换中交流、畅谈。如果学生能够根据同伴的分享再给予一定深度的理答，比如对对方的旅行提出建议或表达看法，这样会让交际味更浓厚。

对话课堂的活动应该以交际为落脚点。本课能基于学情，充分考虑学生的主体性，启迪学生的思维，很好地落实对话的输入和输出，学生能够在真实交际语境中自由地进行交际，是一堂完整、具有交际意义的对话课堂。同时，课堂每一个细节都体现了教师本身对学生思维品质能力和学习能力的关注。

（点评专家：卢健，福建教育学院）

## 9. 执教教师简介

张明媚，福建省小学英语学科带头人培养对象，泉州市骨干教师，泉州市晋江市教师进修学校兼职教研员，晋江市实验小学英语教师。曾荣获第七届全国农村及少数民族中小学英语课堂教学与教师发展研讨会小学组一等奖第一名及最佳综合素质奖、第十一届全国小学英语教师基本功课例评比一等奖、教育部 2018 年度"一师一优课、一课一名师"部级优课、福建省首届小学英语微课评比二等奖、泉州市小学英语教学设计一等奖等。

# 第三章  语音课型

语音是语言学习的重要内容之一，是培养听、说、读、写技能的基础。自然规范的语音、语调将为有效的口语交际打下良好的基础，促进阅读能力和拼写技能的提高。在英语教学的起始阶段，语音教学主要通过模仿进行，教师应提供大量的听音、模仿和实践的机会，帮助学生养成良好的发音习惯。

《课程标准》在二级"语言知识"目标描述部分，对语音这一项目的描述是：正确读出 26 个英文字母；了解简单的拼读规律；了解单词有重音，句子有重读；了解英语语音包括连读、节奏、停顿、语调等现象。从目标上看，小学阶段语音教学的重要任务是培养学生的语音意识。

## 一、小学英语语音课的定义

小学英语语音课是通过引导学生正确听音、辨音及清晰准确地模仿发音，帮助学生了解英语语音包括连读、节奏、停顿、语调等现象，培养学生的语音意识和在交际活动中做出得体的言语回应的教学组织形式。

## 二、小学英语语音课的特点

语音不仅是语言学习者的"外在"包装，更是一个人用来表达思想、交流情感和传递信息的媒介。语音课是为提高学生综合语言运用能力和进行得体社会交际服务而开设的。它具有以下三个特点。

1. 准确性

准确性是小学英语语音课的最大特点。教师通过提供准确的语音材料，采用科学的、合理的、适合学生学习的方法教授语音。学生通过观察、模仿等方式感知准确的语音材料，了解语音知识，习得准确的发音，最后形成语音意识。

2. 模仿性

学生在语音模仿中感受发声的部位、语音的节奏和停顿、语流的变化，感受语言的韵律美。同时在语言情境中进行仿读，理解语音的语用功能及错误发音对交际造成的影响。

3. 趣味性

根据小学生好动、好学、好奇的特点，语音教学可以通过游戏、歌谣、绕口令、配音、肢体语言等形式，激发学生语音学习的乐趣，让学生在玩中练、唱中练、吟中练、读中练。低年级的语音教学注重形式的趣味性，高年级的语音教学则更侧重于学习成就感的体验。语音教学在高年级教学中应从内容的广度和深度去满足学生的需求。

### 三、小学英语语音课的教学模式

语音教学方式影响着学生语音学习的广度和深度。为了避免出现"教—跟读—遗忘—再教"高耗低效的现象和朗读、操练、辨音练习等单一教学形式，在语音教学中，应采用多模态教学方式激发学生的语音学习兴趣，培养学生见词能读、听音能写的能力。根据学生和学习材料的特点，我们总结出小学英语"LISAE五步教学法"语音课教学模式，即 Listening、Imitation、Spelling、Application、Evaluation。

**小学英语"LISAE五步教学法"语音课教学模式**

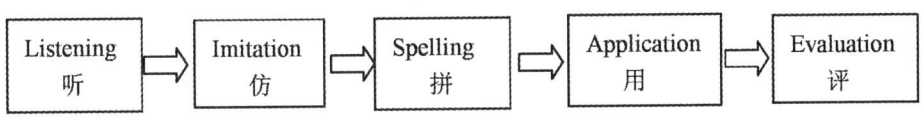

图 3-1

1. Listening（听）

语音教学最根本的途径是听的输入。语音教学应注重营造听的环境，在多种形式的听音输入中让学生习得语音知识，建立音素概念，培养语音意识。学生通过听地道的语音材料，结合拼读手势和体态语言，感知语音的重读、节奏、停顿、连读、语调等语音特征，初步了解语音的音和形。

2. Imitation（仿）

语音学习中，模仿练习是最基本和有效的方法。教学中，教师应提供丰富、地道的语音材料，通过教师示范与现代化教学手段的融合，将抽象的语音知识可视化，初步形成语音的听觉记忆和视觉记忆。课堂上学生通过不断的试读、反复模仿，领悟发音的要领和特点，寻找、发现规律。

3. Spelling（拼）

拼读能帮助学生感知词形与发音之间的对应关系，从而了解二者之间的内在联系与规律。在拼读中，学生通过观察、思考同类拼写形式的单词，发现、感悟、总结并归纳拼读规律和拼读方法，建立读音和拼写形式之间的对应关系。

4. Application（用）

语音教学要与语义、语境相结合。依托文本创设的语境，学生在朗读文本中，实现了音从"形"到"义"的转化，而在这个转化中，读出后的"音"会起到"催化剂"的作用（王毅、石晓佳，2009）。在文本学习中，学生运用语音规律进行迁移学习，在语篇中感受句子的重读、弱读和语流等语音现象并理解语义。在文本中内化语音知识，能够使语音、语义、语法和交际运用要素组成统一体。

5. Evaluation（评）

语音教学的重要目标是培养学生听音能写、见词能读的语音技能，从而发展学生的语言能力。学生语音学习成果的评价可以通过综合检测评价、口语交际评价等来实现。在反馈输出时，教学活动设计可以多样化，引导学生运用所学知识完成语言交际任务，巩固所学，提升综合语言运用能力。

## 四、语音课的教学策略

良好的语音素养可以帮助学生更好地进行交流。在语音教学中，教师应遵循语音课的教学特点开展语音教学活动，让学生在有趣、有效、有序的多维度活动中提升语音素养和语言能力。

1. 整合资源，感知音形

在语音学习中，引导小学生感知模仿，体会音、义、形是根本（朱浦，2019）。教师可以引导学生从不同渠道，以不同形式接触、学习语音，整合教材和线上资源，借助有趣、实效的视频或音频资料等多元化资源，融合信息技术，借助其他英语课型，如词汇课、阅读课等，不断渗透语音知识。在线上资源方面，可以借助歌曲、童谣、字母积木（Alpha-blocks）等，通过形象生动的电子书、栩栩如生的动画设计，化静为动，充分发挥信息技术的优势，带领学生进入形象的语音世界。多元化资源给予学生视觉和听觉刺激，激发学生的学习兴趣，引导学生感知语音的音和形，感知话语中的连读、停顿间隔、节奏和语流变化，了解语调的类型及其传达的情感态度，潜移默化地引导学生建立初步的视觉和听觉记忆。

**【课例1】** 闽教版《英语》（三年级起点）四年级上册 Unit 1 Our Classroom "Listen and learn the English sounds" 板块教学片段

本板块主要学习字母组合"ar"的发音。在教学中，为了调动学生的学习积极性，教师整合教学资源，带领学生进入形象的语音世界。

T：Now let's do some phonics exercises. I say "B".

Ss：/b/，/b/，/b/.（学生边说边做动作，复习辅音字母发音）

T：I say "C".

Ss：/k/，/k/，/k/.（学生边读边做动作）

……

T：Very good. Sit down, please. Here come two friends. They are letter "a" and letter "r". Let's have a look.（教师播放视频 Funny Phonics，见图 3-2。）

图 3-2

Ss：（学生初步感知、跟读）a-r, ar, /a:/, ar-k, ark, /a:k/, d-ark, dark…

T：Now can you try to read this word "park"?

Ss：a-r, ar, /a:/, ar-k, ark, /a:k/, p-ark, park…

来源：郭珍妮（泉州市晋江市陈埭镇江头中心小学）

本课例荣获第十一届全国小学英语教师教学基本功大赛优秀课例展评一等奖

在教学片段中，教师借助动感十足的音乐，带领学生在 Phonics Rap 韵律操的旋律中边读边做动作，不仅让全班学生快速进入上课状态，同时有效地复习了辅音字母的发音。接着通过微视频 Funny Phonics 训练学生的韵律、节奏，让学生在微视频创设的语音世界中初步感知并跟读"ar"字母组合的发音。整个课例中，教师整合了线上音频、视频资源，创设了丰富有趣的语音氛围，激发学生的学习兴趣，有效地复习了旧知的同时让学生感知了新知。

2. 示范模仿，趣味操练

儿童语言发展论中的"模仿说"认为，儿童是通过对语言的模仿而学会语言的。教师经常引导学生在地道语音的环境下进行模仿性跟读，能有效培养学生认真听、正确读、流利背和大胆说的习惯，提高学生的语言交际能力。在语音学习中，学生借助发音教学视频和发音口型图（见图 3-3）观看发音的口型，用英文字母手势动作图（见图 3-4）辅助记忆发音，通过照镜子的方法，观察自己发音的口型和位置、唇形的变化、舌头的位置以及气流的走向。在教学中，教师可以通过"读音示范—模仿强化—趣味操练"等方式帮助学生掌握发音要领和方法。

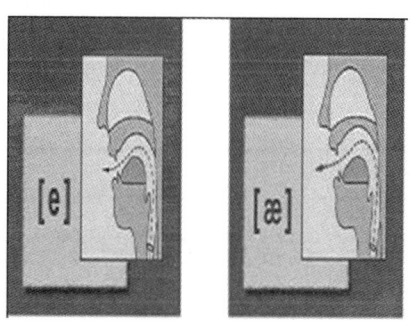

图 3-3　　　　　　　　　　图 3-4

（1）进阶式操练法

在趣味操练中，教师可以设计进阶式的训练方式，通过层层递进的形式，先认识字母音，进而学习字母在单词中的常见发音，再过渡到单音图（如：ad、ed、id、od、ud、da、be、bi、bo、du）、CVC（Consonant-Vowel-Consonant words）拼读，最后从单词中组合出有文本情境的韵句进行朗读。具体训练模式如下：Letter name—Letter sound—单音图—CVC 拼读—韵句朗读。通过歌谣、韵句、变速读等形式多样的操练方法，激发学生的学习兴趣，使学生逐步建立音素意识和音、形的有机联系。

**【课例2】**闽教版《英语》（三年级起点）三年级下册 Unit 5 Parts of the Body Part A 中语音板块教学片段

本板块主要学习字母"U"在闭音节中的发音。教学中，教师借助微视频出示字母"U"的 Letter name /ju:/ 和在闭音节中的发音 Letter sound /ʌ/ 示范发音和发音口型，引领学生进行模仿跟读，互相纠音。接着课件上呈现单音图 du-su-fu-ru，教师自编如下歌谣：/ʌ/，/ʌ/，/ʌ/，d-u du；/ʌ/，/ʌ/，/ʌ/，s-u su；/ʌ/，/ʌ/，/ʌ/，f-u fu；/ʌ/，/ʌ/，/ʌ/，r-u ru。学生边拍手打节奏边念歌谣。学完单音图之后过渡到 CVC 拼读：sun—fun—run 等。接着将一连串相关的图片组合在一起，形成一个整体的语言情境（见图3-5），扩充字母"U"在非 CVC 模式下的单词，从而使学生对所学内容形成一个整体印象进行整体理解与记忆。我们把这个语境变成以下的歌谣。

图 3-5

I see a duck. It's a yellow duck.
Play under the sun. Hot，hot，hot.
What a nice umbrella!
Yellow duck runs. Run，run，run.
Under the umbrella. Fun，fun，fun.

来源：吴棉棉（泉州市实验小学）

在该课例中，学生在进阶式的模仿训练中进行跟读、模仿、互相纠音等强化训练，在发音口型图的示范下，让发音成为有形象的符号，这一点符合小学生形象思维的特点，易于被小学生记忆。学生在互助合作中关注发音的准确性，让听到的声音成为有效输入，并且深入理解发音要领和方法，实现"听进耳里，看在眼里，练到嘴上"。同时在富有创意且充满童趣的一系列图片组合中，学生进行说唱、吟诵，学习节奏与韵律，模仿语音与语调，加深了对于字母"U"，以及由"U"延伸的一系列单词的记忆，语音学习更加有趣味和深度。

（2）音乐法

对于小学低年级的学生来说，若是接触大量复杂的语音信息，会让他们望"语"却步，降低学习兴趣。因此，在语音学习的初始阶段，应注意先易后难、寓教于乐。这里的"乐"指的是音乐的"乐"。例如在练习元音/u:/和/ʊ/时,为了让学生正确区分元音的长短,可以借助以下富有节奏感的英语歌曲,很好地体现出这两个音素的差异,让学生印象深刻。

I'm listening to music/ˈmju:zik/.

I'm reading a book/bʊk/.

I'm writing a letter.

Come here and look/lʊk/.

I'm playing football/ˈfʊtbɔ:l/.

I'm talking to you/ju:/.

I'm doing my homework.

Are you doing it, too/tu:/?

通过歌曲的传唱,学生在有韵律感的句子中体会音素的差异,让语音教学在轻松的氛围中进行,不仅大大提高了学生的学习兴趣,而且让学生在无形中学会了发音,语音教学更有实效性。

(3)齐声练习和个人练习相结合

在语音教学中,如果班上学生多,做齐声发音练习时,教师很难对每个学生的发音正确与否做出判断。采取个人练习的方法,人数多,时间短,又没办法在有限的时间内保证学生的参与度。因此,在学习新音素的起始阶段,充足时间的集体练习有助于增强新学音素的语音形象,学生在进行个别练习时能够比较自信、大胆地进行模仿练习。两种操练方法相结合,可以有效地帮助教师发现学生学习中出现的问题和困难,提高学习效率。

比如在练习字母组合"oo"的发音时,可以运用齐声练习和个人练习交替的方法朗读以下绕口令:"Good cookies could be cooked by a good cook if a good cook could cook good cookies."。练习的人数由多到少、由少到多,在多样化的操练形式中,教师既有机会根据学生的反应,及时发现并帮助学生读准、读清、读顺句子,还可以活跃课堂气氛。

3. 拼读体验,总结归纳

在拼读教学中,教师引导学生掌握字母和字母组合的读音规则,使学生建立音、形联系,激发学生听词、读词、造词、说词的欲望,逐步提高学生见词能读、听音能写的能力。常见的教学活动有"听音选词""听音摆图""听音摆词"等。拼读游戏活动的目的是建构学生的单词意识,帮助学生掌握单词与发音之间的对应关系，为后续的阅读和写作活动服务。在语音学习中，教师可以引导学生在拼读体验中掌握拼读技巧，发现、总结其中的发音规律，培养学生的自主探究能力，从根本上提高语音的教学效率。

**【课例3】**《攀登英语阅读系列》*Party Shark* 教学片段

本节课主要学习字母组合"ar"的发音。教师通过黑板上的大拼读板，配合拼读手势，引导学生进行 art、ard、park、shark 拼读。在文本的逐步推进中，引导学生大胆进行听音摆图、听音摆词来解读文本。

**活动1：** Look and read（见词能读）

T：Now boys and girls，how do you say it?（教师在拼读板上摆出"ar"）（见图3-6）

Ss：/ɑ:/.

T：Wonderful! And this one? （教师接着摆出"ark"）

Ss：/ɑ:k/.

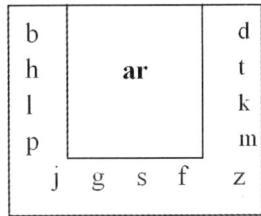

图 3-6

T：How about this one? （教师在拼读板上摆出"park"，学生读词。）

T：That's right. （结合拼读手势读出单词）P-ar-k，park.

接着用同样方式引出本课的主人公 Shark。

**活动2：** Watch and find（听音摆图）

T：Mr Shark is on the way. He goes through three places. Let's watch and think："What are they?"（学生观看视频，整体感知文本。）

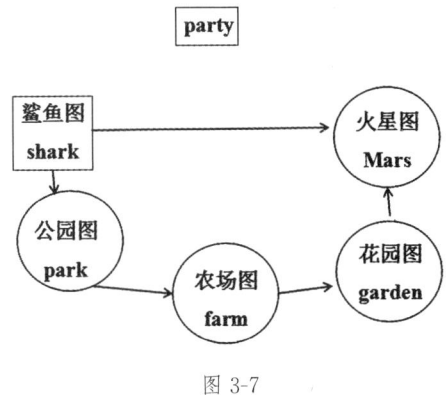

图 3-7

T：I've got three pictures.（教师拿出地点图，在黑板上画出三个地点框。）Who can put the pictures in the right places?（学生到讲台上摆图）

T：Is she right? Let's check.（学生观看视频核对答案）（见图3-7）

在活动1的拼读训练中，学生在创设的情境中整体感知带有"ar"的词汇，有效感知"ar"字母组合的发音并发现规律，做到见词能读。为了让学生能够初步根据文本猜测语义，教师通过活动2听音摆图的活动，检测学生对文本的理解是否到位。学生在活动中进行了有效的语音输入，提高了猜测语义的能力。

**活动3**：Listen and do（听音摆词）

T：Now let's listen and do. Here are the rules. Take out the "ar" spelling board. We will listen and make words. For example, when we hear "dark", we say /d/, /d/, /d/（贴上字母d），/k/, /k/, /k/（贴上字母k）. Now listen, "park".

学生合作摆词park，听完之后马上举出拼读板。

T：Which group is right? Let's check.

T：Oh, congratulations! You all got it. So he…

Ss：He goes through a park.

接着以同样的方式让学生自主合作，学习本课的另外两个地点词汇farm和garden。

来源：郭珍妮（泉州市晋江市陈埭镇江头中心小学）

本课例荣获第十一届全国小学英语教师教学基本功大赛优秀课例展评一等奖

在活动3中，教师引导学生听音摆词，配合情境放手让学生自己拼读生词park、farm和garden，逐步实现音、义、形相融，字不离词，词不离句，从而达到听音能拼。字母组合在单词中的读音是相对稳定的，这使得学生在掌握了一定量的单词后，能在头脑中形成拼读拼写的规则（施嘉平，2018）。学生通过自主探究的方式，感知、理解英语语音规则，不仅可以提高他们参与课堂教学的积极性，还能有效地培养他们自主学习的能力，"拼"出规律，"读"出精彩。

**4. 符号标注，方法指导**

利用有意义的标记符号感知和理解语音现象中的连读、重读、升降调等，帮助学生读准语调，改正诵读节奏，快速提高朗读水平。如教师可以用"!"

标出需要重读的单词,用"↑""↓"标出句子的语调,用"/"标出意群和节奏,用"⌣"标出连读,用"( )"标出不完全爆破音。教师在语音教学中坚持引导学生使用标记符号来辅助朗读,可以让学生的发音更地道,语调更自然,有利于良好语音语调的形成,从而提高口语交际能力,促进学习能力的发展。

**【课例4】**闽教版《英语》(三年级起点)四年级下册 Unit 1 Days of the Week Part A 中语音板块教学片段

我们可以对文本标注如下语音符号。

> What do you ↑ often ↓ do/every ↓ week?
> On ↑ Monday/we ↑ raise our ↑ national ↓ flag.
> We have a ↑ class ↓ meeting/on ↓ Tuesday.
> We ↑ dance in the ↑ playground/on ↓ Wednesday.

通过指导学生对文本进行有针对性的仿读,可以培养学生的朗读能力,提高学生的朗读水平。教师还要引导学生关注重读、连读、升降调等语音符号,渗透"优美朗读"策略,培养学生良好的语音、语调,读出文本的美。

5. 依托文本,内化语音

语言是有声、有形和有情的。语音课要上得好、上得活,应把语音知识渗透到文本的理解中,实现语音学习和文本理解同步推进。教师应充分依托文本,让学生理解和运用语音规则,在文本朗读中实现文字从"形"到"义"的转化。同时,语音教学应依托语篇语境,注重语义和语境、语调和语流相结合,抓住文本主线,在文本中内化语音知识,达到语音知识的情境化,发展学生的综合语言运用能力。文本阅读不仅丰富了学生语音学习的途径,而且可以为提升学生的学习力和形成核心素养打好基础。

**【课例5】**《丽声——我的第一套自然拼读故事会第二级》The Odd Pet 教学片段

本课讲述了一个叫 Zog 的奇怪宠物的故事。这篇故事在语言知识方面聚焦 CVC 单词(Consonant-Vowel-Consonant words)的学习,重点训练学生掌握 CVC 单词的拼读方法,培养学生的拼读能力,进而为发展学生的阅读能力奠定基础。具体设计思路如图 3-8 所示。

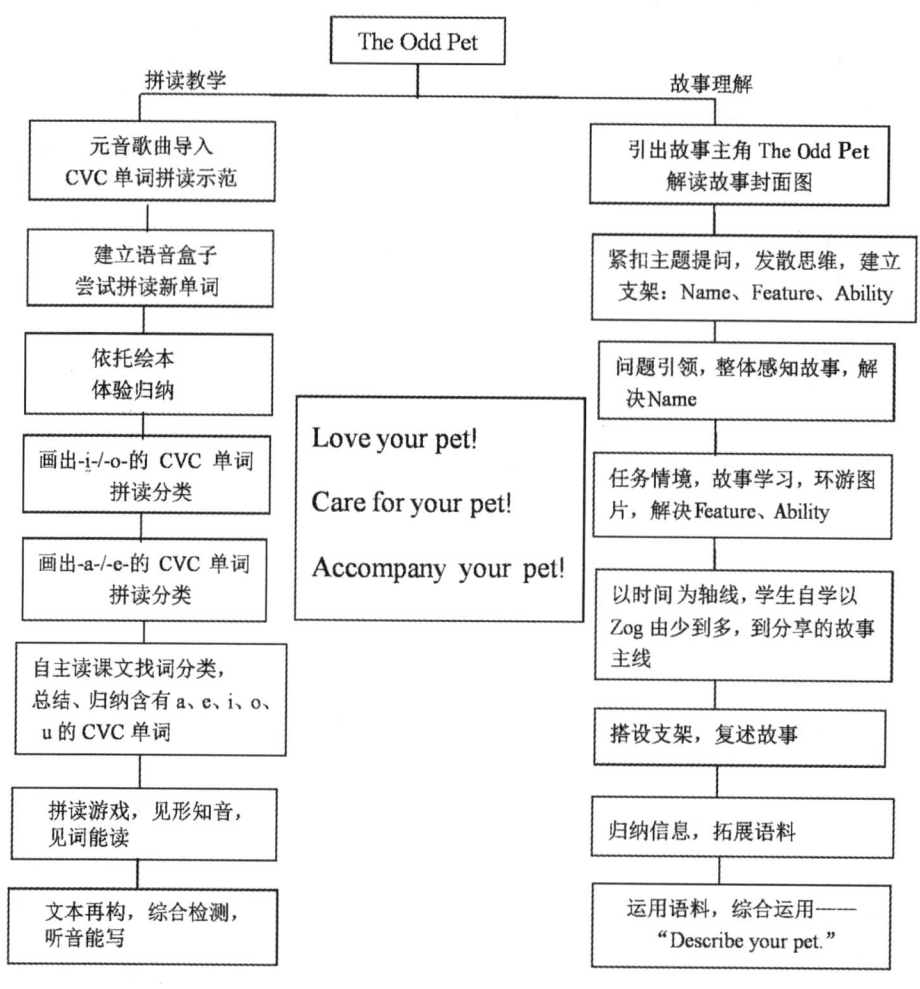

图 3-8

来源：李平霞（泉州市惠安县城南实验小学）

本课例荣获 2018 年核心素养下全国小学英语自然拼读与绘本阅读示范观摩研讨会特等奖

在本节课中，李老师设计了"故事理解"与"拼读教学"两条主线来开展教学。两条主线既相互平行，又互相环绕。教师从语音线中导出绘本主线 pet，进入绘本主线的学习。接着在理解 the odd pet 的 Name、Feature、Ability 的过程中，引导学生在含有 a、e、i、o、u 的 CVC 单词下画线，在这一过程中不仅让学生理解了绘本故事的含义，还让学生体验了拼读，学会了归纳分类，掌握了拼读规律。绘本后半段的学习，李老师放手让学生借助拼读规律大胆地开展自主阅读，进一步深化拼读能力，学生不仅体验了拼读带来的成就感，同时大大提升了阅读的流畅度和阅读的兴趣。学生在文本学习中实现了语音知识的无痕内化，同时在语境中理解内容、吸收信息、提升创造性思维。

6. 综合检测，多元评价

语音教学的评价主要是为了较客观地记录和评价每个学生的语音能力。课堂中的语音评价细致、全面且客观，教师通过课堂问答和对话观察衡量学生的语音水平，形成口头的即时评价和阶段性评价。同时通过设计多层次的评价形式活动，如听音写词、听音编号、听音判断正误、话题描述、对话表演、故事表演等，检测学生是否掌握基本的语音规则并能进行交际运用。教学活动中可以对照语音评价表对学生的语音活动进行有效的可视化检查。

表 3-1　语音评价表

| 评价项目 | 评价内容 | 评分 | 总分 |
| --- | --- | --- | --- |
| 正确 | 语音准确、语调自然 | | |
| | 基本掌握准确的发音方法 | | |
| | 读音没有增音、漏音 | | |
| | 读音没有重复和颠倒 | | |
| 流利 | 声音清脆、响亮，读音清晰 | | |
| | 停顿恰当。标点停顿和句中停顿符合语境 | | |
| | 重音明确。能根据表情达意的需要，正确确定、突出重音 | | |
| | 能根据规则，注意句子的连读、爆破、节奏 | | |
| 有感情 | 语速恰当。能根据课文内容、情感需要确定朗读速度 | | |
| | 语调适中。能根据所表达思想情感的不同，自然运用各种不同的语调 | | |
| | 读出不同的语音、语气。能根据语言环境正确地读出不同的语音、语气 | | |
| | 感情表达准确。能准确地表达句子和文章的思想情感 | | |

**【课例6】**《攀登英语阅读系列》*Party Shark* 教学片段

这节课中，教师通过设计不同层次的语音、实践活动，检测和提升学生的语音能力。如：活动一（Read in roles），学生先自己尝试用不同角色的语音、语调练习课文，并对没有掌握的单词做记号。活动二（Practice in groups），学生在小组内互相合作分角色朗读课文，编排文本的故事动作，合作排演故事。活动三（Show time），在规定的时间内，学生以小组为单位上台表演，展示学习成果。

来源：郭珍妮（泉州市晋江市陈埭镇江头中心小学）

本课例荣获第十一届全国小学英语教师教学基本功大赛优秀课例展评一等奖

角色朗读是有效的语言实践活动，可以在语境中较好地检测语音学习效果。该节课中，教师设计了三个层次的活动，循序渐进，充分调动学生多元的身体感官，在角色朗读中体会角色的情感，检测自主阅读的效果；在合作阅读中学生可以互助扫清自主阅读中出现的障碍，同时合作编排故事，赋予文字以形象的符号；最后在小组合作中进行绘本表演。表演是融合多种感官的语言实践，学生在故事表演中语音能力能得到很大的提升。

### 五、小学英语语音课的注意事项和准备工作

1. 注意事项

（1）不要过度拆分单词，应注重整体认读

从语言习得规律来看，儿童的语言模仿能力是非常强的。如果过度分解，反而增加了学生的负担。例如：在教学"apple"时，学生在试听、模仿 apple 的整体读音时，是可以很容易掌握的。但是，如果我们将其拆分成 /æ/、/p/、/l/，然后再合成为 /'æpl/，就会发现三次拆分音增加了学生的负担，消耗了学生的精力。

（2）不要过度借助音标，应建立音、形联系

小学阶段教授音标的"弊"大于"利"，原因在于国际音标是代表声音的另一套符号，学生在学习字母以及字母发音的同时，还要再次学习和记忆这一套符号，既繁琐又费时、费力。教师应以学生认知发展规律为前提，通过发现、归纳、知识迁移等方法帮助学生建立音、形联系。

（3）不要一味追求单音的准确性，应注重语义与语境、语调与语流相结合

小学英语语音教学必须全面落实《课程标准》中提出的对语音教学的基本要求，即不仅要解决英语的"基本读音"问题，还要从语言学和应用语言学的高度去解决"重音""意群"的读音和"语调与节奏"等问题（龚海平，

2015)。如果忽视语境的作用，那么学生即使能读准单词和语句，他们的语音、语调也会是生硬、平淡的，缺乏语言应有的真实性和交际功能。同样的句子语调不同，意思就会不同，有时甚至会相差千里。

2．准备工作

（1）教师应提前准备好语音教学教具，如自制的拼读日历、拼读字母板、镜子等，便于教学中更好地利用教具辅助教学。

（2）教师应搜集语音教学的配套音频、视频资料，让学生能够在语音环境下习得语音知识，形成语音意识。

## 六、一份完整的语音课课堂教学设计

语音课：a、e、i、o、u 在重读闭音节中的发音

**The Odd Pet**

执教教师/吴棉棉　指导教师/林平珠、许丽红

 **1. 教学内容与学情分析**

（1）教学内容分析

本节课的内容是在故事学习中掌握含有元音 a、e、i、o、u 的 CVC（Consonant-Vowel-Consonant words）单词拼读，文本载体选自外研社《丽声拼读故事会系列第二级》中的第一本 *The Odd Pet*。该书讲述的是一个叫 Zog 的奇怪宠物的故事。文本内容主要由 CVC 单词组成，句子都是简单句。学生通过学习能利用发音规律拼读单词，进而基本能够对含有 a、e、i、o、u 的 CVC 单词见词能读、听词能写。

（2）学情分析

四年级学生接受能力强、参与度高、思维活跃、有创造力和想象力。他们从三年级开始学习英语，对辅音和元音有了一定的感知。而且，他们对于 26 个字母以及辅音发音较为熟悉，能够快速、准确地拼读 CVC 单词。本阶段学生的读写能力是借助自然拼读法（Phonics）过渡和发展的，学生之前较少接触自然拼读法，本课着重引导学生利用拼读规律解码和记忆单词，培养学生见词能读、听词能写的能力。

**2. 整体设计思路与教学流程图**

（1）整体设计思路

本课采用小学英语"LISAE 五步教学法"（Listening、Imitation、Spelling、Application、Evaluation）语音教学模式。教师通过热身律动，首先构建五个元音的语音盒子。接着出示本节课的任务，学习 a、e、i、o、u 在重读闭音节中的发音。学生在模仿跟读和拼读体验中总结、归纳发音规则，并从故事学习中逐步完善语音盒子，内化 5 个元音的拼读规则，最后运用拼读规则进行听音写词，培养综合语言运用能力。

（2）教学流程图

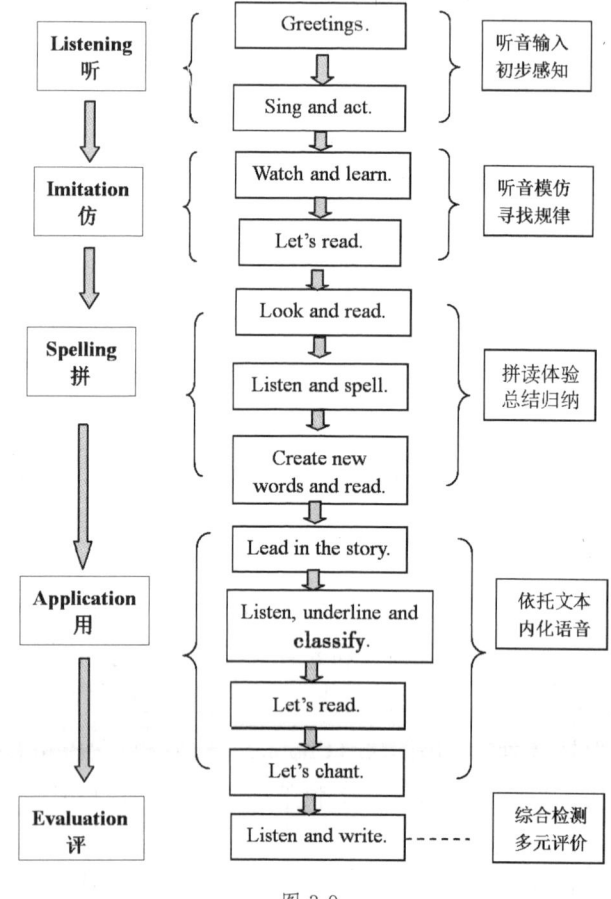

图 3-9

### 3. 教学目标

（1）语言能力目标

①学生能够正确说出元音字母 a、e、i、o、u 在重读闭音节中的发音。

②学生能够根据五个元音字母的发音将所学单词分类。

③学生能够根据连读和升、降调的学习，正确流利地朗读课文。

④学生能够在检测中逐渐培养听音写词的能力。

（2）思维品质目标

通过拼读体验学习，培养学生观察、发现、归纳能力；通过创词，培养学生的发散性思维和创造能力。

（3）学习能力目标

①学生能够逐步做到见到符合发音规律的词能拼读，听到符合发音规律的词能拼写。

②强化自然拼读能力，通过观察、发现、归纳、总结语音学习的方法，实现见形知音、见词能读、听音能写的学习目标。

（4）文化意识目标

培养文本意识，体会朗读和阅读的乐趣，从故事学习中体会分享的快乐。

### 4. 教学重、难点

（1）教学重点

①巩固 CVC 单词的拼读，理解核心词汇的含义，基本做到对含有 a、e、i、o、u 的 CVC 单词见词能读、听词能写。

②学生能够根据五个元音字母的发音将所学单词分类。

（2）教学难点

学生能自主归纳发音规律，并运用规律去阅读故事。

### 5. 教学准备

多媒体课件、字母磁片（教师用和学生用）、磁条、词卡、学习单、绘本。

## 6. 教学过程

### Step 1　Listening

（1）Greetings

通过互相问候，自我介绍，拉近和学生的距离，让学生初步熟悉教师，进入上课状态。

（2）Sing and act

学生在教师的带领下运用拼读手势读出元音发音，接着边唱边做动作，感知元音在单词中的发音。

T: Let's sing *The Vowel Song*. Show me your hands. Sing and do actions with me.

#### The Vowel Song

a, e, i, o, u; a, e, i, o, u; a, e, i, o, u. Can you read with me? c-a-t, cat.

a, e, i, o, u; a, e, i, o, u; a, e, i, o, u. Can you read with me? b-e-d, bed.

a, e, i, o, u; a, e, i, o, u; a, e, i, o, u. Can you read with me? p-i-g, pig.

a, e, i, o, u; a, e, i, o, u; a, e, i, o, u. Can you read with me? d-o-g, dog.

a, e, i, o, u; a, e, i, o, u; a, e, i, o, u. Can you read with me? b-u-s, bus.

**设 计 意 图**

通过歌曲创设轻松愉悦的语音环境，让学生感知元音字母在闭音节中的发音，再结合拼读手势，进行字母拼读示范，充分调动学生的积极性，让学生在愉悦的课堂氛围中了解元音的音和形。

### Step 2　Imitation

（1）Watch and learn

观看五个元音的口型发音视频，在标准的语音示范下，学生跟读、模仿，进行强化训练，掌握发音位置和口型。

T: Children, how do you pronounce these letters? Now please watch the video and imitate.

教师播放音标教学视频，请学生跟读、模仿。

**设计意图**

通过现代化教学手段和教师的示范，将抽象的语音知识可视化，使得学生能够较快掌握五个元音的发音要领，初步形成五个元音的听觉记忆和视觉记忆，同时有效培养学生认真听、正确读和大胆说的发音习惯。

（2）Let's read

①在学习完元音发音后，学生结合拼读手势拼读歌曲中的旧单词（图3-10第一行单词），感受元音在单词中的发音，以旧带新。

T: Children, can you try to read the words?

②尝试拼读新单词（见图3-10第二行单词），初步感知CVC单词的拼读。

T: Now, can you try to read these new words?

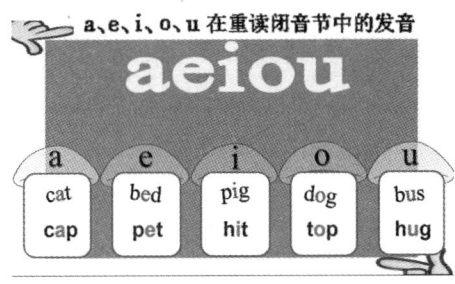

图 3-10

**设计意图**

由歌曲中的单词建立语音盒子，从旧知过渡到新知，不仅训练了学生的拼读技能，同时让学生初步感知CVC单词的拼读，并进行分类，让学生理解元音在闭音节中的发音规律，对五个元音进行初步的了解和概括。

**Step 3　Spelling**

（1）Look and read

教师在黑板上的拼读板块中利用拼读字母道具任意摆词，学生看到单词要马上读出来。

T：Children，now can you look and read? Ready? go！What's this？

Ss：Ted，sup，deg，top...

（2）Listen and spell

学生拿出拼图板，两人一组，听到单词后在五秒钟内用字母卡片组成正确的单词，继而进行校对，做到听音能拼。（见图3-11）

T：Children，can you try to spell the words by yourselves? Please take out your letter box，open it，and get ready. Listen carefully.

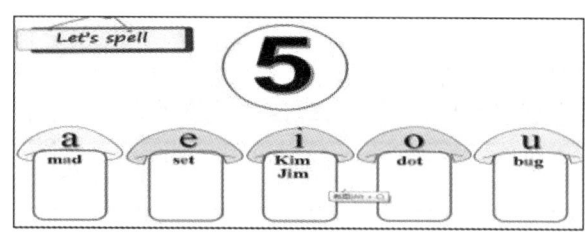

图 3-11

（3）Create new words and read

学生在教师规定的时间内利用拼读板两人一组合作创编单词，并大声读出来。

T：Children，now can you try to create some words with your partners?

**设 计 意 图**

教师摆词学生读，使学生能够做到见形知音；同桌合作拼读单词，用拼读的方法让学生尝试拼单词，学生通过观察、思考同类拼写形式的单词，发现、感悟、总结并归纳拼读规律和拼读方法，建立读音和拼写形式之间的对应关系，从而逐渐做到见形知音、见词能读；最后，学生通过所学拼读规律，创词拼读，培养拼读能力和创造力。

**Step 4　Application**

（1）Lead in the story

①Listen and say.

在拼读训练中，教师把两个人物名字 Kim 和 Jim 巧妙地融入到语音盒子中，在课文导入中自然地引出作为绘本主人公的名字，接着利用听音猜名字的方式引出第三个人名 Viv。

T：Children，look！Here come our three friends today．Who are they？This is Kim and Jim．Who is she？Listen．（学生听音猜人名）

②Look and guess．

在介绍完三个主人公之后，分别介绍主人公的宠物。通过简笔画的方式，逐一呈现 Zog 的身体部位，引导学生在猜测的时候感受单词 odd 的含义。

T：They all have a pet．Jim has a cat．Kim has a dog．What does Viv have？Please look and guess．

T：Look，there is a pet．（教师边画边说）It has a big mouth，long neck，big body，and many legs．How many？Let's count．

图 3-12

Ss：One，two，three，… ten．

T：Yes，it has ten legs．It's very odd．It's an odd pet．

**设计意图**

由拼读三个人名自然而然地引入绘本故事的主人公，紧接着利用画图游戏，让学生理解、感知单词 odd，逐步引领学生理解"It's an odd pet."句子意思。在画图的情境中理解语义，形象生动，富有画面感。

（2）Listen，underline and classify

①学生听读课文，找出有关宠物的名字、特征和能力的关键词，并对语音盒子进行扩充。

T：What's its name and feature？Do you know？Now，please listen and underline the key words．

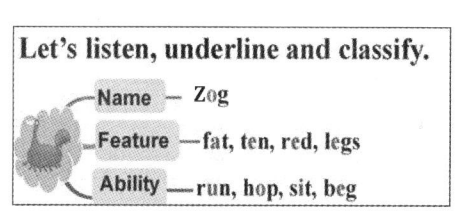

图 3-13

②Read and find more words that sounds a，e，i，o，u．

学生自读课文第 7~9 页，找出课文中含有 a、e、i、o、u 字母的生词，并且按发音规律写在相应的语音盒子里。

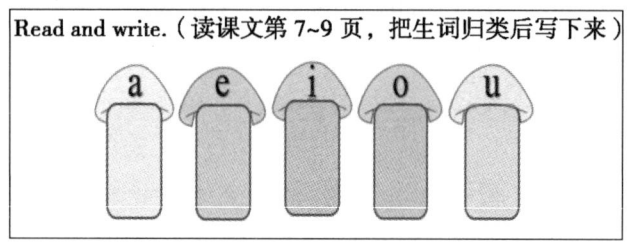

图 3-14

【设计意图】

以故事为主线,在学习故事的过程中,让学生找出含有 a、e、i、o、u 字母的单词,通过拼读手势学会新单词,巩固 CVC 单词的发音,提升学生的阅读流利度。同时依托文本创设的语境,让学生在朗读文本中实现语音从"形"到"义"的转化。从导图到后面学生自主读课文、找词分类,层层递进的学习方式培养了学生自主学习和总结归纳的能力,在文本学习中内化了语音知识。

(3) Let's read

T:Now let's read the story together.

【设计意图】

通过朗读故事,让学生在文本中感受重读、连读、升降调等语音现象,培养学生正确的语音语调和朗读习惯,提高朗读水平,读出文本的美。

(4) Let's chant

教师用文本中三个人名和三只宠物自编一首歌谣,让学生边读边做动作,在有韵律感的学习中复习本课所学。

T:Today we have learned so many words. Now let's make a chant from these words.

学生跟着老师边做动作边朗诵歌谣。

Let's chant.
Pet, pet, pet,
They have pets.
Kim has a cat.
It's very fat.
Jim has a dog.
Run and hop.
Viv has a Zog.
But it's odd.

**设计意图**

通过复习语音盒子里的单词，把本课的生词串成一首新的歌谣，组成一篇朗朗上口的有语意、有意境的文本，活跃了课堂气氛，巩固了教学成果。

**Step 5　Evaluation**

T：Let's listen and write.

学生逐句听音写词后校对，最后形成一篇有意义的文本"My Pet"。

**My Pet**

I have an odd ＿＿＿＿＿＿＿＿＿＿．

It is a ＿＿＿＿＿＿＿＿＿＿．

It is green and ＿＿＿＿＿＿＿＿＿＿．

It has six eyes and two ＿＿＿＿＿＿＿＿＿＿．

It can run, beg and ＿＿＿＿＿＿＿＿＿＿．

I like it very much.

**设计意图**

在最后的测评活动中，让学生从见形知音、见词能读，逐步过渡到听音能写，层层递进的学习方式，让学生的学习能力得以提升。同时听音能写检测了学生的学习效果，简洁高效的同时又能反馈学生的学习情况，对教学具有反拨作用。

**Step 6　Homework**

- Read the story to your family.
- Set up your sound boxes of "a, e, i, o, u".
- Write about an odd pet. Introduce it to your class.

**设计意图**

延伸课堂,让学生拓展、完善自己的语音盒子,并写出自己的 odd pet,培养学生用英语做事的能力。

## 7. 板书设计

**设计意图**

通过直观的语音盒子板书,让学生明确本课的教学重点,在板书的示范引领下,学生学会归纳、总结 CVC 单词,将课堂学习延伸到课外。

## 8. 课例点评

纵观本节语音课,教师富有亲和力,教学活泼灵动,令人如沐春风。整堂课通过扎实、细腻的语音活动设计,引领学生在形象生动的语音世界里学习,在轻松、愉悦的氛围中实现语音知识的无痕内化。本节课亮点如下。

(1) 歌曲导入,激发兴趣

本课通过 The Vowel Song 进行课堂导入,通过动感的音乐和富有记忆点的拼读手势,激发学生的学习热情,使其高效进入课程内容学习。课堂气氛活跃,富有代入感,为后续学习做好了热身准备。

(2) 规范输入,高效输出

本节课的目标是能够正确说出元音字母 a、e、i、o、u 在重读闭音节的发音,并且能够根据其发音规律拼读单词。课文教授环节,教师通过规范的语音教学视频,直观地教授发音口型,让学生学习音标的正确发音方式,养成良好的听读、模仿习惯。在拼读活动——听音摆词中,学生的参与率特别高,教师通过引导学生有效地观察、发现、归纳、内化、总结、运用,实现见形知音、见词能读。

(3) 依托绘本,内化规则

本节课以语音教学为主线,以绘本教学为依托,让学生持续建构语音盒子的内容,同时服务于故事学习,让学生内化故事内容,提升综合语言运用能力。在文本学习中了解语音,在语境中探索规律,自编歌谣实现知识复习及文本再构的一系列教学活动,衔接流畅有效。教师在故事 The Odd Pet 的文本学习中创设了听、说、读、写等教学活动,让学生"在做中学",在语境中正确运用语音,在文本不断复现的 CVC 单词中自然而然地内化单词的拼读规律。

(4) 拓展运用,提升能力

本节课从教师教授到学生自主拼读、自主创词,再到听音能写,让学生体验到语音学习的乐趣,提升了学生从听音敢猜、见词敢读到听音能写、见词能读的能力。同时,通过调动多种感官参与教学活动,学生在多模态的学习方式中,强化内容,深化记忆,提升了综合语言运用能力。

[点评专家:毛浩然教授,博导,中国石油大学(华东)外国语学院院长]

本课例荣获第十三届全国小学英语教师教学基本功大赛现场课评选一等奖

## 9. 执教教师简介

吴棉棉,泉州市实验小学英语教师。曾获得第十三届全国小学英语教师教学基本功大赛现场课评选一等奖;教育部 2018 年度"一师一优课、一课一名师"部级优课;第九届全国小学英语教师基本功大赛录像课展评二等奖;第二十三届全国教师

教育教学信息化基础教育组教学案例三等奖;福建省第三届中小学教师技能大赛二等奖;福建省信息技术创新课例一等奖;两次获得泉州市小学英语优质课比赛一等奖。

# 第四章 词汇课型

词汇是英语单词、短语、习惯用语和固定搭配等形式的总称。词汇学习是发展语言能力的基础。《课程标准》指出："学生在义务教育阶段应该学习和掌握的英语基础知识包括语音、词汇、语法以及用于表达常见话题和功能的语言形式等。"其中二级目标中对词汇的目标描述为："1. 知道单词是由字母构成的。2. 知道要根据单词的音、义、形来学习词汇。3. 学习有关本级话题范围的 600～700 个单词和 50 个左右的习惯用语，并能初步运用 400 个左右的单词表达二级规定的相应话题。"因此，词汇教学是小学阶段英语教学的重要内容，是达成小学英语课程目标的重要基础。

## 一、小学英语词汇课的定义

小学英语词汇课是指在一定的语言环境中，学生通过听、说、读、写、玩演、视听等综合技能训练，将单词的音、义、形、用融为一体，学习和运用词汇表达思想、交流情感，提升词汇学习能力和综合语言运用能力的课堂教学。

## 二、小学英语词汇课的特点

根据小学生的认知特点和学习规律，教师在日常教学中应注意创设情境、借助直观事物、设计形式多样的趣味活动吸引学生的注意力，使词汇学习变得轻松、愉快、事半功倍。小学英语词汇课具有情境性、直观性和趣味性等特点。

1. 情境性

词汇教学不只是单一和独立的教学认知活动,词汇教学源自语境感知,依托语境操练,最后也要回归语境中运用。只有在具体的语境或语篇中教与学,才能实现词汇教学的语用意义。

2. 直观性

小学生以直观形象思维为主,词汇教学应借助直观媒介辅助教学,为学生提供形象、直观、多种感官刺激的语言材料,帮助学生理解和记忆单词,提高词汇教学效率。

3. 趣味性

根据小学生活泼好动的心理特点,词汇教学应采取丰富多样的教学形式,才能调动学生的多种感官和已有知识储备,激发学生的兴趣,调动学生的积极情感进行有效学习。

## 三、小学英语词汇课的教学模式

在当前的小学英语词汇教学中,教师孤立地教词汇、片面地讲解,学生机械地记忆一堆互不关联的词义和用法,仍是普遍存在的一大弊病。这种教法占用的时间太多,教学效果又不甚理想,学生往往学得快也忘得快。而实际上,词汇教学是有规律可循的。德国语言学家 Trier 提出了语言词汇结构的语义场理论,该理论认为语言词汇中的各个词在语义上互相关联、相互制约,共同构成一个完整的、不断变化的词汇系统。因此教师要在词汇教学中,引导学生根据词汇网络构建词库,对词汇进行组块记忆和运用,才能系统、有效地学习词汇。下面介绍小学英语"ACEP"词汇课教学模式。

小学英语"ACEP"词汇课教学模式将教学活动分为:Activation、Construction、Expansion、Production。

**小学英语"ACEP"词汇课教学模式**

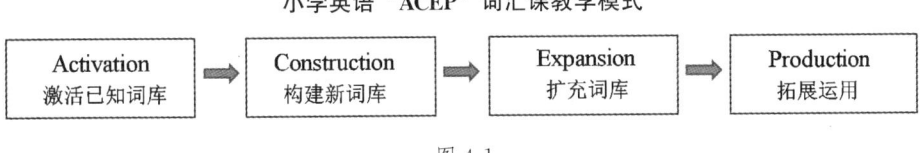

图 4-1

1. Activation(激活已知词库)

教师要从学生已有的知识储备出发,创设与教学内容相关的语境,激发学生思维，复习旧知，帮助学生激活已知词库。已知词库是已学词汇资料的集合，激活已知词库是为了链接旧知，为接下来的学习新知做好铺垫。

2. Construction（构建新词库）

教师根据教学目标和教学内容，整合课内外教学资源，创设不同的教学情境或充分利用教材的文本情境，最大限度地激发学生的探究欲望，引导学生在语境中接触、体验和理解词汇。教师要创设氛围，从学生已有的认知和经验出发，鼓励学生通过体验、感知和探究，发现词汇之间的关联性和规律性，构建新词库。

3. Expansion（扩充词库）

新呈现的词汇需要教师创设多元语境，开展立体的多样性的活动，才能帮助学生更好地感知和理解词汇意义，促进学生积极主动地学习。教师要在课堂上挖掘学生的潜能，最大限度地利用语境帮助学生理解和记忆词汇，帮助学生扩充以教学话题为核心的立体词库，让学生从认识到了解，再到理解、运用，经历从浅层到深层次的渐进式词汇学习过程。

4. Production（拓展运用）

词汇教学的最终目的是为了运用。词汇的学习需要通过听、说、读、看、写的技能训练，不断复现巩固，才能达到学以致用的目的。教师要通过创设接近实际生活的语境，搭建语用平台，构建词句框架，让学生链接生活实际，提取大脑中存储的词库，梳理词库，运用词库，综合运用所学词汇，培养用英语做事的能力。

## 四、小学英语词汇课的教学策略

在小学英语词汇教学中，教师一定要遵循在语境中学习、操练、巩固和运用新词汇的教学原则，积极创设与学生认知水平相当、生活实际相似的语言环境，让学生在体验和感悟中，把音、义、形、用有机地统一起来，从而进行积极有效的词汇学习。同时教师还要鼓励学生在词汇学习中注意发现和总结规律，构建词库，逐步掌握有效的词汇学习策略，提升词汇学习能力，为将来进一步学习英语奠定良好的基础。下面介绍几种英语词汇教学策略。

1. 创设语境，体验理解词义

只有在具体的语境中，词义才会明确和具体。教师要在语境中教学词汇，引导学生在语境中感知、体验和理解词汇的意义和用法。小学生以直观形象思维为主，教师可以借助直观媒介辅助教学，帮助学生感知和理解语言。直观媒介为实物、图片、简笔画、多媒体课件、体态语等。直观媒介能提供形象、直观、多种感官刺激的语言材料，把抽象的单词具体实物化，让学生直接用英语语言作为思维工具，既有利于英语思维能力的培养，也有利于提升学生的词汇能力，也就是在语境中使用语言的能力。

【课例1】The Magic Paintbrush 一课的词汇 paintbrush、magic、real 教学片段

本课改编自外研版《英语（新标准）》（一年级起点）四年级上册 Module 6 Unit 1 It didn't become gold. 一课。

T：How did he help people?

$S_1$：He helped people with a paintbrush.

T：Yes. He had a paintbrush.（讲解 paint＋brush＝paintbrush）It is a story about "The Paintbrush".

（教师通过对话自然生成本课课题，并板书课题，起到点题的作用。）

T：How was this paintbrush?

（课件和教师变魔术相结合，Ma Liang 画苹果，苹果变成真的，出现在课堂。）

$S_2$：It was magic!（教师出示本课重点词汇 magic，并板书。）

T：And I have a paintbrush, too. Is it magic?（教师用"神笔"点读板书 magic，使板书发出此单词的读音。）It made this apple. Is it real? Have a try!

$S_3$：（品尝）Oh! It's real.（教师板书，并点读 real。）

T：（出示一张图片）Is this book real?

Ss：No. /Not real.

T：Now I'll make a real book for you. Watch carefully, please.

（教师为学生展示"变书"的小魔术）

T：It's a real storybook. We can read it page by page. Do you like this magic trick? Let's do it together.

来源：何浩程（泉州市第三实验小学）

本课例荣获第七届全国小学英语教学现场课一等奖和优秀教学奖

附：教学内容

图 4-2

该课例是何老师的呈现新知环节，这个环节主要教授词汇 paintbrush、magic、real。教师通过魔术表演变出一个苹果，激发学生兴趣，并用"神笔"点读板书发声的方式让学生在跟读 magic 和 real 的同时感受魔力，把抽象名词 magic 具体化。接着，何老师出示一个实物苹果，让学生通过咬苹果的方式，真实感受、体验 real 的词义。此环节将多种直观媒介和具体情境串联，帮助学生建立立体、多维的词汇音、义、形联系，符合小学生的认知规律。

2. 渗透自然拼读法，建立词汇音、形联系

教师在词汇的呈现、学习和复现中渗透自然拼读法，建立词汇音、形联系。学生通过观察发现字母及字母组合的发音规律和拼写规则，并按照发音规律和拼写规则来学习和记忆单词，让学生逐步达到见词能读、听音能写的能力，促进学生有效地记忆单词，为学生终身学习英语词汇奠定基础。

例如教学新词 take 时，可以先整体呈现 take 的音、形，然后用音、形结合的方式列出已学过的、具有同样发音规律的词（如 make、cake、lake），让学生先练习，明白字母 a 在开音节中的发音以及哑音 e 的现象，学生自然迁移

拼读出新词 take。接着通过学生拼读有同样发音规律的新词（如 wake），检测学生是否真正掌握了这一拼读规律。渗透自然拼读法要注意举一反三和复现，加强学生对所学新词的音、形印象，循序渐进、以旧带新，帮助学生建立词汇音、形联系。

【课例 2】《英语（新标准）》（一年级起点）二年级下册 Module 5 Unit 1 Lingling is skipping. 的词汇 clapping game 教学片段

T：Look! What are they playing?（教师在课件上展示两个孩子玩拍手游戏的图片，如图 4-3，播放 clapping game 的读音。）

T：Clap，a says /æ/. Look at the words.（教师课件出示音标/æ/和已学单词 hat、cap、cat）How do you read these?

S：H-a-t，c-a-p，c-a-t.（学生拼读已学单词 hat、cap、cat）

T：So how do you read this word "clapping"?（教师课件出示新单词 clapping）

S：Cl-a-pping.（学生拼读新单词 clapping）

T：Good! Look at this word "game". A says /eɪ/. Pay attention to e；e is silent here.

（教师课件出示音标/eɪ/和已学单词 name、same）

How do you read the words?

S：N-a-m-e，s-a-m-e.（学生拼读已学单词 name、same）

T：So how do you read the word "game"?（教师课件出示新单词 game）

S：G-a-m-e.（学生拼读新单词 game）

图 4-3

图 4-4

T：What are they doing?（教师课件上展示两个孩子玩拍手游戏的图片，见图 4-4。）

S：They are playing clapping games.（词不离句，学生在语境中学习

词汇。）

来源：尤莲玉（泉州市第二实验小学）

该课例是尤老师教学 clapping game 的片段，尤老师先借助课件展示拍手游戏的情境，整体呈现新词汇的音、形、义。接着，为了降低学习难度，把 clapping game 分解成 clapping 和 game 分别进行自然拼读教学。在 clapping 的教学过程中，尤老师先呈现已学过的具有同样发音规律的词，比如 hat、cap、cat，让学生自主拼读，明白字母 a 在闭音节中的发音，接着以旧带新，呈现新词，学生就能自然迁移，拼读新词 clapping。同样的方法，在教学单词 game 时，尤老师也是先呈现旧知 name 和 same，让学生在拼读中明白字母 a 在开音节中的发音以及哑音 e 的现象，再呈现新词 game，学生就能自然迁移拼读出来。渗透自然拼读法可以帮助学生建立词汇音、形联系，通过日积月累的实践，学生就能逐步做到见词能读、听音能写。

3. 设计趣味活动，巩固学习词汇

小学生以形象思维为主，活泼好动，有意注意时间短。小学英语词汇教学应设计形式多样的趣味活动，才能吸引学生，激发学生的兴趣，调动学生的积极性，进行有效学习。有效、有趣的教学活动很多，如：有针对词汇音、义、形相结合的听音猜义、听音猜词、义形配对活动等，有歌曲或歌谣编唱、TPR（全身反应）教学活动，还有变魔术、袋中猜物、单词抢答、你比我猜、Bingo 游戏等。教师可以根据教学内容和学生的年龄特点设计相应的趣味活动。例如教学身体部位的相关词汇时，可以采用 TPR 教学法，边读边指身体部位并且做动作，让学生全身心动起来学习新词汇，有趣又高效。教低年级学生学习有关交通工具的词汇时，可以设计歌曲或歌谣编唱活动，把有关交通工具的词汇编成歌谣"By car, by car. Di, di, di. By bus, by bus. Beep, beep, beep. By bike, by bike. Ding, ling, ling. By train, by train. Chug, chug, chug."朗朗上口的歌谣，生动又形象，符合低年级小学生的年龄特点和认知水平。

【课例 3】闽教版《英语》（三年级起点）三年级上册 Unit 7 School Things Part A 的词汇 ruler、pen、pencil 教学片段

T：Boys and girls, look here! Guess, what's in my bag?（教师出示装有文具的书包，让学生猜测里面有什么。）

S：Is it a...？

T：Bingo! Let's see. It's a pen/book/pencil/ruler/pencil-box. （教师边读边将实物小教具贴在黑板上，让学生整体感知新词。）

T：Good! We use school things every day. Look! （教师播放一段学生日常使用文具视频，学生再次感知目标词汇的音和义。）

T：Wow! School things are very useful. Now，look at the blackboard. （教师在黑板上所贴的实物 pen、pencil、ruler、book、pencil-box 下方分别标上序号 A、B、C、D、E。）

T：Look! A is for pen. B is for pencil. C is for ruler. D is for book. E is for pencil-box. Now，listen carefully. （学生听音）

T：↑Pencil，↓pencil，which one? Choose what you hear，A，B，C，D or E? （学生听单词的音，猜测相匹配的文具，说出对应的序号。）

S：B. （通过听音猜义，强化单词的音、义联系。）

......

T：Good job! Now，look. Here are some word cards. Let's listen again and choose the cards you hear. Are you ready? （教师出示相应的单词卡片）

S：Yes!

T：The first letter is p. P，/p/，e，/e/，n，/n/，/pen/，which one? （教师借助自然拼读法逐一拼出单词字母的发音）

S：Pen. （学生听音猜形，建立单词的音、形联系。）

......

T：Wow! You are good listeners! Can you match them? Who want to try?

（四名学生上台，两人一个组合，分别通过黑板实物、卡片和希沃白板课件进行单词卡与实物的义、形配对竞赛。）

来源：饶燕燕（泉州市第二实验小学）

附：教材图片

图 4-5　　　　　　　　　　图 4-6

该课例是饶老师呈现新词汇并进行巩固操练的片段教学活动。饶老师按照听说领先、音义先行、词形随后的原则，设计了形式多样的趣味教学活动。她先通过"袋中猜物"的游戏整体呈现文具的新词，让学生感知词汇的音和义，接着设计"听音猜义"的环节及时帮助学生强化新词的音、义联系，然后又设计"听音猜形""义形配对"游戏帮助学生进一步建立词汇音、义、形的联系，循序渐进地帮助学生巩固新知。这一系列教学活动符合三年级学生好奇、好动的年龄特点，能帮助学生在轻松、愉悦的氛围中，有效地操练和巩固新词汇。

4. 构建多样词库，系统学习词汇

教师基于教学内容和教学要求，在教学中引导学生按照认知先后或者词汇之间的语音特征、词性特点、语义特征、使用场合等关联性，对词汇进行归类、整理和分组，方便学生组块记忆和运用。构建词库可以帮助学生把零散的词汇进行归类，形成知识网络，继而全面、系统地掌握所学词汇，降低记忆难度，扩充词汇量。

（1）按照单元主题构建词库

我国的小学英语教材大多依据主题或话题分为不同单元，教师要整体把握教材，对与教学主题或话题相关的词汇进行整理、归类，形成主题词汇网络。教师创设相关语境，引导学生基于词汇语义网络，构建主题词库，方便学生储存、提取和运用。

**【课例4】**外研版《英语（新标准）》（一年级起点）一年级上册 Module 10 This is my father. 教学片段

本课学习的是有关"Family"的话题。教材分两个单元学习有关家庭成员的词汇，如 grandfather、grandmother、father、mother、brother、sister，在模块总结回顾时，可以构建家庭成员词库。

T：Boys and girls, who's in your family?

S₁：Father and mother.

S₂：Grandfather and grandmother.

S₃：Brother and sister.

T：Good! Look at the family tree. Who is the father's or the mother's brother?

（教师出示家族树，见图 4-7，指着 uncle 的头像。）

Ss：Uncle.

T：Who is the father's or the mother's sister?（教师指着 aunt 的头像）

Ss：Aunt.

T：Good, and who is the child of your aunt or uncle?（教师指着 cousin 的头像）

Ss：Cousin.

图 4-7

来源：黄凤玉（泉州师范学院附属小学）

在该课例中，教师基于本模块"Family"话题，以家族树 family tree 的形式构建家庭成员的词库，引导学生借助图式探究家庭成员之间的关系，既总结复习了 grandfather、grandmother、father、mother、brother、sister 等词汇，又拓展学习了 aunt、uncle、cousin 三个相关的词汇，有助于学生系统地学习和记忆有关家庭成员的词汇。

（2）按照构词法构建词库

构词法就是通过词汇本身的语音特征或词性特点等内在规律记忆词汇的方法。英语中词汇是由词素构成的，词素是最小的语义单位。词素可以分为词根和词缀。词根和词缀可以通过不同的搭配构成新的合成词或派生词。教师在教学中要注意引导学生发现并总结一些常用的构词法，记住它们的构词规律，进行有意识的记忆和运用，学生学习词汇的效率就会事半功倍。小学阶段常见的构词法见表 4-1。

表 4-1　小学英语常见构词法

| 方法 | 例词 |
| --- | --- |
| 1. 名词加后缀-y 变成相应的形容词 | rain—rainy, snow—snowy, cloud—cloudy, ice—icy, wind—windy, storm—stormy, sun—sunny |
| 2. 动词或名词加后缀-ful 变成形容词 | care—careful, help—helpful, use—useful, success—successful, wonder—wonderful |
| 3. 动词加后缀-er 变成相应的名词，指这个动作的执行者 | teach—teacher, work—worker, farm—farmer, play—player, write—writer |
| 4. 合成名词 | policeman, firefighter, football, basketball, baseball, schoolbag, blackboard, classroom, classmate, bedroom, playground |

【课例5】外研版《英语（新标准）》（一年级起点）三年级下册 Module 1 Unit 2 I'm going to help her. 中新词 helpful 的教学以及含有-ful 词缀的形容词词库的构建教学片段

T：Boys and girls! What's the parrot like? Watch and find. （教师播放课文动画）

Ss：It's helpful.

T：How do you know？（教师课件呈现课文情景图，见图 4-8。）

S₁：This girl can't do her math. This parrot can help her.

T：Yes! This parrot is helpful. Help plus "ful" becomes "helpful". Follow me，please.（教师课件呈现 help+ful=helpful，示范读音。）

Ss：Helpful.（学生跟读）

T：Can you read this word?（教师课件呈现 care+ful=careful）

Ss：Careful.

T：What about this word?（教师课件呈现 use+ful=useful）

Ss：Useful.

T：Can you find something in these words? （教师引导学生注意观察 helpful、careful 和 useful 三个词）

S₁：They all have "ful".

S₂：They all mean "……的".

T：Yes. They are all adjectives. Can you say some other words like them?

S₁：Beautiful.

S₂：Wonderful.

T：Wow! You are so wonderful.（教师把学生说的单词添进词库中，见图4-9。）

图 4-8

图 4-9

来源：林翠翠（泉州师范学院附属小学）

在该课例中，教师先通过问题，引领学生在语境中感知理解 helpful 的词义，再引导学生聚焦旧知 help 加上词缀-ful 变成新知 helpful 的构词特点，进一步学习 helpful 的音、义、形，帮助学生更好地记忆和理解新词。接着教师给出 careful 和 useful 两个同样含有-ful 的形容词，引导学生发现并归纳构词法，最后引导学生把学过的具有相同构词特点的词进行归纳，构成词库，方便学生组块记忆，提高学习效率。

## 五、小学英语词汇教学课的注意事项和准备工作

1. 注意事项

（1）重视创设适切的语境，在语境中感知、理解、操练和内化词汇，避免教师讲得多，学生说得少，或者机械地用中英文翻译的低效课堂教学方法。

（2）在教学中坚持渗透自然拼读法，帮助学生建立语音意识，避免让学生死记硬背单词，甚至标注汉语拼音，导致发音不准的现象产生。

（3）遵循音、义、形、用四维统一的词汇教学原则。

（4）在教学中以学生为中心，渗透词汇学习策略，比如自然拼读策略或者词库构建策略，帮助学生有效地学习词汇。

2. 准备工作

（1）根据教学目标和教学内容选择有助于滚动学习词汇的教学策略。

（2）研读教材，把握好已知词库、新建词库和扩充词库的内容和构建。

（3）提前准备好相应的教具或直观媒介，比如实物、图片、多媒体课件等。

## 六、一份完整的词汇课课堂教学设计

重庆大学出版社 《英语》（三年级起点）四年级下册

Unit 6 How's the weather today?

Lesson 1

执教教师/郑雅莉　指导教师/林平珠、黄凤玉

 **1. 教学内容与学情分析**

（1）教学内容分析

本课选自重庆大学出版社《英语》（三年级起点）四年级下册第六单元。本单元主要学习有关天气的单词与句型，要求学生能用本单元所学句型与单词熟练地进行有关天气的对话，并根据天气情况谈论合适的户外或室内活动和着装。本节课是本单元第一课时，课文情境为 Lu Hua 向父母询问今天的天气状况，并根据天气状况谈论自己今天的活动安排。新授单词是 rainy、sunny、snowy、cloudy、windy。前两个为文本情境词汇，后三个为非文本情境

词汇，五个单词单列在文本左侧，旨在引导学生发现词汇构词规律。

（2）学情分析

学生已学过三年的英语，具备一定的听音辨词、见词能拼的拼读能力，整体语言能力较好。他们在一、二年级使用的外研版教材中已学过 hot、cold、warm、cool、snow、rain、sun 等与天气话题相关的单词。但大多数学生的词汇学习质低量少，未形成网络，且多为脱离语境死记硬背，还未能有效运用英语词汇学习策略进行自主、高效的学习。

**2. 整体设计思路与教学流程图**

（1）整体设计思路

《课程标准》明确提出："现代外语教育注重语言学习的过程，强调语言学习的实践性，主张学生在语境中接触、体验和理解真实语言，并在此基础上学习和运用语言。"基于课标理念和上述分析，教师在本课的教学中，采用小学英语 "ACEP" 的词汇课教学模式，创设适切的语境，引导学生从音、义、形三方面学习新单词，通过观察、发现、归纳、总结词汇学习的方法，归纳词块，逐步构建"Weather"话题词汇库，让学生主动参与英语学习，逐步形成自主学习策略；基于教学目标，合理整合教学资源，创设一系列听、说、读、写的活动，在词汇学习的过程中激活学生的思维，实现学科育人目标，促进英语学科核心素养的培养。

（2）教学流程图（见图 4-10）

**3. 教学目标**

（1）语言能力目标

①能够听、说、读、写单词 weather、sunny、cloudy、rainy、snowy、windy。

②能够运用目标语句 "How's the weather?" "It's..." 熟练地进行有关天气的对话。

③能够根据天气情况谈论合适的户外或室内活动，并构建以"Weather"为话题的词汇库。

（2）思维品质目标

①能够在思考和讨论不同天气的活动建议中，促进逻辑思维和批判思维的发展。

②能够在词汇学习和建立词汇库的过程中,借助迁移性思维,提升思维的多元性和系统性。

(3) 学习能力目标

①能够在观察、发现、归纳、总结构词规律中,提升探究能力。

②能够习得有效的词汇学习策略,强化自主学习的能力。

(4) 文化意识目标

①能够根据天气情况,规划日常活动,注意安全出行。

②能够挖掘家乡多样天气与山水风光的独特性,激发热爱家乡的情怀。

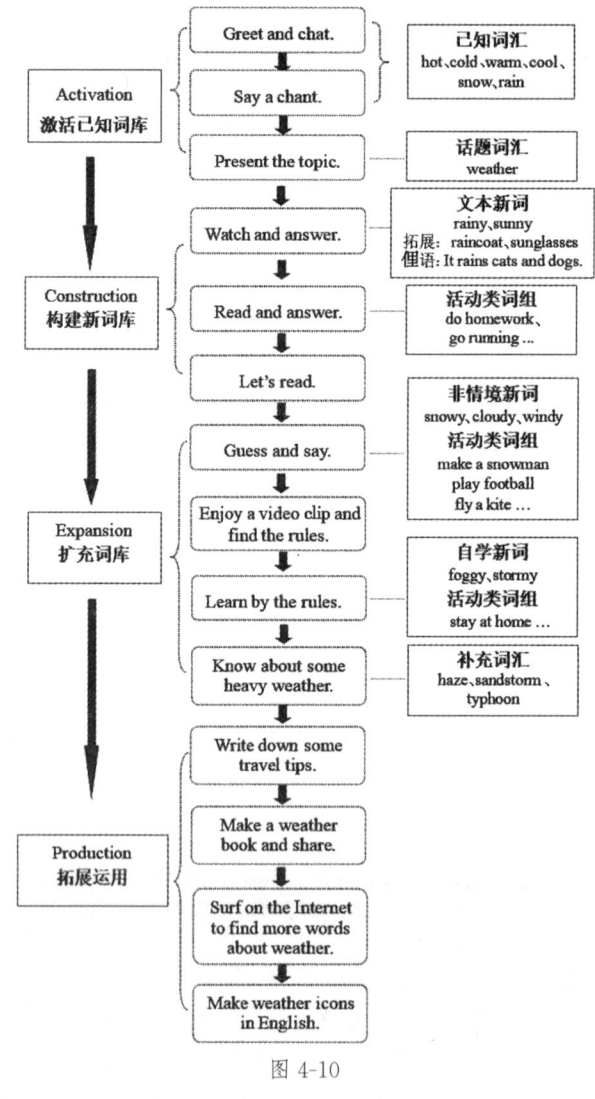

图 4-10

### 4. 教学重、难点

（1）教学重点

①能够听、说、读、写单词 weather、sunny、cloudy、rainy、snowy、windy。

②能够在建立和运用词汇库的过程中，积累语料，谈论与天气相关的话题，服务语言输出。

（2）教学难点

能够在情境中探究天气类词汇的构词规律，并学以致用。

### 5. 教学准备

多媒体课件、词卡、词条、weather book。

### 6. 教学过程

**Step 1　Activation**

（1）Greet and chat

课件呈现全国地图，以温度计动态呈现泉州和重庆的气温，用"It's..."句型谈论两地天气状况。教师呈现图、音、文结合的课件，带领学生感知重庆多样的天气状况。

图 4-11

**设计意图**

亲切的问候能拉近师生距离。重庆多样的天气状况课件活化了学生的生活场景，激活已知天气词汇。

（2）Say a chant

把师生谈话中提到的天气词汇编成一首歌谣，配上学生熟悉的旋律，师生一起做动作、有节奏地说唱。

It's hot. It's cold. It is hot. It's cold. And it's snowing, too.
It's warm. It's cool. It's warm. It's cool. And it's raining, too.
We don't know what to do.

**设 计 意 图**

动感十足的歌谣有利于活跃学生的感官，让学生在愉悦的氛围中，复习已知天气词汇。

（3）Present the topic and learn the word "weather"

①从歌谣中提炼已学的有关天气的词汇，构建已知词库。

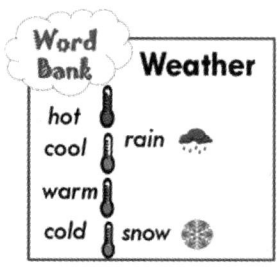

图 4-12

②提炼词库词汇的上位词 weather，引出本课课题"How's the weather today?"。

③运用自然拼读法，分音节（如：wea-ther）、关注字母组合（如：ea、th、er）的发音，教学单词 weather。

**设 计 意 图**

采用自然拼读法学习词汇 weather，建立词汇音、形联系。教师借助句—词—篇—词库的推演过程，在 weather 的连贯语境中，引导学生提取已知天气词汇，逐步构建已知词汇库。

**Step 2 Construction**

（1）Watch and answer

呈现课文第一幅插图，引导学生关注 Lu Hua 一家及他们谈论的话题，引出 Lu Hua 父母的提问"How's the weather today?"。学生观看课文动画,寻找答案。

①Check and learn "rainy".

学生在课文情境中核对答案:"It's rainy in the morning.",听音跟读单词 rainy。

利用构词法,由 rain 加-y 变成 rainy,突出 y 字母的发音,迁移拼读新词。

教师示范,引领学生书空。

教师引导学生联想 rainy day 的穿着,学习合成词 raincoat。

教师呈现大雨滂沱的场景,渗透教学"It rains cats and dogs."俚语的语义。

②Check and learn "sunny".

学生在课文情境中核对答案"It's sunny in the afternoon."。教师采用相同的方法教学 sunny,并且拓展学习 sunglasses。在教学过程中,将所学词汇添加到上一词库中,构建新词库。

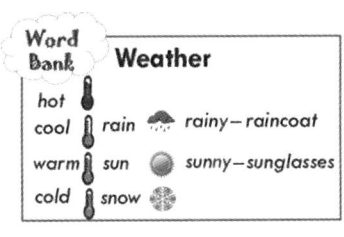

图 4-13

**设 计 意 图**

教师利用教材的文本语境,渗透自然拼读法,引领学生学习 rainy 和 sunny。采用多媒体课件创设语境,引导学生借助意义联想和合成词的构词规律,学习 raincoat 和 sunglasses。延展建立新词库,旨在拓展天气类词汇的外延。

(2) Read and answer

教师先引导学生以 Lu Hua 的视角,思考雨天和晴天适宜开展的活动。接着阅读课文对话,寻找 Lu Hua 的答案,在这一过程中,教师开始构建活动类的新词库。

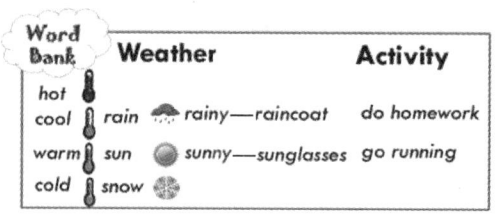

图 4-14

T：Children，it's rainy in the morning and sunny in the afternoon. What can you do?

Ss：We can...

T：You are good planners. What about Lu Hua？Let's read and answer the question：What can Lu Hua do？

**设计意图**

学生以 Lu Hua 的视角讨论两种天气适宜开展的室内或户外活动，可以激活相关的活动类词组。学生带着问题阅读文本、寻找答案，能够更好地感知、理解词汇意义。这一学习过程旨在初步构建活动类的词库。

（3）Let's read

①Listen and imitate.

②Read in roles.

**设计意图**

学生听音、模仿跟读课文，感受纯正的语音、语调，有助于培养语感，也是进一步内化语言的过程，经历从浅层次到深层次的渐进式词汇学习过程。

**Step 3　Expansion**

（1）Guess and say

①Learn "snowy".

课件播放 Jingle Bell 的背景音乐，让学生通过联想猜测天气。教师播放"It's snowy."的音频，让学生跟读，再引导学生通过旧知 snow 加-y 变成新知 snowy，自主拼读新词、理解意思。接着借助课件呈现下雪、堆雪人的动态过程，拓展学习合成词 snowman，引发学生联想适合 snowy day 的室内或户外活动。

T：It snows heavily. Look，the small snow ball is on the big snow ball. What is it?

Ss：Snowman.

T：It's snowy. What can you do？Think and say.

S₁：Make a snowman.

S₂：Throw snowballs.

S₃：Go skiing.

②Learn "windy".

课件呈现刮风的声音，让学生猜测天气，接着播放"It's windy."音频让学生核对答案。借助课件呈现的情境，教师引导学生通过 wind 加-y 的构词法学习词汇 wind 和 windy，同时引导学生联想 windy day 适合开展的活动，滚动复现活动类词组 fly a kite、go running、do homework 等。

③Learn "cloudy".

课件播放云朵聚集的动图，让学生猜测天气，接着播放"It's cloudy."音频请学生核对答案并跟读。再运用构词规律，学习 cloud 和 cloudy。接着引导学生谈论 cloudy day 适合开展的户内、外活动。

教师在教学的过程中，逐步将新学的天气词汇和活动类词汇添加到词库中，扩充词库。

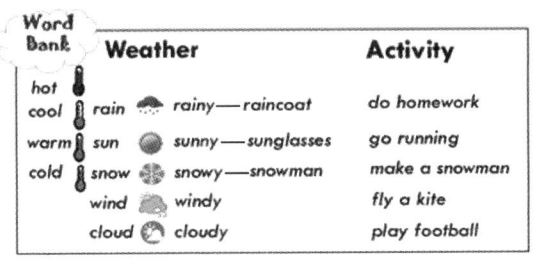

图 4-15

设 计 意 图

教师借助多媒体课件创设氛围，引导学生利用自然拼读和构词法学习新词 snowy、cloudy 和 windy。生动有趣的情境可以激发学生的想象，链接学生的生活体验，激活学生头脑中与各种天气相关的活动类词组，扩充以 weather

为核心话题的立体词库。

（2）Enjoy a video clip and find the rules

①教师播放演绎自然界现象和天气变化的沙画视频（见图4-16）。

T：Wow！So many words about weather. Let's enjoy a video clip about the changing weather.

图4-16

②学生观察两组单词，找出构词规律（见图4-17）。

T：Let's divide these words into two groups：Group A and Group B. What do you find?

S：Group A plus "y" becomes Group B.

T：Great！Pay attention to "sunny" with double "n".

图4-17

设 计 意 图

教师通过沙画视频，让学生注意观察有关天气词汇的名词和形容词形式的变化，引导学生在情境中观察、发现、归纳、总结构词规律，培养他们的词汇解构能力，同时进一步巩固所学词汇。

（3）Learn new words by the rules

课件呈现fog—foggy和storm—stormy两组单词，教师鼓励学生自主拼读单词。接着在线示范使用线上电子词典听单词核对发音、查找单词词义的过程。学生借助已有的生活体验,提出适合这两种天气开展的活动。教师将天气词汇和活动类词组加进词库中,扩充词库(见图 4-18)。

T:Here are some words about weather. Try to read the new words by the rules.

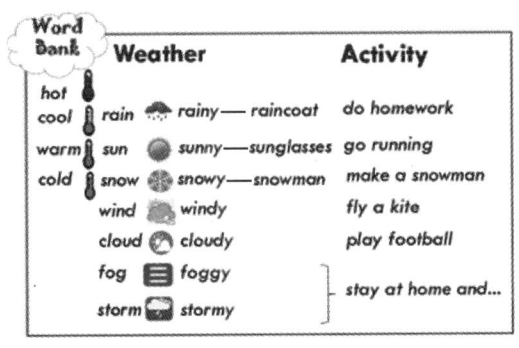

图 4-18

### 设计意图

通过让学生借助构词法和上网查单词的方法,拓展学习 foggy 和 stormy,检验学生是否能理解和运用前面所学的构词法,进一步渗透自主学习词汇的策略,同时扩充"Weather"话题词库。

(4) Know about some heavy weather

教师播放三种恶劣天气 haze、sandstorm 和 typhoon 的动态图和天气图标,让学生感知词义,思考在恶劣天气条件下适宜开展的活动,体会安全第一的重要性。教师将三个天气词汇和活动类词组加入词库中,进一步扩充词库(见图 4-19)。

T:Here are some heavy weather. Watch and guess. Look!

Ss:雾霾、沙尘暴、台风。

T:What can we do in heavy weather?

Ss:We can stay at home and do our homework.

T:Children,safety is very important. You should stay at home in heavy weather.

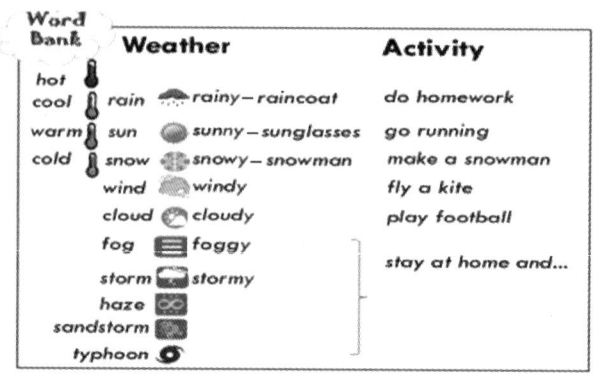

图 4-19

**设计意图**

运用直观的天气图标和恶劣天气的动图,创设语境让学生感知恶劣天气,渗透安全教育,同时进一步拓展以"Weather"为话题的词汇库。

**Step 4　Production**

(1) Make a weather book

①Write down some travel tips.

教师让学生先小组讨论,再填写"旅游提示卡",为在场的教师提供重庆的旅游建议。

T: Today we have so many teachers here. They want to visit Chongqing. Let's give them some tips for traveling in different weather.

```
                    Travel Tips
        It's_____.
        You can go to_____.
        You can_____
        _____
```

②Make a weather book and share.

教师让学生以小组为单位,把写好的"旅游提示卡"做成一本天气书(见图 4-20),在小组内翻阅和分享。

图 4-20

### 设 计 意 图

词汇教学的最终目的是为了运用。教师创设给外来老师提供旅游建议这个真实的任务，搭建语用平台，构建词句框架，让学生链接生活实际，从本课构建的词汇库中提取语料，综合运用于语篇框架中，让学生进一步巩固所学词汇，培养学生用英语做事的综合语言运用能力，这也是 "Weather" 话题词汇库的综合运用。

（2）Assign the homework

- Surf on the Internet to find more words about weather.
- Make weather icons in English.

教师布置上网查资料自主学习更多天气词汇和制作天气图标两种作业。

### 设 计 意 图

词汇的学习需要创设情境，不断复现巩固，才能最终达到学以致用的目的。布置作业可以把学习延伸到课堂外，扩展学习空间。上网查资料学习更多有关天气的词汇可以培养学生的自主学习能力，为将来进一步学习英语奠定基础。制作英语天气图标，可以进一步加深学生对所学词汇的理解和运用，培养学生用英语做事的能力。

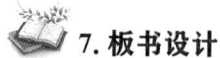

## 7. 板书设计

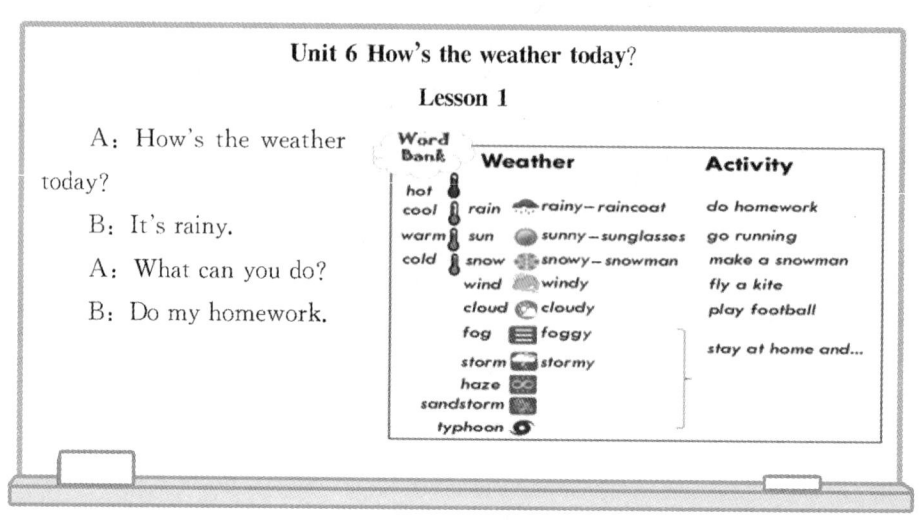

### 8. 课例点评

这是一节高效、有序、有意义的词汇课堂教学。它凸显词不离句、句不离篇的词汇学习过程，基于文本但又高于文本。教师通过创设真实有效的语境，给学生丰富的课堂体验，指导学生将单词的音、义、形、用融为一体，在语境中学习词汇，运用词汇，提升词汇学习能力和综合语言运用能力。

（1）词汇学习与话题语境融合，四次建库服务语言输出

词汇教学要融于具体的语境之中，才能体现其真正的意义。在本课的教学设计中，教师始终把词汇教学融于"Weather"话题语境中，在语境中构建词库，系统学习话题词汇，为学生的语言输出搭好支架。首先，创境引旧，导出话题。在师生谈论天气状况和歌谣律动中导出本课的天气话题，第一次构建已知天气词库。其次，借助文本语境，学习新词。在文本语境中学习 rainy 和 sunny 及相应天气的活动类词组，第二次构建天气词库。接着，创境猜义，导出新词。借助多模态教学手段，导出非情境词汇 snowy、cloudy 和 windy 及相应天气的活动类词组，第三次构建天气类和活动类词库。再次，动图创境，扩充词库。借助夸张的动图，拓展学习极限天气 haze、sandstorm 和 typhoon，第四次构建天气类词库。最后，联系生活，真实运用。让学生链接

生活实际，为外来的老师们设计不同天气的旅行提示，培养学生用英语做事的能力。教师在教学中把词汇的复现、呈现、感知、理解、操练和运用，始终融于话题语境中，提高了词汇教学的实效。

（2）突出词汇学习的过程，注重学习策略的渗透

在词汇学习过程中，教师要注意引导学生发现和总结规律，养成有效的词汇学习策略，提升词汇学习能力，为将来进一步学习英语奠定良好的基础。在本课的设计中教师善于借助音效、图片、视频等资源，多感官激发学生的兴趣，引导学生建立词汇的音、义、形联系，向学生渗透自然拼读词汇学习策略。教师还以 weather 为核心构建词库，帮助学生复习、梳理和扩充与之相关的词汇，运用构词法拓展学习 foggy 和 stormy，运用联想法巩固复现与各种天气相关的活动类词组，帮助学生系统、高效地学习和运用词汇。

总之，在小学英语词汇教学中，教师要重视创设适切的语境，引导学生在语境中感知、理解、操练和内化词汇，帮助学生滚动学习语言知识，逐步培养词汇学习策略，提升语言运用能力和自主学习能力。

（点评专家：吴青梅，福建省普通教育教学研究室）

本课例荣获第十二届全国小学英语教师教学基本功大赛现场课评选一等奖和最佳课件制作奖

## 9. 执教教师简介

郑雅莉，泉州师范学院附属小学英语教师，曾荣获第十二届全国小学英语教师教学基本功大赛现场课评选一等奖和最佳课件制作奖，两次获得泉州市小学英语课堂教学评优一等奖，多节课例在部级、省级、市级比赛中获奖；在福建省中小学优质课评选中获得省级优质课奖。

# 第五章 语法课型

语法是语言的三大要素之一,是语言的结构规律,在语言学习过程中起着重要的作用。语法能帮助学生认识、了解英语口语和书面语的区别,以及从词、句到语篇的构造。学生通过语法学习,可以提高使用英语的规范性以及传递信息、表达思想的准确性和逻辑性,为后续的学习奠定基础。

《课程标准》在二级"语言知识"目标描述部分,对语法这一项的目标描述是:"1. 在具体语境中理解以下语法项目的意义和用法:名词的单复数形式和名词所有格;人称代词和形容词性物主代词;一般现在时,现在进行时,一般过去时和一般将来时;表示时间、地点和位置的常用介词;简单句的基本形式。2. 在实际运用中体会以上语法项目的表意功能。"因此,在小学英语语法教学中,教师要特别重视语境的创设,为学生的语法习得搭建平台,引导学生在语境中学习、理解和运用语法,培养学生的语法意识。

## 一、 小学英语语法课的定义

小学英语语法课是指在具体语境中,学生通过听、说、读、看、写等言语活动,将语法知识的形式、意义和功能有机结合,学习和运用语法来理解、表达和交流思想,培养语法意识和综合语言运用能力的课堂教学。

## 二、 小学英语语法课的特点

语法是与具体情境、言语交流活动紧密联系的,受具体情境和情意、语言的交际运用制约，它也只有在具体情境中和语言使用过程中才能呈现，才能被观察、感知、领悟和建构（章兼中，2016）。小学英语语法教学是为提高学生的综合语言运用能力服务的，它有以下几个特点。

1. 情境性

真实恰当的情境能够帮助学生正确理解语法意义。学生在具体情境中接触语法现象，关注语言形式，结合具体语境理解语法项目的意义和用法，形成概念并运用，从而产生语法意识，提高对语言现象的识别力和理解力。

2. 探究性

学生在感知语法现象的前提下，通过观察、发现、分析、讨论、表达与交流等探究学习活动习得语法知识，从所学语言中发现语法规则，总结和归纳语言表达方式，理解所学语法项目的意义和用法。

3. 交际性

学生运用所学的语法知识进行语言交际活动，在实践运用中体会语法项目的表意功能，构建更加清晰的语言形式和语言功能之间的关系，促进对英语语言结构的理解和运用。

### 三、小学英语语法课的教学模式

在目前的小学英语语法教学中，语法教学形式单一枯燥，大部分是由教师提出语法概念，并举例讲解语法规则，然后让学生通过语法练习形成并理解语法概念。这种方式由于缺乏具体的语境或者合适的语料，导致学生语法概念混乱，语法教学效果不理想。因此，如何进行有效的语法教学以改变教师灌输式的教学模式，是小学英语教师践行新课程理念需要解决的重点和难点问题之一。有效的语法教学应做到语法形式、意义和功能三个维度的有机结合，强调在具体语境中让学生感知语法、理解语法，并通过实践运用体会语法的表意功能，培养学生的语法意识和发展语用能力。为此，我们总结出一套小学英语"PCPC"语法教学模式，即 Perception、Comprehension、Practice、Communication。

## 小学英语"PCPC"语法课教学模式

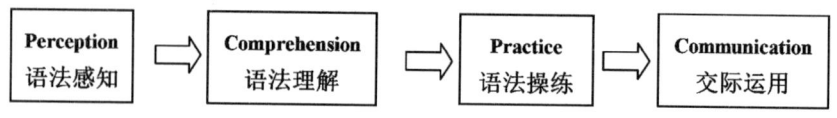

图 5-1

### 1. Perception（语法感知）

感知是认识的起点和源泉，在小学英语教学中要重视培养学生语境中的语法感知能力。感知语法的过程能认识语法的"形"，是理解和运用语法的基础。学生在特定情境中通过自主观察、感悟和发现句型的结构特点、词形的表达方式等，对语法知识有一个初步的认识和理解，从而产生语法意识。

### 2. Comprehension（语法理解）

在语法教学中，不仅要关注语法知识的语言形式，而且要理解语言表达的内容和意义，实现语言形式和意义的统一。教师基于语境引导学生观察、分析语言材料中语法知识的现象特点、结构形式和语义功能；组织学生开展探究式学习活动，理解所学语法项目；引导学生整理、归纳、概括语法知识点现象的本质特征，理解目标语法概念的内涵，掌握语言规律；在具体语境中理解语法的意义和用法，形成有效的学习策略。

### 3. Practice（语法操练）

语法操练环节要做到机械操练和意义操练相结合，让学生通过多感官、多元化的练习活动巩固和深化语法知识的理解，实现语法知识内化，提高语言表达的规范性和灵活性，为语法的运用做好准备。课堂上，教师要基于语境抓住语言训练的迁移点，设计形式多样、层次递进的操练活动，促进和加深学生对语法项目的理解与把握，提高学生语言表达的正确性。

### 4. Communication（交际运用）

语言学习的全部意义在于运用。在学生形成语法概念后，教师要通过创设真实的语境让学生在实际运用中体会目标语法项目的表意功能，培养学生的语法意识，并最终内化为自身的语言能力。在交际运用中，学生把习得的语法知识迁移运用于各种新的语言环境，进行正确和恰当的表达交流，使所学的语法知识真正服务于交际，培养综合语言运用能力。

## 四、小学英语语法课的教学策略

在小学英语语法教学中，教师要严格遵照《课程标准》规定的范围和标准，根据学生的年龄特点和认知水平，给学生提供足够的语言接触，让学生在具体语境中理解语法项目所传达的信息和表达的意义，在运用实践中体验、领悟语法的表意功能，实现语法形式、意义和功能三者的统一。在教学过程中，教师应根据学生的具体情况和教学内容选择相应的教学策略，以保证语法教学的有效开展。下面介绍几种英语语法教学的策略。

1. 基于语境体验，感知理解语法

语言只有放在一定的情境中才能体现它的意义。在语境中学习语言，可以增强学生语言和认知能力的发展，充分体现学生在英语语法学习中的主体地位，有效地培养学生的创新意识和实践能力。在教学中，教师可以通过实物、图片、肢体语言、视频、歌谣或韵律诗等手段创设真实的语境，提高学生的感知效应，引导学生关注语法现象，让学生在真实语境中感知、学习、理解和运用语法，使语法知识的形式、意义和功能达到统一。

【课例1】外研版《英语（新标准）》（三年级起点）五年级下册 Module 2 Unit 2 *Mr Li was a teacher*. 一课的语法项目"动词一般过去式"教学片段

教材内容为通过介绍 Mr Li 和 Chen Hai 两个人过去到现在职业身份的变化，呈现动词一般过去式的形式和用法。在导入环节，教师通过"不老时光机"，展示该班班主任 Ms Lin 小时候的照片。

T：Boys and girls, look at the picture. Who's she?

Ss：She's Ms Lin.

T：How old was she then?

Ss：She was…（全班学生兴致勃勃地猜班主任 Ms Lin 当时的年龄）

T：Great! Ms Lin was ten then. She studied hard at school.（课件呈现班主任 Ms Lin 近期工作的照片）She is thirty now. She works hard at school now. She teaches Chinese.（教师根据学生的回答，板书表示一般现在时和一般过去时的动词。）

T：Today Chen Hai will tell us a story about himself. Let's have a look.

来源：杜波霞（泉州市洛江区第二实验小学）

教师在教学过程中强调突出动词过去式 was、studied、worked 在真实语境中的使用，利用"不老时光机"展示班主任小时候学习和现在工作的照片，让学生在今昔对比的具体语境中感知、理解语法，直观地体现了语法项目动词一般过去时与一般现在时的形式，让学生注意语法现象，产生语法意识。

2. 基于语料选择，探究语法规则

语言材料的选择要凸显目标语法。教师要根据教学需求，选择适用于语法教学且符合学生学情和年龄特征的语料，并基于语料引导学生对语法现象进行两个方面的探究：一是语法项目在特定语境中的功能；二是在整体语境中发现语法规律和语句表达的结构特点，做到语法形式、意义和功能的统一。教师引导学生从所学语言中发现、归纳语法规则，可以帮助学生更深入地理解语法的内涵和运用形态，培养学生的学习策略。在教学中，教师可以利用图表形式、导图形式等图解语法，科学合理地搭建学习支架，鼓励学生自主观察、发现、分析、对比、归纳和总结语言形式和语法规则或结构。

【课例2】外研版《英语（新标准）》（一年级起点）五年级上册 Module 5 Unit 1 It's mine! 一课的语法项目"形容词性物主代词和名词性物主代词"教学片段

本课内容以 Amy 和 Sam 争抢一件红色 T 恤为语境，呈现功能句 "It isn't hers." "It isn't his." "It's mine."。在语法规则探究环节，教师通过真实语境生成语言材料，利用桥型图（Bridge Map）呈现语法结构和语言形式（见图 5-2）。

T: Look! It's my book. It's mine.（教师随机拿起自己的书，对全班学生说。）

It's your bag. It's yours.（教师拿起一位男生的书包，对他说。）

It's his ruler. It's his.（教师拿起一位男生的尺子，对全班学生说。）

It's her eraser. It's hers.（教师拿起一位女生的橡皮擦，对全班学生说。）

教师将生成的语言形成以下的板书或 PPT。

形容词性物主代词和名词性物主代词桥型图

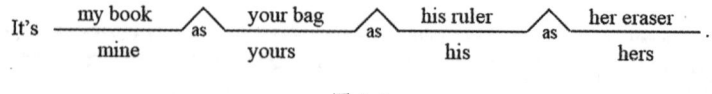

图 5-2

来源：林平珠（泉州市教育科学研究所）

教师通过创设真实的语境让学生理解和体验形容词性物主代词和名词性物

主代词在特定语境中的功能,并生成桥型图板书,用导图呈现语言形式。接着引导学生自主观察、发现、对比并归纳总结形容词性物主代词和名词性物主代词的用法和区别,发挥学生的主观能动性,培养学生的学习策略和思维品质。

【课例3】外研版《英语(新标准)》(三年级起点)四年级上册 Module 8 Unit 1 We are going to visit Hainan. 一课的语法项目"一般将来时 be going to"教学片段

本课内容以 Smart 一家计划去海南旅游为背景展开人物对话,运用一般将来时 be going to...的句型来谈论他们的计划及打算去做的事。

T:Children, please scan the text and find "be going to".

(学生快速浏览课文并找出含有 be going to 的句子)

T:Mr Smart makes a plan for Amy and Sam. What are they going to do? Let's watch and answer. (教师播放课文视频)

$S_1$:They're going to visit Hainan.

(教师板书 going to,示范填写表格。)

T:Great! Now please read the text and fill in the form. When are they going to get up? What are they going to do in Hainan?

(学生完成表格填写后回答问题)

$S_2$:They are going to get up at 5 o'clock.

$S_3$:Sam is going to swim in the sea and visit his grandpa.

T:Well done! Now please read the form and find the rule.

教师引导学生通过观察发现句型结构特征,生成表格,总结、归纳语法点的具体形式并呈现在 PPT 上。

**Simple Future Tense with Be Going to(Statements)**

| We're | | visit Hainan. | tomorrow. |
| We're | going to | get up | at 5 o'clock. |
| I'm | | swim | in the sea. |
| I'm | | visit my grandpa. | |

来源:杜意妹(泉州市洛江区教师进修学校)

学习过程是积极建构知识的过程。教师基于教材文本,让学生在文本中找出含有 be going to 的句子,让学生在具体的语境中实践和体验,从而理解

"一般将来时 be going to"语法句型的意义和用法。接着，教师引导学生通过观察、思考、讨论等探究活动归纳出本课的目标语法项目，并用表格呈现语言形式，加深学生的理解，帮助学生构建相关语法知识体系，培养学生的语法学习策略和自主学习能力。

3. 基于多元化活动操练，巩固内化语法

语法操练重点要放在语言形式的体验、操练和实践上，以此来熟悉和内化新语言的使用规则，还要注重操练过程中语法知识的内在逻辑关系，使语法操练更具意义和价值。在教学中，教师要通过多维层次的语言实践活动发展学生的语言与学习能力。如教师可以结合目标语法点创设情境，鼓励学生积极参与，通过听做、说唱、玩演、视听等多元化活动操练来突破语言表达的重难点，以更好地促使学生把握语法形式表达的准确性，为语言实际运用打下良好的基础。常见的练习方法有：挖空原文句子进行还原填空，根据语法句式结构说句子，用目标语法形式看图说话等。

【课例 4】外研版《英语（新标准）》（一年级起点）五年级上册 Module 5 Unit 1 It's mine！一课的语法项目"形容词性物主代词和名词性物主代词"教学片段

在本课的巩固操练环节教师设计了一个"Give Presents to Each Other（互赠礼物）"活动。

教师课前通知学生准备一个小礼物带到课堂上，到了互赠礼物环节，教师先进行示范，拿出自己准备好的一本书跟学生对话。

T：This is my book. It's mine. It's interesting. I like it very much. I will give it to Li Hua. Now it's his. （说完教师把书递给李华）

Li Hua：Thank you!

接着，教师让全班学生拿出自己准备好的礼物，两人一组，互赠礼物。

S₁：This is my... It's mine. It's... I like it. I will give it to... Now it's his/hers.

S₂：Thank you! This is my... It's mine. It's... I like it. I will give it to... Now it's his/hers.

最后，教师请两组学生进行展示和反馈。

来源：林平珠（泉州市教育科学研究所）

教师结合目标语法点创设情境，通过有情、有趣、有效的操练活动，提高学生参与、表达的积极性，引导学生在真实的语境中进行语言实践。学生在操练活动中巩固内化语法知识，加深理解，提升了语言表达的恰当性和正确性。

【课例5】外研版《英语（新标准）》（三年级起点）四年级上册 Module 2 Unit 1 She's reading a book. 一课的语法项目"现在进行时"教学片段

本课内容以 Sam 向大家介绍朋友及家人的照片为语境，呈现功能句式"This is my friend Maomao. She's reading a book.""This is my friend Xiaowei. He's taking pictures."。为了进一步巩固内化语法句型，在操练环节教师设计了"Find the Difference（找不同）"活动。

教师呈现两组图片，让学生找出不同之处并进行描述。

T：Let's play a game "Find the Difference". Ready?（PPT 呈现第一组图片）

$S_1$：In Picture A，she's running. In Picture B，he is walking.

T：Sharp eyes! Let's go on.（PPT 呈现第二组图片）

$S_2$：In Picture A，he's taking pictures. In Picture B，she's riding a bike.

$S_3$：In Picture A，he's watching TV. In Picture B，he's looking at the cat.

T：Aha，you've found the differences. Very good!

来源：孙秀丽（泉州市洛江区马甲第二中心小学）

教师呈现两组难度递进的图片，学生快速找出不同之处，并运用现在进行时的功能句式进行描述，活动兼具趣味性和思维性，不仅激发了学生的学习积极性和参与热情，培养了学生的观察、比较、分析等能力，同时检测了学生对语法的理解和语法形式使用的准确性，实现了语言与思维的同步发展。

【课例6】外研版《英语（新标准）》（三年级起点）四年级上册 Module 6 Unit 1 Can I have some sweets? 一课的语法项目"情态动词 can 的用法"教学片段

本课内容以 Amy 生日当天感到肚子饿了，询问妈妈是否可以在饭前吃些点心为语境展开会话，主要功能句型是"Can I have some...?"及其回答"Yes，you can. /Sorry，you can't."。在本课的情境中，can 表示允许（做某事）。在操练巩固环节，教师创设了到 Youyou 家做客的情境，让学生运用本课的句型向主人 Youyou 询问所需的食物（见图5-3）。

T：Now you can ask Youyou what you want.

S₁：Can I have some meat?

（其他学生根据卡通人物 Youyou 随机的点头或摇头的动图来回答）

Ss：Yes，you can.

T：Here you are.

S₁：Thank you.

S₂：Can I have some apples?

Ss：Sorry，you can't.

T：I'm sorry.

S₂：That's OK.

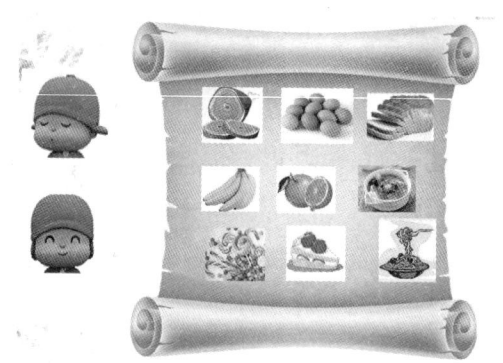

图5-3

来源：庄舒婧（闽南师范大学泉州市洛江区附属小学）

在此活动过程中，学生能够运用自己已经掌握的单词和本课的重点句型进行替换练习，将本节课的语法知识点内化到自己的知识体系中，并能在真实的语境中正确使用，为进一步灵活运用语法进行语言交际做好准备。

以上巩固操练活动是基于学生的个体差异，并针对语法项目的重、难点从不同的角度设计的操练活动。教师通过创设恰当的语言情境，将知识内化于技能训练之中，使学生触类旁通，举一反三，在理解、操练、运用语言等环节中，激发学生的语法学习兴趣，逐步实现语法知识的内化，形成学习策略。

4．基于交际性语言活动，灵活运用语法

语言的功能是交际，语法教学是以提升英语交际技能为目标的。在语言交际过程中，学生运用正确的语言形式表达恰当的意义进行交际活动，不仅能进一步理解语法，运用习得的语言规则，更能提高运用语法的积极性，掌握正确、地道的英语表达方式。因此，教师要设计具有开放性、灵活性和创新性的交际活动，让学生能运用目标语法项目进行有效交流，培养学生的创新思维和发散思维。比如，教师可以创设情境，设计"Pair work"或"Group work"，开展有针对性的交际活动，让学生学以致用，在相互交流中提升语言交际能力。

【课例7】外研版《英语（新标准）》（三年级起点）四年级下册 Module 4 Unit 2 Will it be hot in Haikou? 一课的语法项目"一般将来时 will"教学片段

本课的情境是机器人接听小朋友询问全国各地天气情况的电话并做出回答，主要功能句型是："Will it...in...? Yes, it will. /No, it won't."。在交际运用中，教师可以设计小组活动"预测天气并谈论计划"，学生运用本课句型来预测天气，并用"I will do..."在小组内交流计划。

T：Children, let's predict the weather in Quanzhou on Saturday and talk about your plan.（教师与学生互动做示范，PPT 出示语言支架："Will it...in...?" "Yes, it will. /No, it won't."。）

T：Will it be hot in Quanzhou?

$S_1$：Yes, it will.

$S_2$：No, it won't. It will rain.

T：Really? If it rains, what will you do this Saturday?

$S_2$：I will read books at home.

T：If it is hot, what will you do?

$S_1$：I will go swimming.

T：Good idea! Now let's do the pair work.（PPT 出示语言支架和参考词汇）

在活动过程中，学生根据天气变化制订出行计划，运用所学语言在小组内交流分享，提高了语言交际的有效性。通过师生间的对话，教师观察分析学生语言表达的准确性，接着追问"What will you do?"，检测学生对于 will 句式的灵活运用程度，同时为小组交际活动的开展做了语言示范，搭好了支架。课堂上有效的语言交际是学生语法规则内化的显性表现，培养了学生的综合语言运用能力。

来源：杜意妹（泉州市洛江区教师进修学校）

【课例8】外研版《英语（新标准）》（三年级起点）六年级上册 Module 9 Unit 1 Do you want to visit the UN building? 一课的语法项目"非谓语动词不定式"教学片段

本课内容以 Simon 爸爸带着 Simon 和 Daming 参观联合国大楼为语境，运用句型"Do you want to...?"及其肯定与否定回答"Yes, I do./No, I don't."展开对话，并运用句型"I want to..."表达自己的意愿。在交际运用环节，教师创设了小组活动"谈论自己的旅行计划"。（见图5-4）

T：Boys and girls, the summer holiday is coming. I know you have your own plans for the holiday. It's your turn to share them with your friends, then invite them to join you. （教师邀请一位同学一起做示范）

T：Summer holiday is coming. Where do you want to go?

S：I want to go to Guilin. It's in Guangxi.

T：How is Guilin?

S：It's a nice city. There are many beautiful lakes and mountains.

T：What do you want to do there?

S：I want to take a boat trip and eat delicious food.

T：When do you want to go there?

S：I want to go there on Monday. Do you want to go with me?

T：Yes, I do. Thank you.

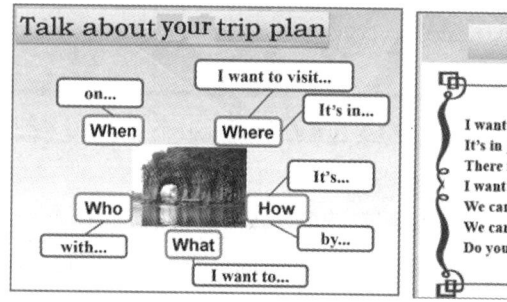 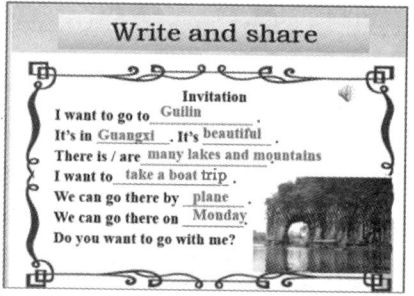

图 5-4

来源：庄舒婧（闽南师范大学泉州市洛江区附属小学）

在这个活动中，学生围绕话题，借助思维导图进行语言交际活动，激活已有知识体系，培养了发散性思维。接着制作"邀请函"，将非谓语动词不定式的用法、there be 句型的用法等融为一体，语言综合运用能力得到了提高。

这些活动具有情境性和交际性的特点，激发了学生参与的积极性。学生在真实交际性活动的过程中，学会了在不同的语境如何恰当地运用这些语法规则，实现了语言知识到语言技能的转化，促进了语言运用的自动化。

5. 基于语言综合实践活动，发展核心素养

语言综合实践活动是一种开放性学习活动，学生在教师的指导下，通过个人或小组合作自主完成语言实践项目，使得语言运用能力呈多模态发展，对培养综合素质、发展核心素养起着极大的促进作用。在语言综合实践活动中，学生将习得的语言信息运用迁移于各种新的语言环境，进行创造性的语言输出，语言表达内容更丰满，形式更多样化，培养了用所学知识解决问题的能力，实现英语学习生活化、实践化，体现了英语教学工具性和人文性的统一，提高了学生的综合人文素养。

【课例9】外研版《英语（新标准）》（三年级起点）五年级下册 Module 6 Unit 1 *I went there last year.* 一课的语法项目"一般过去时"教学片段

本课的语言功能是用一般过去时谈论旅游见闻。教材内容以 Lingling 向 Amy 和 Ms Smart 介绍去年她和父母在中国拍摄的旅行照片为语境，呈现的功能句如下："This is Xinjiang. It's in the west of China. I went there last year. I went there with my parents."。在拓展环节，教师可以设计个人或小组合作的综合实践型活动"旅行图文集"。

T：Children, you all retelled Lingling's trip well. Now it's your turn to share your trip.（PPT 呈现功能句型"This is... It's in the... I went there...", 并用红色标示单词 went。）

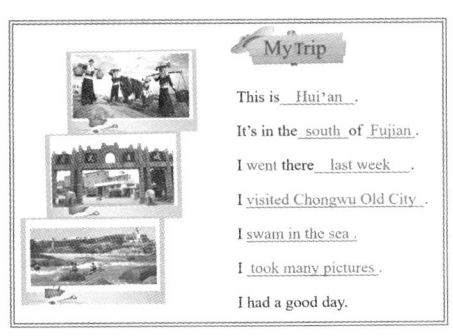

图 5-5

图 5-6

$S_1$：This is Hui'an.（教师用投影仪展示学生的旅行照片，见图 5-5。）It's in the south of Fujian. I went there last week. I visited Chongwu Old City. I swam in the sea. I took many pictures. I had a good day.（教师板书 swam、took 并用红色标示）

S₂: This is Xiamen. It's in the south of Fujian. I went there with my parents last year. I visited Xiamen University. It's big and beautiful. I ate lots of delicious food there. I had a good day. （见图 5-6）

S₃: This is Longyan. It's in the west of Fujian. Last year，I visited my grandma. I stayed there for a month. I had a good day.

请几位学生展示交流后，教师布置制作班级"旅行图文集"任务。

T：Wonderful! Your trip was so cool. You can make a mini poster. （PPT 出示语言支架和动词过去式）We can make a picture book about the trips for our class.

来源：孙秀丽（泉州市洛江区马甲第二中心小学）

本课例荣获教育部 2015—2016 年度"一师一优课、一课一名师"部级优课和第八届全国农村及少数民族地区中小学英语课堂教学优秀课例展评二等奖

在这个活动中，学生通过图片排版、文字编排、设计美化等综合实践活动，培养了动手能力和创造力，并且在开放、自主的活动中能够运用一般过去时语法项目正确表述旅行见闻，在交流分享中体会语法的意义和用法。

【课例10】外研版《英语（新标准）》（三年级起点）六年级上册 Module 10 Unit 1 Don't talk in the library. 一课的语法项目"祈使句"教学片段

本课内容以 Simon 和 Daming 去图书馆借书过程中被提醒所需遵守的行为规范为语境，学习祈使句"Please hurry. /Don't talk in the library. /Please be quiet. /Please stand in line."在特定情境中的表达和使用。教师设计了"校园环境小卫士"语言综合实践活动，让学生能运用"Please..."和"Don't..."句型为校园环境制作警示语、标语或宣传画（见图 5-7）。

T：Boys and girls，how do we protect the environment of our school? We need your advice. Let's use "Please" and "Don't" to make warning signs，slogans or posters for our school. Now you can discuss and design in groups.

（课件呈现学校各区域的场景图片，如：classroom、library、garden、playground 等，各小组自选一个场景进行讨论并设计。学生完成后，邀请小组成员上台展示设计的警示语、标语或宣传画。）

Group leader：We choose the classroom. Here are our designs. （见图 5-8）

$S_1$: Please clean the classroom every day.

$S_2$: Don't throw rubbish everywhere.

$S_3$: Please care for the desks and chairs. They are our friends.

$S_4$: Don't run around in the classroom. It's very dangerous.

T: All suggestions are great! Thank you. You can finish your warning signs, slogans or posters after class.

图 5-7

图 5-8

来源：庄舒婧（闽南师范大学泉州市洛江区附属小学）

教师通过创设贴近学生校园生活的综合实践活动，让学生为校园建设提供建议，增强了学生的环保意识和主人翁意识，调动了学生参与活动的积极性；学生在综合实践活动过程中运用所学的语法项目"祈使句"来设计警示语、标语或宣传画，培养了用英语做事情以及解决实际问题的能力，发展了核心素养。

此外，教师在教授完语法知识后可以设计开放性作业，将课内的语法学习延伸到课外，让学生在完成作业的过程中运用语法，提升语用能力。如教学完某个语法项目，可以让学生制作英语语法知识小报，促使学生对所学的语法知识进行系统的巩固和加深。这样，学生能及时对所学知识和基本技能进行梳理、归纳，并在理解的基础上强化对知识的记忆，构建科学合理的语法知识结构体系，形成有效的学习策略，培养自主学习能力和综合语言运用能力。

## 五、小学英语语法教学课的注意事项和准备工作

语法是个庞大复杂的系统，小学英语语法教学不仅能够帮助学生提升在使用英语时表达方式的正确性和恰当性，而且为学生学习语法知识的系统性和完整性打下良好的基础。在小学英语语法教学中，教师一定要以《课程标准》中语法项目的要求为依据，做到以下几个方面。

1. 注意事项

（1）坚持"优化而不淡化，重视而不灌输"的教学原则

在小学英语语法教学中，教师既不能过分重视语法规则的讲解，一味地向学生灌输语法知识，也不能淡化语法知识，而是要遵循学生的认知规律，灵活运用各种教学方法，为学生创设有情、有趣、真实的语言情境，将枯燥的语法知识融入听、说、读、写等语言学习中，充分调动学生的学习积极性，提高语法教学效率，更好地发展学生的语言能力。

（2）注重隐性语法教学和显性语法教学相结合

所谓"隐性"就是不直接讲语法规则，而是通过例句或语篇让学生观察、发现语法现象和规则，在语言实践中让学生通过反复接触、模仿运用来理解语法的意义和用法。而"显性"，顾名思义，就是直接将规则呈现给学生，如直接告诉学生词形的变化规则、句式的结构特征等。根据课标对语法教学的要求，教师应以隐性教学为主，显性教学为辅，两者相结合进行语法教学。

（3）语言情境的创设应遵循真实性和合理性原则

教师创设真实合理的语境，能调动学生的积极性，使学生在课堂上体验来源于真实交际情景的语言，正确理解语法的表意功能和用法，有利于提高学生的语言交际能力，有效达成教学目标。

2．准备工作

（1）研读教材，明确语法教学目标

科学合理的教学目标是教、学、评的出发点和落脚点。教师要立足于学生实际，充分研读教材，挖掘教材内容，明确语法教学目标，找准语法教学的切入点，使教学目标有效导学、导教、导测。

（2）整合资源，优化教与学的过程

英语教学要使学生尽可能多地从不同渠道，以不同形式接触、学习和使用语法。教师除了合理有效地使用教科书外，还应积极利用视频、音频等多元化资源，融合信息技术和其他学科活动，提高语法教学效率，满足学生的学习需求。

## 六、一份完整的语法课课堂教学设计

外研版《英语（新标准）》（三年级起点）三年级下册

**Module 4 Unit 1 Do you like meat?**

执教教师/王小岚　　指导教师/李涌、杜意妹

扫码看视频

附：教材内容

Module 4 Unit 1 Do you like meat?

① : Please pass me the rice.
: Here you are, Mum.
: Thank you, Sam.

② : Do you like meat, Lingling?
: Yes, I do.

③ : I like noodles.

④ : Do you like fish, Amy?
: No, I don't.

⑤ : But I like meat.

⑥ : I like milk. Mm.

**1. 教学内容与学情分析**

（1）教学内容分析

本课内容选自外研版《英语（新标准）》（三年级起点）三年级下册第四模块第一单元。本课的课文情境为 Lingling 到 Ms Smart 家做客，Ms Smart 为孩子们准备了许多食物，以吃晚餐的场景为依托，大家相互询问并谈论各自喜欢吃什么。本课的主要语法项目为一般疑问句及其肯定回答与否定回答的表达，重点围绕着"怎样谈论喜爱的食物"这个话题开展形式多样的教学活动。

（2）学情分析

本课基于三年级学生的年龄特点及学生原有的知识储备来设计教学活动。学生能运用已学过的有关水果、运动等名词类单词及句型"I like..."" I don't like..."来表达自己的喜好。三年级学生所接触的语法教学主要以隐性教学为主，在此之前学生对于语法学习的显性教学规律接触较少。而在本节课的语法课型教学过程中，教师将鼓励学生积极参与到玩、演、视听类的情境活动中，在教师的引导下通过对本课语法句型的理解和运用，在真实语境中进行有效的交流与探究学习，培养语法意识及自主学习能力。

 **2. 整体设计思路与教学流程图**

（1）整体设计思路

本节课采用小学英语"PCPC"（Perception、Comprehension、Practice、Communication）语法课教学模式。在授课过程中，教师采用多种教学策略开展教学活动，让学生能在具体语境中理解语法项目所传达的信息和表达的意义，在运用实践中体验、领悟语法的表意功能，有效掌握本课的主要语法句型：一般疑问句及其肯定回答与否定回答的表达。同时，教师借助视频、教学图片等素材，为学生的口语交际创设真实的语境，使每位学生在自主学习与合作学习的过程中，学会运用已习得的语法提升语言表达方式的准确性和恰当性。

（2）教学流程图

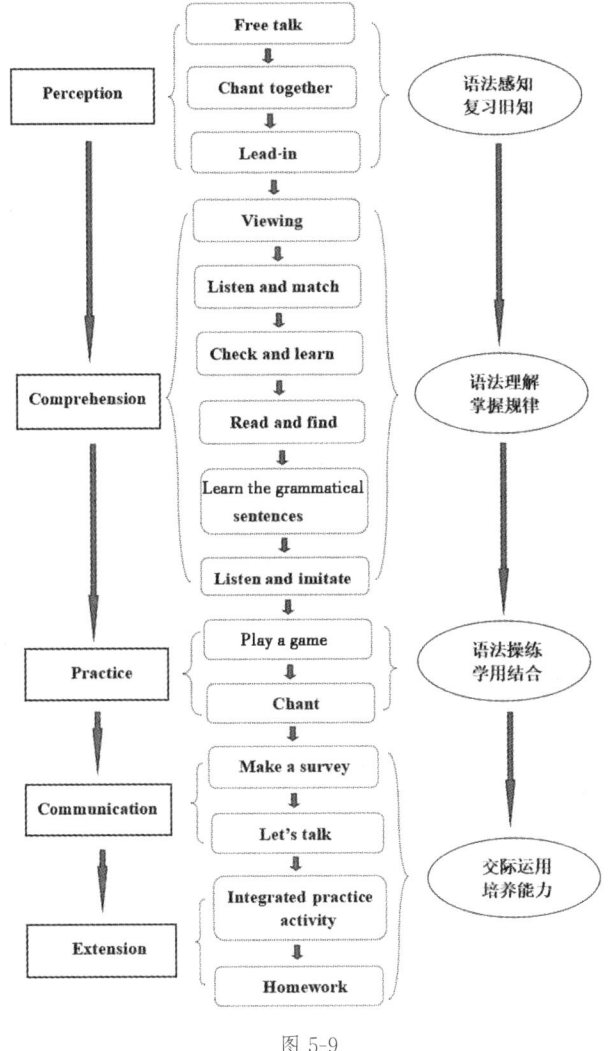

图 5-9

## 3. 教学目标

（1）语言能力目标

①学生能结合本课的主要语法功能句型，在文本语境中正确认读单词 meat、rice、noodles、fish、milk。

②学生能在文本语境中理解语法项目：一般疑问句及其肯定回答与否定

回答（"Do you like...? Yes, I do. /No, I don't."）的形式和意义。

③学生能尝试朗读故事中人物的对话，并能在课文录音的帮助下，正确读出包含实义动词一般疑问句的语音、语调。

④学生能在图片和实物的帮助下，正确运用一般疑问句及其肯定回答与否定回答的句型"Do you like...? Yes, I do. /No, I don't."，并在语境中进行语言交际。

（2）学习能力目标

①学生能从文本中获取本课的语法知识关键信息的能力。

②学生通过体验并自主发现一般疑问句的问法及肯定与否定回答的形式，形成有效的语法学习策略。

（3）思维品质目标

①学生能在思维导图的引导下提炼、总结信息，构建对所学语法句型的复述与表达，培养理解、分析、综合和概括的思维能力。

②学生能迁移语境，灵活运用本课语法句型展开口语交际活动，培养发散思维和创新思维。

（4）文化意识目标

①学习有关餐桌礼仪的礼貌用语。

②懂得均衡饮食的重要性；了解部分家乡特色美食的英文名称。

### 4. 教学重、难点

（1）教学重点

学生能在真实语境中运用一般疑问句及其肯定回答与否定回答的句型"Do you like...? Yes, I do. /No, I don't."进行语言交际运用。

（2）教学难点

学生能在文本语境中理解一般疑问句的主要语法句型，懂得观察、归纳一般疑问句的语法句型结构。

### 5. 教学准备

多媒体课件、课堂活动练习单、课后作业练习单、教学图片、单词卡片等。

## 6. 教学过程

**Step 1　Perception**

（1）Free talk

呈现 😊 和 😠 头像卡片，用一般现在时的肯定句型与否定句型"I like..." "I don't like..."与学生进行交流互动。

T：I like cats. I like dogs. I don't like tigers. What about you?

$S_1$：I like pandas. I don't like lions.

$S_2$：I like...

**设计意图**

通过师生谈话互动，复习前一模块学习过的句型"I like..." "I don't like..."，进一步巩固一般现在时肯定句及否定句的表达，为接下来学习一般疑问句及其肯定回答与否定回答做好准备。

（2）Chant together

基于师生谈话内容，课件生成完整的歌谣内容。教师引导学生打节拍，配合音乐做律动，有节奏地朗读以下歌谣。

　　Cat，cat，I like cats.

　　Dog，dog，I like dogs.

　　Tigers，tigers，I like tigers.

　　Lion，lion，I don't like lions.

　　Pencil，pencil，I like pencils.

　　Book，book，I like books.

　　Kite，kite，I don't like kites.

　　Ball，ball，I don't like balls.

　　Tea，tea，I like tea.

　　Coffee，coffee，I like coffee.

（3）Lead-in

教师从歌谣中的单词coffee、tea引出本节课的食物线索，用一般疑问句的"Do you like...?"句型与学生进行初步交流，进而导出本课课题"*Module*

4 Unit 1 Do you like meat?"。

  T：Do you like coffee?

  S：Yes. /No.

  T：Do you like meat?（教师揭示课题）

**设 计 意 图**

  教师借助律动感十足的歌谣表演，让学生对已学过的单词和句型进行复习巩固；同时，教师注重学法指导，通过引导学生看图，以歌谣中的食物为线索，在语境中自然引申出本课的主要语法句型结构，即一般疑问句，让学生感知本课的语法知识，为接下来的学习做好铺垫。

  **Step 2 Comprehension**

  (1) Viewing

  ①呈现课文第一幅图的家庭聚餐场景，引导学生通过看图，预测文本信息。

图 5-10

  ②根据学生的回答，将人物图分别贴在黑板相应的位置上，形成文本图片语境。

  T：Who are they?

  $S_1$：Amy，Sam，Lingling.

  $S_2$：Mrs Smart，Mr Smart.

  $S_3$：A baby.

  T：Oh. He's Sam's little brother，Tom.

**设 计 意 图**

  课前准备时，教师已事先在黑板上画好餐桌的基本图形，当学生找出书中的人物时,教师将人物头像图分别贴于餐桌相应位置,从而逐步形成课文的图片情境。

(2) Listen and match

观看课文动画,找出答案并连线。

T:What do they like? Listen,then find out the answers.

图 5-11

(3) Check and learn

①新词教学。

学生根据文本内容查找出本课的食物类单词,教师根据回答板书食物单词,并将单词图片贴在黑板的相应位置上。

图 5-12

T:What do they like? Sam likes…

$S_1$:Noodles (meat/milk/rice/fish).

教师根据学生的回答,板书本课新词并进行单词教学。

②自学旧知。

在教学上图中的 Picture 3、Picture 5 and Picture 6 时，教师引导学生自主读出文本中的已学旧知：一般现在时语法功能句"I like noodles/meat/milk."。

**设 计 意 图**

以听前任务为驱动，引导学生在课文语境中学习本课的新词。在教学过程中，通过核对答案学习文本，随文学词，随文读句。注重以旧知带新知，引导学生在已学过的一般现在时肯定句的句型中感知本课的新词，进而让学生自主认读课文中的人物对话，不断加深对文本的理解，形成有效的学习策略。

③渗透餐桌礼仪文化。

在学习 Picture 1 时，教师引导学生通过感知文本中的"Please pass me..." "Here you are." "Thank you." 等情境句型，引导学生懂得餐桌礼仪的重要性。

（4）Read and find

①请学生找出含有一般疑问句"Do you...?"的句子并板书，进行句型教学。

T：From the text, where can you find the sentence structure "Do you like...?" and the answers?

$S_1$：Picture 2.

$S_2$：Picture 4.

②核对答案，引导学生从 Picture 2 和 Picture 4 找到一般疑问句"Do you...?"及其肯定回答与否定回答"Yes, I do." "No, I don't."。（板书情境逐步呈现出本课的主要语法知识句型：一般疑问句及其肯定回答与否定回答。）

③情感教育的渗透：养成均衡饮食的健康生活习惯，引发学生对文本人物 Amy 挑食的思考及评价。

T：What do you think about Amy?

Ss：...

师生总结：A well-balanced diet will keep you fit.

均衡饮食，健康常在！

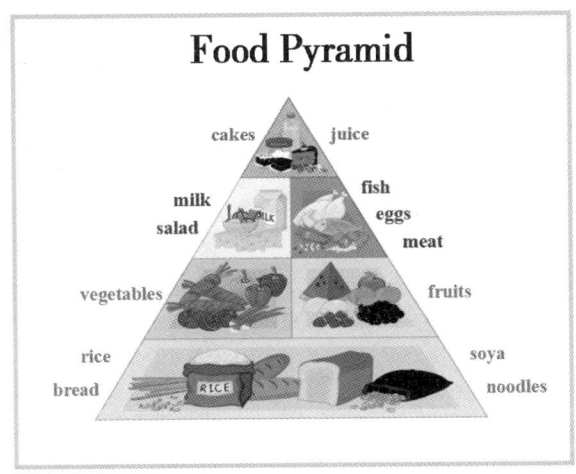

图 5-13

**设 计 意 图**

再读文本，学用结合，本环节以课文的情境为依托，逐步呈现出本节课的主要语法句型：一般疑问句及其肯定回答与否定回答。教师借助板书内容进行实际操练，让学生对本节课的语法结构句型有更进一步的理解。图文结合，通过与学生讨论文本中人物的饮食喜好，进行适时的情感教育，引导学生认识到不能挑食，要养成均衡饮食的健康生活习惯。

（5）Learn the grammatical sentences

The General Questions：一般疑问句及其肯定回答与否定回答。

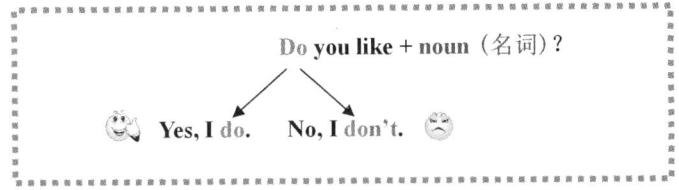

①结合板书，引导学生找出一般疑问句及其肯定回答与否定回答的相同点与不同点："Do→Yes，I do. /No，I don't."。

T：Can you find the same word in these sentences?

S：Do.

②课件播放一般疑问句语法规则动画。

- Do you like＋noun（名词）？

- Do→Yes，I do.

- Do→n't→don't→No，I don't.

**设 计 意 图**

借助文本语境加强学生对一般疑问句及其肯定回答与否定回答的理解，并通过语法规则课件的动画播放，引导学生及时整理、归纳、概括语法知识点现象的本质特征，理解目标语法概念的内涵，帮助学生掌握语言规律。

（6）Listen and imitate

模仿跟读全文，内化语法知识，注意发音的准确性。

**设 计 意 图**

在学完整篇课文后，通过全文朗读，引导学生认真模仿含有实义动词一般疑问句的语音、语调。学生通过正确语音、语调的模仿，在课文情境中进一步理解语法项目的意义和用法，同时也为接下来的语言交际性拓展练习打下坚实的基础。

**Step 3　Practice**

（1）Play a game

结合板书，引导学生运用本课的主要语法句型：一般现在时肯定句和否定句的句型"I like..." "I don't like..."以及一般疑问句及其肯定回答与否定回答的句型"Do you like...？" "Yes，I do." "No，I don't."。在小组内以接龙游戏的方式进行语法句型练习。

T：I like fish. Do you like fish？

$S_1$：No，I don't. I like meat. Do you like meat？

$S_2$：Yes，I do. Do you like noodles？

$S_3$：...

（2）Chant

①课件呈现人物与句型，教师引导全班同学进行互动问答（见图5-14）。

Let's chant!
Do you like meat? Yes, I do.
Do you like rice? No, I don't.
Do you like noodles? Yes, I do.
Do you like fish? No, I don't.

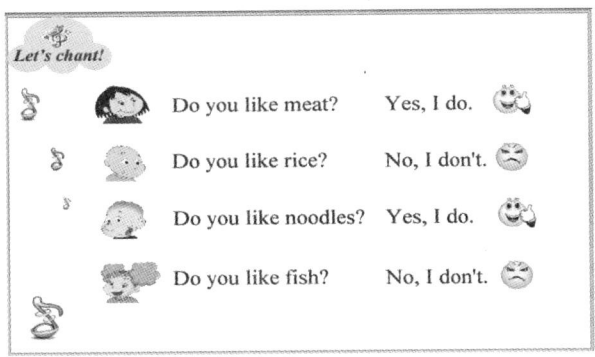

图 5-14

②Chant：教师播放伴奏音乐，全班进行律动表演。

### 设计意图

根据课标对语法教学的要求，本节课的语法教学以隐性教学为主，显性教学为辅，两者有机结合。教学过程中，教师采用音乐节奏帮助学生有效掌握句型的朗读，同时分析语法句型的结构，借助实物进行有效的语法操练，学生参与的积极性很高。

**Step 4 Communication**

(1) Make a survey

班级要筹备“六一儿童节”的活动，请学生运用本课所学语法句型与小组同学讨论六一活动的筹备内容：食物、礼物、节目、装饰等（见图 5-15，图 5-16），并将讨论结果填写在活动调查表内，可直接写出单词，也可用画图的方式完成（见表 5-1）。

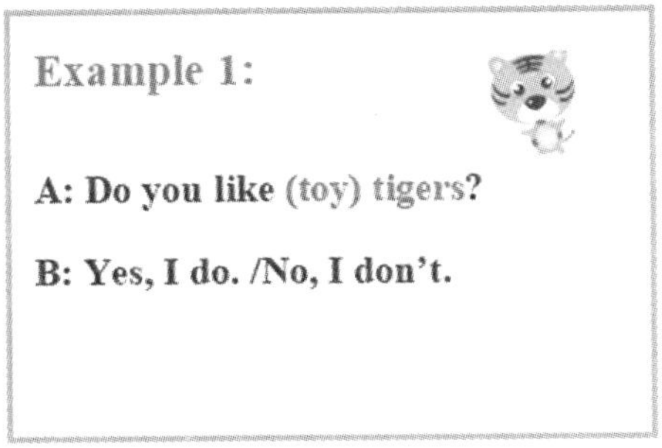

Example 1:
A: Do you like (toy) tigers?
B: Yes, I do. /No, I don’t.

图 5-15

Example 2:
A: I like fish.
Do you like fish?
B: Yes, I do. /No, I don’t.
I like meat.

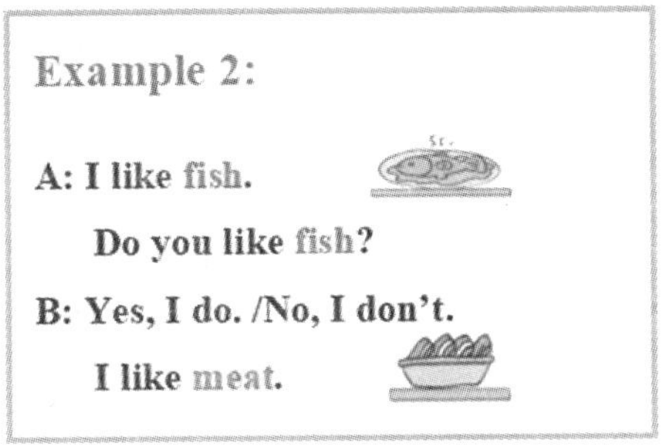

图 5-16

表 5-1  Make a Survey

| Object\Name | 🍎🍎 | 🍕 | 👧 | … | | |
|---|---|---|---|---|---|---|
| Amy | 😊 | 😣 | 😊 | | | |
| … | | | | | | |
| | | | | | | |
| | | | | | | |

图 5-17

（2）Let's talk

请小组同学到黑板前，借助板书评价栏挑选六一活动礼物，同时展示对话表演。

图 5-17

### 设 计 意 图

语言学习的目的在于交流与运用。通过小组调查活动及自主挑选礼物会话，学生在真实语境中运用本课语法结构句型进行有效的语言交际。活动设计既注重学生发散思维和创新思维的培养，又充分体现了本节课评价的实效性。在小组合作学习和同伴互助学习的过程中，语言知识得到了拓展延伸和迁移输出，充分培养了综合语言运用能力。

**Step 5　Extension**

（1）Integrated practice activity

①教师播放《舌尖上的中国——泉州篇》视频片段。

②请学生谈谈自己家乡的特色美食并展示课前搜集的图片资料，用本课所学句型与同学们询问、互动。

③情感升华：Enjoy healthy food! Enjoy our life!

**设 计 意 图**

教师事先布置学生搜集有关家乡美食的资料，通过语言综合实践活动让学生自主进行交流分享，从本课的食物主题延伸到实际生活中，促使学生在语言实践中进一步理解内化并灵活运用目标语法句型，同时也培养了学生热爱家乡、热爱生活的积极情感。

（2）Assign the homework

- Listen and read the text.
- Read and write the following words.

- Talk and share. （运用本课所学句型与家人、朋友交流家乡美食）

**设 计 意 图**

作业的布置从听、读、写、说四个方面入手，对本课的语法知识进行及时的复习巩固，明确学习目标与成果的检测。而且将本课综合实践活动延伸到课外，让学生运用本课的语法句型进行生活化交际活动，培养学生的综合语用能力。

### 7. 板书设计

**设计意图**

本节课的板书设计以课文的故事情境为基础，真实地再现了课文以食物为主题的就餐情境，有效体现了故事思维导图的实效性，凸显本节课的语法句型结构，有助于学生理解其在具体语境中的功能和用法。

### 8. 课例点评

本节课的教学设计目标明确，在设计理念上授课教师能以学生的实际学习经验与知识水平组织开展语法教学活动，让学生在文本语境中理解语法项目所传达的信息和表达的意义，并在具体语境中领悟语法的表意功能。学生能在教师的引导下，做到认真倾听，主动思考，积极参与，合作互助。本节课主要有以下几个特点。

（1）语法教学目标明确，语境创设真实有效

本节课遵循小学英语"PCPC"语法课教学模式流程，教学环节设计巧妙，对教材的处理把握得当，是一节真实、高效的小学中年级语法课。教学过程中，授课教师通过文本语境和板书语境的创设，为学生提供了主动参与课堂活动的机会。从语法理解环节的课文情景通过板书的递进呈现，到交际运用环节六—活动班级礼物的筹备，活动设计均在真实的情境中开展，学生能借助语境创设更好地理解文本内容及目标语法项目的意义和用法。

（2）多维教学活动设计，提高语法教学效率

教师结合本课的语法教学策略，借助语境的创设鼓励学生积极参与，通过听做、说唱、玩演、视听等多元化活动来突破语言形式表达的难点，促使学生更好地把握语言表达方式的准确性，有效地促进了学生语言能力与学习能力的发展。教学过程中，教师通过真实语境的创设开展形式多样的活动，实现师生互动、生生互动的良好多边互动模态，让学生在活动中理解、体验、感悟目标语法句型的意义和用法，并在语言实践中巩固内化、学以致用，有效地提升了语法教学的实效性。

（3）灵活运用语法规则，开展语言交际活动

在教学过程中，教师能科学合理地搭建文本学习支架，鼓励学生通过自主观察、比较、发现和归纳本课一般疑问句的语法规则和结构。在语言交际运用环节，教师引导学生以为班级小组挑选"六一儿童节"的礼物为语境，运用本课的主要语法功能句型来开展语言交际活动，既充分发挥了教学评价的积极作用，也使口语交际活动更具趣味性。

（4）情感教育渗透合理，发展学生优秀品格

教师注重对学生文化品格的培养，依托本课的文本情境，使本课的语法教学工具性和人文性相辅相成。教学过程中，教师以文本的餐桌礼仪为线索，随着文本语境的不断深入，让学生了解到应该养成不挑食、均衡饮食的良好习惯；同时通过对家乡美食的进一步了解，培养热爱家乡、热爱生活的积极情感。

当然，本节课也存在一些需进一步完善的地方，如，在语言综合实践活动中，教师可以引导学生将习得的语言信息运用并迁移于其他新的语境，进行创造性的语言输出，使语言表达内容更丰满，形式更多样化。在学生表演时，教师可提供适时的帮助与引导，鼓励学生进行即兴表演，真实表达自己的主观愿望，积极培养学生的自主创新能力与发散思维，实现英语教学工具性和人文性的统一，提高学生的综合人文素养。

（点评专家：林平珠，泉州市教育科学研究所）

本课例荣获教育部2016—2017年度"一师一优课、一课一名师"部级优课

### 9. 执教教师简介

王小岚，高级教师，任教于泉州市石狮市第二实验小学，"首届全国中小学外语教师教学能手""首届全国中小学外语教师名师"称号获得者，福建省小学英语学科带头人。曾荣获第九届全国小学英语现场课堂教学精品课展评一等奖、第二届全国小学英语课堂教学优秀课例展示一等奖、教育部全国首届新课程小学优秀课例评选二等奖，两次荣获教育部级优课，多次荣获省级教学竞赛一等奖。

# 第六章 阅读课型

英语教学的主要语言技能目标之一——阅读，是人们获取信息最常用的手段。学会阅读不仅是学生形成英语语言能力的重要途径，也是促进其身心全面发展的重要基础。《课程标准》语言技能目标中的一级目标对读的描述为："1. 能看图识词。2. 能在指认物体的前提下认读所学词语。3. 能在图片的帮助下读懂简单的小故事。"二级目标对读的描述为："1. 能认读所学词语。2. 能根据拼读的规律，读出简单的单词。3. 能读懂教材中简短的要求或指令。4. 能看懂贺卡等所表达的简单信息。5. 能借助图片读懂简单的故事或小短文，并养成按意群阅读的习惯。6. 能正确朗读所学故事或短文。"

小学低年级和中高年级阅读教学的侧重点有一定的差别。就文本体裁而言，低年级是以图片、儿歌为主的图景阅读，而中高年级是以对话、短文、故事、书信等为主的主题式阅读；就教学目标而言，低年级旨在培养学生的英语学习习惯和掌握一些浅显的英语单词和句式，提高学生对英语的学习兴趣，而中高年级是要在阅读教学中培养学生一定的阅读方法，同时培养学生良好的阅读习惯和综合语言运用能力（施嘉平，2019）。

## 一、小学英语阅读课的定义

小学英语阅读课是指以阅读语篇为基本形式，培养学生运用图形组织者、问题引领、说写结合等方式从语篇中获取信息、整理信息、处理信息、加工信息和利用信息的能力，逐步培养学生良好的阅读能力和阅读品格的教学过程。

## 二、小学英语阅读课的特点

根据《课程标准》关于阅读能力的一、二级目标要求，小学英语阅读教学是培养学生基本阅读素养的基础阶段。阅读教学过程应是教师指导下的学生个体的认知过程和发展过程，其具有以下特点。

1. 整体性

在阅读教学中，语篇材料是一个完整的、不可分割的学习内容。教师整体分析、设计语篇，引导学生通过阅读语篇信息，整体把握语篇内容并理解完整的语篇意义。这样既能增强学生的语篇意识和分析能力，又能提升学生的阅读速度和理解能力。

2. 实践性

阅读是师生从语篇中提取信息、处理信息、运用信息的互动过程。教师引导学生从阅读材料中获取语言、文化、逻辑、策略等内容，学生根据自身已有知识和生活经验在阅读过程中培养解决问题的能力，将所习得的语言知识运用于生活实际，从而提升学生自身的阅读能力和语用能力。

3. 思维性

根据阅读活动的认知层次（再认与领会、分析与综合、评价与运用等），学生基于自身的认知图式对文本内容分析、比较、归纳、评论，从而提高自身思维能力。

## 三、小学英语阅读课的教学模式

阅读教学模式的选择应该视教学对象、教学目标、教学内容而定，教师没有必要机械地套用某种教学模式。就阅读教学而言，更为重要的是各种阅读技能、阅读策略等具体能力的培养。目前，我们在教学实践中摸索出一套小学英语"LTSAE"阅读课教学模式。这是一套基于PWP（即Pre-reading、While-reading、Post-reading）教学模式，融合整体教学新理念，同时将情景、任务、支架等教学方式渗透于阅读教学的新模式。

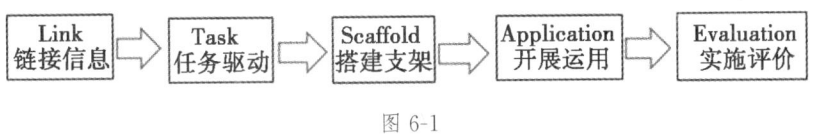

图 6-1

1. Link（链接信息）

链接信息是让学生把语篇与日常生活的信息或者自身的经历进行联系，在学生的大脑中激起以往的经历，激发学生的语篇阅读兴趣，帮助学生进一步理解文本。在开展阅读活动前，教师可以通过问答、讨论、调查等方式，分析阅读材料与现实生活和学生生活之间的联系，选择生活中与话题相关的信息切入，寻找学生的阅读动机，激发学生的英语阅读兴趣。

2. Task（任务驱动）

教师在分析学生需求的基础上，通过各种手段创设信息差，创设阅读期待，提出阅读任务，激发学生的好奇心和完成任务的欲望，从而激发学生的英语阅读欲望。根据阅读的特点，阅读教学中常见的阅读任务有：语言类任务（解说员、记者访问、辩论赛、英语宣传册等），表演类任务（面试、指路、点餐、小品、戏剧等），综合类任务（路线图标示、给可疑人物画像、制作海报/动画/绘本等）等。

3. Scaffold（搭建支架）

阅读理解需要一定的图式基础、语言基础和策略基础，因此在设计小学英语阅读理解活动时必须考虑到这些因素，根据具体情况为理解活动搭建应有的支架。当学生在阅读过程中遇到困难时，通过为学生搭建图式、语言、情景、样例等方面的支架，保证学生认知的发展，从而激发学生参与活动的积极性。

4. Application（开展运用）

阅读运用指运用阅读材料中的信息、策略、逻辑、语言来表达信息，表达观点态度、解决问题和完成任务（王笃勤，2013）。学生联系自己的生活实际，运用阅读中获取的信息、感知的词汇和句法、认知的策略或所理解的文化，进行信息整理，利用信息解决问题，提升自身的英语阅读素养。阅读教学中的运用一般包括阅读信息、策略、逻辑、语言等方面的运用，运用需要创设生活化的新语境。阅读运用的表现形式有人物介绍、模仿写作、角色扮演、故事续编、问卷调查、记者访谈等。

5. Evaluation（实施评价）

教学与评价关系密切，有效的阅读评价能够了解学生的英语阅读水平，跟踪学生的发展过程，分析教学中的问题，进而调整并优化教学。评价的标准可以来自阅读材料本身，也可以来自阅读材料之外，学生可以评价阅读材料涉及的人物、事件，以及自己的阅读效果和策略的使用。因此，教师可以组织学生在话题辩论、问题探究、成果展览、赏析交流等活动中实施评价，这样可以对学生的阅读成效进行反馈，还可以将阅读活动引向深入，促进学生思维品质的提升。

## 四、小学英语阅读课教学策略

### 1. 构建导图，辅助阅读

在英语阅读教学中，可以运用思维导图建构知识体系帮助学生分析语篇内容，梳理文本脉络，提炼核心信息，从而提高学生的思维品质。教师在教学中运用思维导图，发挥其阅读前引导，阅读中引领，阅读后引申的作用，能将语言形式的掌握与内容的学习、情感的熏陶融为一体，有利于培养学生的分析、归纳、综合和推理的能力。

【课例1】北师大版《英语》（三年级起点）五年级上册 Unit 2 Animals Lesson 4 Let's Read 教学片段

教师引导学生阅读，圈画重点信息，构建思维导图辅助语篇阅读。

T：What animals are they?（教师播放视频"动物世界"）

Ss：Tigers，leopards，lions…

T：Yes. Tigers，lions and leopards are big cats.（教师板书"Big Cats"）

T：What do they catch and eat?（问题1）

Ss：They catch and eat other animals.

T：When do they catch?（问题2）

Ss：They all like to catch animals at night.

（通过以上两个问题引领学生略读，并让学生圈画出大型猫科动物的共性之处，形成文本理解的第一步，也是思维导图的第一分支 common groups。）（见图6-2）

T：Yes，catching other animals at night are their common groups.

Would you find out their differences?

（再通过寻找大型猫科动物的不同点，引导学生详读，让学生分步具体找出它们的个性，形成思维导图的第二分支 differences。）（见图 6-2）

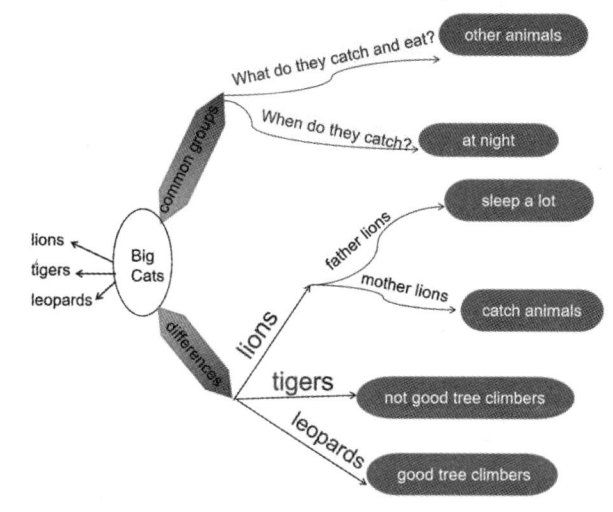

图 6-2

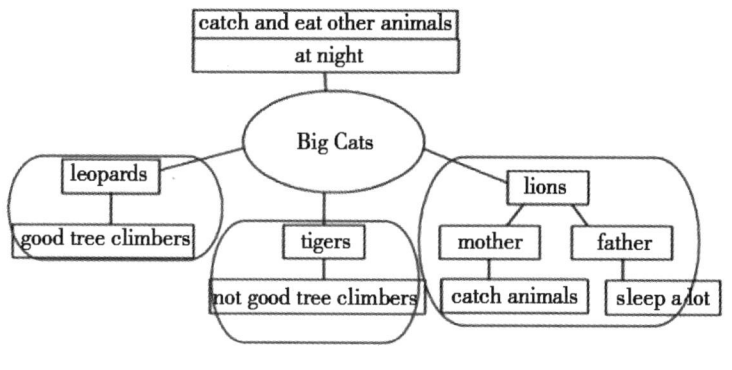

图 6-3

T：This is the mind-map of their common groups and differences.（见图 6-3）Can you draw your mind-map? Discuss and try to draw.

（根据对文本内容内在关系的理解，学生小组内讨论并动手画 Mind-map。）

T：Now，who wants to show your mind-map?

Ss：…（见图 6-4）

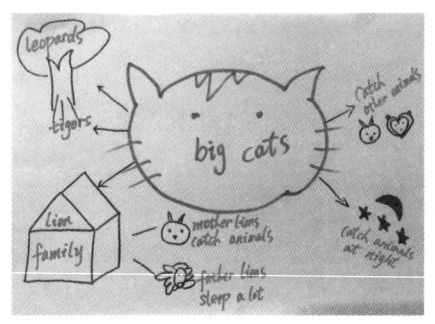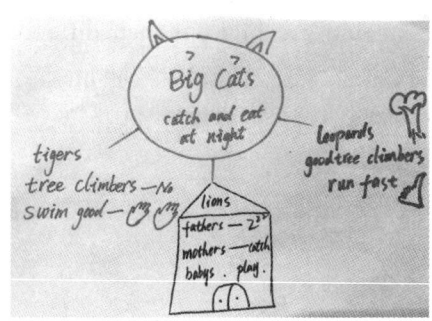

图 6-4

来源：骆清香（泉州市惠安县实验小学）

本课例荣获第十届全国小学英语课堂教学优秀课例展评一等奖

教师通过三个问题引导学生运用聚焦重点内容、搜索核心信息、核对匹配信息等阅读方法理解文本细节。师生共同梳理大型猫科动物的共性和不同习性，构建本课思维导图的主干和枝叶。在板书的帮助下，学生根据圈画出的文本重点和内在关系，对文本信息进行再梳理和重建，共同构建新版思维导图，从而培养从文本中提取关键信息、整理信息的思维能力。

2. 问题引领，深层阅读

概念性、评价性等开放性问题能够唤起学生的探索热情，提高学生的品质思维和高阶思维。结合生活实际讨论观点有助于提高学生解决问题的能力。教学中，教师要充分挖掘文本内涵，将教学环节通过不同的问题串联起来，学生在教师的"精缩问题"中，得到的是"多学"的内驱力和"多思"的空间，在寻求和探索解决问题的思维活动中，掌握知识、培养技能、发展智力，在潜移默化中提升学科的核心素养。教师可以设计多个开放性问题，如评价性问题"What do you think of the music?" "What do you think of the people?"；又如共情性问题"If you were the boy, what would you do for the animals?" "If you were Farmer Brown, would you give the cows electric blankets?"；又如反思性问题"What should we do when someone speaks aloud in the library?" "Is it a good deal? Why?" "What do you know from the story?" "If we have a problem, what can we do?"等，让学生尽可能地运用自己所学知识来表达自己所想，达到语言的语用目的，为培养综合语言运用能力打下基础。

【课例2】外研版《英语（新标准）》（三年级起点）六年级上册 Module 9

Unit 2 I want to go to Shanghai. 教学片段

教师通过设计多个开放性问题，挖掘学生已知，激发学生发散思维，引导学生谈论城市，使学生在解疑的过程中逐步理解课文。

T：What city do you know? What do you know about this city?

$S_1$：I know... It's...

（学生尝试用关键句型"It's..."“It's in..."“It's got..."简单描述所知城市，教师给出学习任务：谈论学生各自的寒假旅游计划。）

T：The Smarts are also talking about their winter holiday. What do you want to know about their plan?

$S_1$：Where do they want to go?

$S_2$：What do they know about these places?

$S_3$：...

T：（教师梳理板书，见图 6-5。）This is the information we've got. And we can't answer all these questions. How can you get more information? How do you usually make a plan?

Ss：Read books./Ask friends...

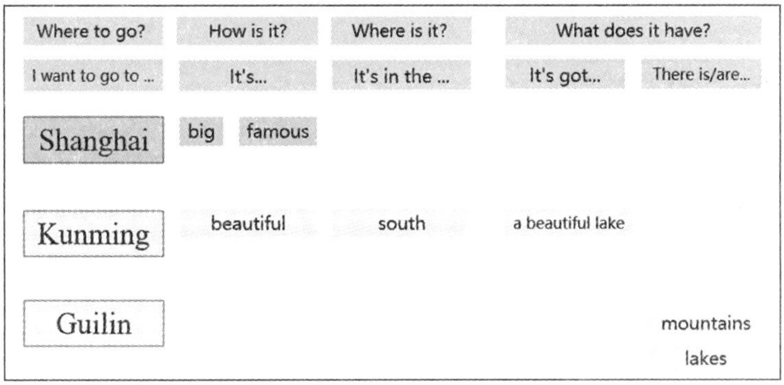

| Where to go? | How is it? | Where is it? | What does it have? | |
|---|---|---|---|---|
| I want to go to ... | It's... | It's in the ... | It's got... | There is/are... |
| Shanghai | big  famous | | | |
| Kunming | beautiful | south | a beautiful lake | |
| Guilin | | | mountains  lakes | |

图 6-5

来源：吴玢（泉州市第三实验小学）

本课例荣获 2018 年泉州市小学英语课堂教学评优活动二等奖

教师以课文内容为依托，设置了讨论寒假旅游计划的情境，以制订旅游计划为最终语用任务。教师通过问题"What city do you know? What do you know about this city?"发散学生思维，鼓励学生运用所知谈论自己所了解的城市；再巧妙地提出问题"What do you want to know about the Smart family's travelling plan?"，让学生对 Smart 一家的旅行计划提出自己的疑问，教师将学生的问题概括为"Where to go? How is it? Where is it? What does it have?"等几个方面，帮助学生通过获取问题的方式理解整个语篇，并在解疑的过程中逐步理解课文。最后，通过板书归纳发现问题，教师提出问题"How can you get more information? How do you usually make a plan?"，促使学生对未能解决的部分问题进行思考，并引导学生探讨获取信息、解决问题的几种主要途径，这样既延伸了课堂内容，又教给了学生解决问题的方法。

【课例 3】北师大版《英语》（三年级起点）五年级下册 Unit 10 Activities Lesson 1 About dinosaurs 教学片段

教师围绕语篇中 Ken、Ann 和 Mocky 针对"如何完成有关恐龙的课外作业"而提出的三个活动提议，设计了三个不同层次的文本体验活动"Read and answer""Read and compare""Read and underline"，借助问题帮助学生内化和建构文本信息。通过开放性问题的层层导入、递进，教师引导学生身临其境，了解语篇背景，感知功能句，加深对语篇的理解，培养学生在阅读过程中获取信息及逐步构建知识框架的能力。

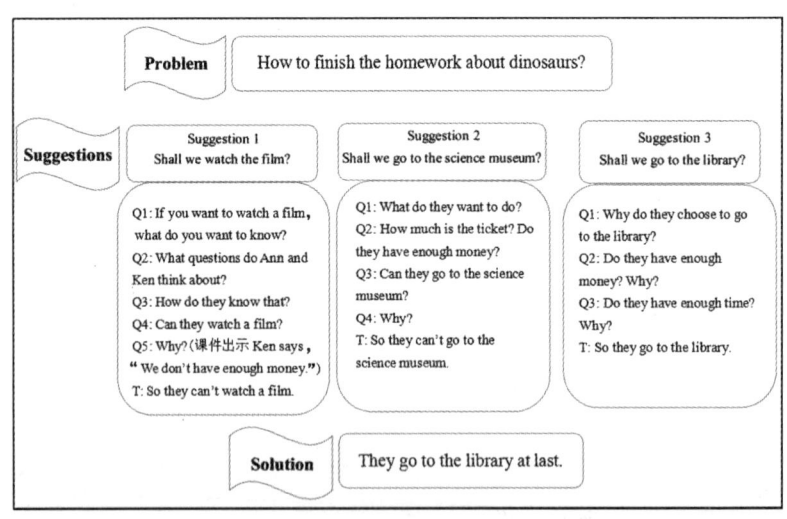

图 6-6

来源：李平霞（泉州市惠安县城南实验小学）
本课例荣获第九届全国小学英语课堂教学优秀课例展评二等奖

这些问题环环相扣、层层递进，有效地促进了学生真实而积极的表达，呈现了隐藏在答案背后的思维过程。在解决问题的过程中，教师以问题"Which one do they choose at last? Why?"，引导学生精细阅读，逐步感知并理解文本内容。有效的提问能一步一步地促进学生思维的发展和语篇内容的深入学习，学生在教师的问题引导下主动、积极地思考，激发和保持学习兴趣，培养了分析问题和解决问题的能力，扩展了思维的广度与深度，提升了英语思维品质。

3. 创编语篇，拓展阅读

《课程标准》中明确提出，小学英语的阅读教学不仅要完成传统英语阅读教学中传授语言知识和培养学生语言能力的任务，还要适度深化、延伸拓展英语教学。在英语阅读教学中，教师立足教材，对语篇进行有效补充和拓展，可以有效提升学生的英语阅读效果和阅读能力。例如，可以对语篇主题深化处进行延伸创编，对语篇意义相似处进行对比补白，对文本内容空白处等进行补充拓展等，这些训练可以发挥学生的想象力，同时可以拓展学生的阅读面。

【课例 4】外研版《英语（新标准）》（三年级起点）六年级上册 Module 9 Unit 2 *I want to go to Shanghai*. 教学片段

基于语篇的主题内容，为进一步拓宽学生的知识领域，提高学生的阅读能力，教师针对文本中出现的三个城市：上海、昆明和桂林，创编出新的语篇，丰富了文本内容，拓宽了学生的阅读面。

T：As we know, the Smarts want to go to...

Ss：...（学生根据板书复述文本，见图 6-7。）

T：Shanghai is...

Ss：...

T：This is the information we've got. And I think we should get to know more about "Where is Shanghai? How is Kunming? Where is Guilin?", right? I've got some information for the Smarts. Let's have a look.

Where to go?
How is it?
Where is it?
What does it have?
I want to go to ...
It's...
It's in the ...
It's got...
There is/are...
Shanghai
big
famous
Kunming
beautiful
south
a beautiful lake
Guilin
mountains
lakes

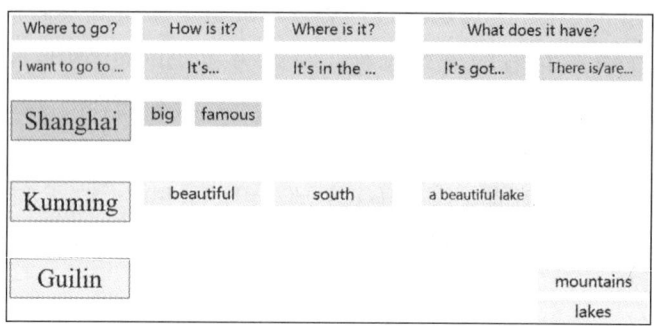

图 6-7

Ss：…（PPT 呈现三篇有关上海、昆明和桂林的语篇内容，教师选择 Guilin 的语篇信息进行示例，师生一起阅读，获取关于桂林的信息，完成板书。）

T：Please take out the worksheet（见图 6-8），choose a city and read it. Please find out "It's... It's in... It's got... There is/are..." and underline.

Ss：…（学生阅读，小组讨论。）

T：What do you know about Kunming?

Ss：…（学生根据语篇内容说出相关信息，教师在黑板上呈现相应的词条。）

T：Oh，we've known more about Kunming. And what about Shanghai? Who can help me finish the chart?（见图 6-9）

Ss：…（学生一边介绍，一边贴词条。）

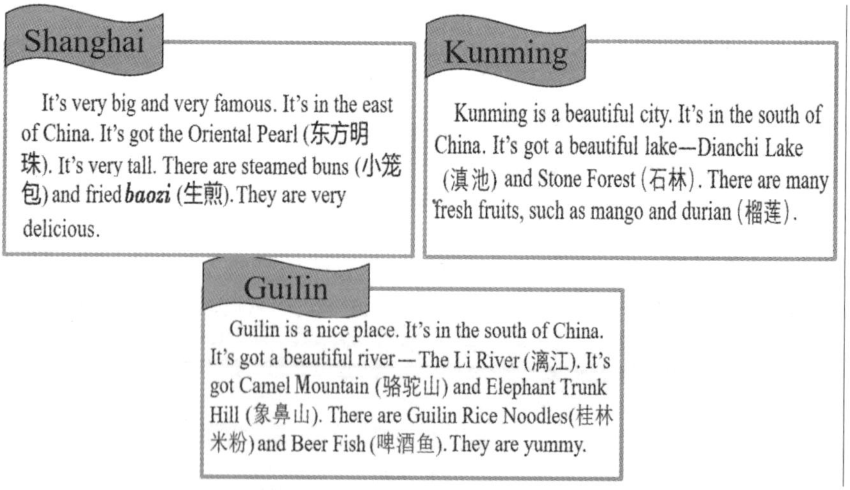

Shanghai
It's very big and very famous. It's in the east of China. It's got the Oriental Pearl (东方明珠). It's very tall. There are steamed buns (小笼包) and fried *baozi* (生煎). They are very delicious.
Kunming
Kunming is a beautiful city. It's in the south of China. It's got a beautiful lake—Dianchi Lake (滇池) and Stone Forest (石林). There are many fresh fruits, such as mango and durian (榴莲).
Guilin
Guilin is a nice place. It's in the south of China. It's got a beautiful river—The Li River (漓江). It's got Camel Mountain (骆驼山) and Elephant Trunk Hill (象鼻山). There are Guilin Rice Noodles(桂林米粉) and Beer Fish (啤酒鱼). They are yummy.

图 6-8

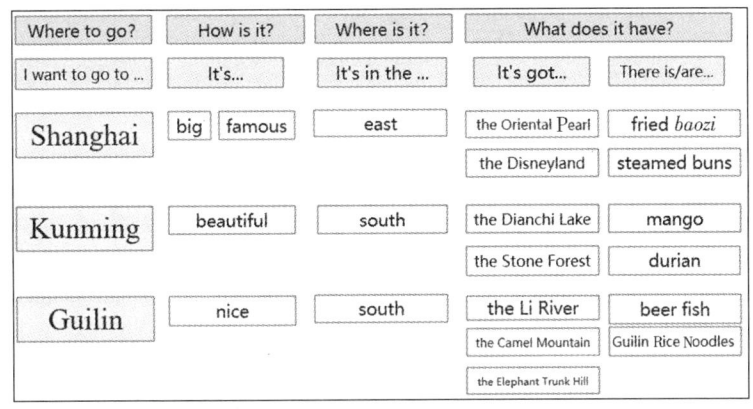

图 6-9

来源：吴玢（泉州市第三实验小学）

教师设计了三篇相关的阅读语篇，让学生通过不同梯度的阅读任务进行学习，将板书信息补充完整，为本课的最终任务"让学生自己书写旅游计划"做输入准备，培养学生获取信息的能力，同时拓宽其语篇阅读面。首先，呈现一篇介绍桂林的语篇，师生一起完成语篇阅读。学生在教师的引导及提示下，提取关键信息，完成关于桂林的板书。接着，教师呈现介绍上海和昆明的语篇，让学生自主阅读，并运用所学的方法提取关键信息，然后在"It's... It's in... It's got... There is/are..."的语言框架帮助下，完成关于昆明的板书内容。最后，教师引导学生小组内合作学习，共同合作完成有关上海的板书内容。在整节课的教学过程中，教师有意识地培养学生的阅读能力。学生通过模仿朗读、自主阅读、小组内合作阅读等不同形式的阅读方法，逐步理解课文文意，形成语言支架，并利用语言支架完成对拓展语篇的阅读。学生在层层推进的阅读任务中，提高了自身的阅读能力，掌握了一定的阅读技巧。

4. 说写结合，深化阅读

语言学习的最终目的是为了运用。在阅读教学中，教师可以聚焦语篇重点内容，训练说和写，培养学生的语言提炼能力；可以利用文本空白点，发挥想象，培养学生的创意表达能力；可以抓住拓展延伸点，因势利导，夯实学生的语言表达能力；还可以联系学生生活实际，寻找写作契机，加强学生的语言运用能力。在学生听、说、读的基础上，教师可以开展人物介绍、模仿写作、角色扮演、故事改编、问卷调查、记者访谈等说和写的阅读运用活动，促进学生语言输出能力和想象能力的发展，同时提高学生对阅读材料中的词句和语法的掌握水平，促进其语言吸收。

**【课例5】**外研版《英语（新标准）》（三年级起点）六年级上册 Module 9 Unit 2 *I want to go to Shanghai*. 教学片段

学生在教师提供的语言支架帮助下，完成自己的旅行计划，在语言实践运用中逐步内化语言知识。

T：The Smarts have more information now and they can make a good plan. What about your travelling plan?

S₁：I want to go to Beijing. There is the Great Wall. It's old and famous.

S₂：I want to go to Hangzhou. It's in the east of China. It's beautiful.

T：Good! Now work in four. Talk about your travelling plan with your partners.

Ss：…（学生小组内介绍自己的旅游计划）

T：Now it's your time to make your own plan. Please take out this card （见图6-10），and write down your ideas.

Ss：…（学生根据提供的写作卡片，书写自己的旅游计划。）

图 6-10

来源：吴玢（泉州市第三实验小学）

在学生听、说、读等语言输入之后，教师在任务完成阶段进一步落实写的训练。学生在老师提供的语言支架帮助下，完成自己的旅行计划，达到了在语言实践运用中逐步实现语言知识内化，培养英语核心素养的教学目的。

【课例6】北师大版《英语》（三年级起点）五年级下册 Unit 10 Activities Lesson 1 About dinosaurs 教学片段

教师联系生活，结合学生的认知和家乡惠安的地区特点，设计了 About Hui'an Women 的语用活动，让学生真实地体验遇到问题、思考问题、解决问题的过程。

T：How do we know more about Hui'an women?

$S_1$：Watch a show.

$S_2$：Go to the art museum.

$S_3$：Go online.

$S_4$：Go to Chongwu（崇武）.

$S_5$：Go to Huinv Jiayuan（惠女家园）.

T：Which one do you want to choose?（见图6-11）Do with your friends and talk about it，then write it down.

**About Hui'an Women**

Tips: Choose one, work in a group.（4人一组，选择一种合适的活动，说明选择的理由，并展示。）

Shall we_____? The ticket is _____. We have enough_____（money, time...）Let's go_____（by bus, by bike, on foot, by car...）.

| Activities | Time | Ticket Price | Your Choice (✓) |
|---|---|---|---|
| watch a show | 19:00-20:00 | free | ( ) |
| go to Chongwu | 8:00-18:00 | ¥50 | ( ) |
| go to Xiaozuo Art Museum | 9:00-16:00 | free | ( ) |
| go to the culture musuem | 8:30-18:00 | free | ( ) |
| go online | | | ( ) |
| ... | | | |

图 6-11

来源：李平霞（泉州市惠安县城南实验小学）

教师先是围绕 Hui'an Women 进行一番谈论，提供多种了解惠安女的方式和途径，然后要求学生四人一组，小组合作，选择一种合适的方式，与同伴说明选择的理由，讨论并写下来，最后进行展示。学生初步运用从语篇所学的语言，结合实际生活情景，对文本进行拓展，从输入到输出，培养了解决问题的能力和语用能力。教师创设了新的情境，鼓励学生积极发散思维去想象。学生在创编的过程中能够充分感知、体验、运用语言，学以致用，提高语言运用能力。此外,教师设计的表格让学生能更系统、更直观地进行比对、判断,根据自己的实际情况来分析、选择,再加上创作语篇辅助,学生更有话可说,有内容可写。

5. 信息处理,细化阅读

非连续性文本是文字和统计图表(画)相结合的文本形式,相对于以句子和段落组成的连续性文本而言的阅读材料。非连续性文本具有直观、简明、概括性强、实用性高等特点。学会阅读简单的非连续性文本,能从图文等组合材料中找出有价值的信息,整合信息,得出有意义的结论,是学生应具有的阅读能力。

连续性文本和非连续性文本的呈现方式不同,这也决定了阅读教学策略有所区别。教师在阅读教学中引导学生通过发现图表(画)中有价值的信息,如反映主题的标题、反映内容的图例、反映问题的数据等,然后审读配合图表而出现的解释或分析的文字内容或图标和文字的结合内容,有效地把握图表(画)所要传达的重要信息。例如,旅游时,根据地图读懂位置、距离、方向等信息快速找到目的地;搭车时,根据车票、动车票、飞机票等车票内容读懂时间、地点等关键信息准时搭车(机);买药时,根据说明书读懂药名、药效、不良反应等主要信息有效治病;商场刷卡后,根据凭证单看懂文字和数据准确知道消费金额……学生从这些地图、说明书、凭证单等获取有效的关键信息,整合推论出有意义的结论,最终达到阅读效果。教学片段如下所示。

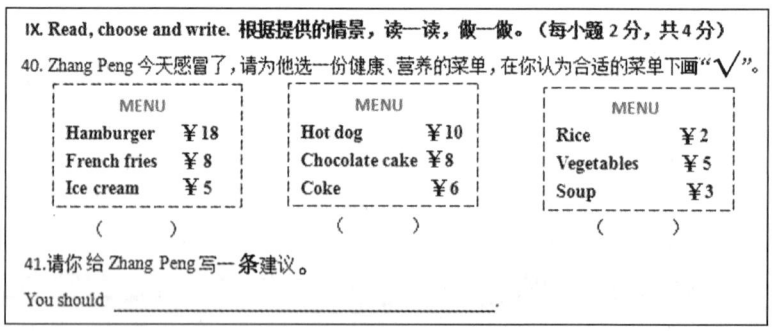

来源:黄瑜香(泉州台商投资区民族实验小学)

这个检测题为学生提供了 Zhang Peng 感冒需要选择一份健康、营养的菜单的情景,学生根据健康、营养的饮食标准,通过对比三份菜单的菜品及价格，快速选出合适的菜单。此外，结合生活实际经验，为张鹏提出对恢复身体健康有用的建议。通过有效地整合并利用这些信息，既加深了学生对所考查知识的理解和运用，也培养了他们提取信息的能力。

6. 多元评价，检测阅读

阅读评价既是检验学生阅读能力的一种手段，也是提高学生阅读能力的一种方法。在英语阅读教学中，评价不仅要关注学生的阅读效果，还要关注学生的阅读过程以及影响学生阅读理解的因素。评价的形式可以多样化，帮助学生全方位地检测自身的阅读学习情况和学习效果。例如，问卷调查可以了解学生阅读的内容与范围、兴趣与习惯、方法与途径等方面情况（见图6-12）；成果展示活动，如读书成果交流、读书知识竞赛、故事大王评选活动等，可以为学生展示读书成果搭建平台（见图6-13）；书面测试可以结合课外读物内容设计考题，让学生在规定的时间内独立答题，检测学生课外阅读的效果（见图6-14）。

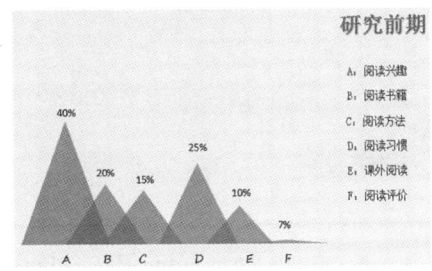
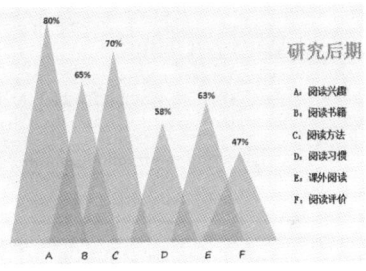

图 6-12

图 6-13

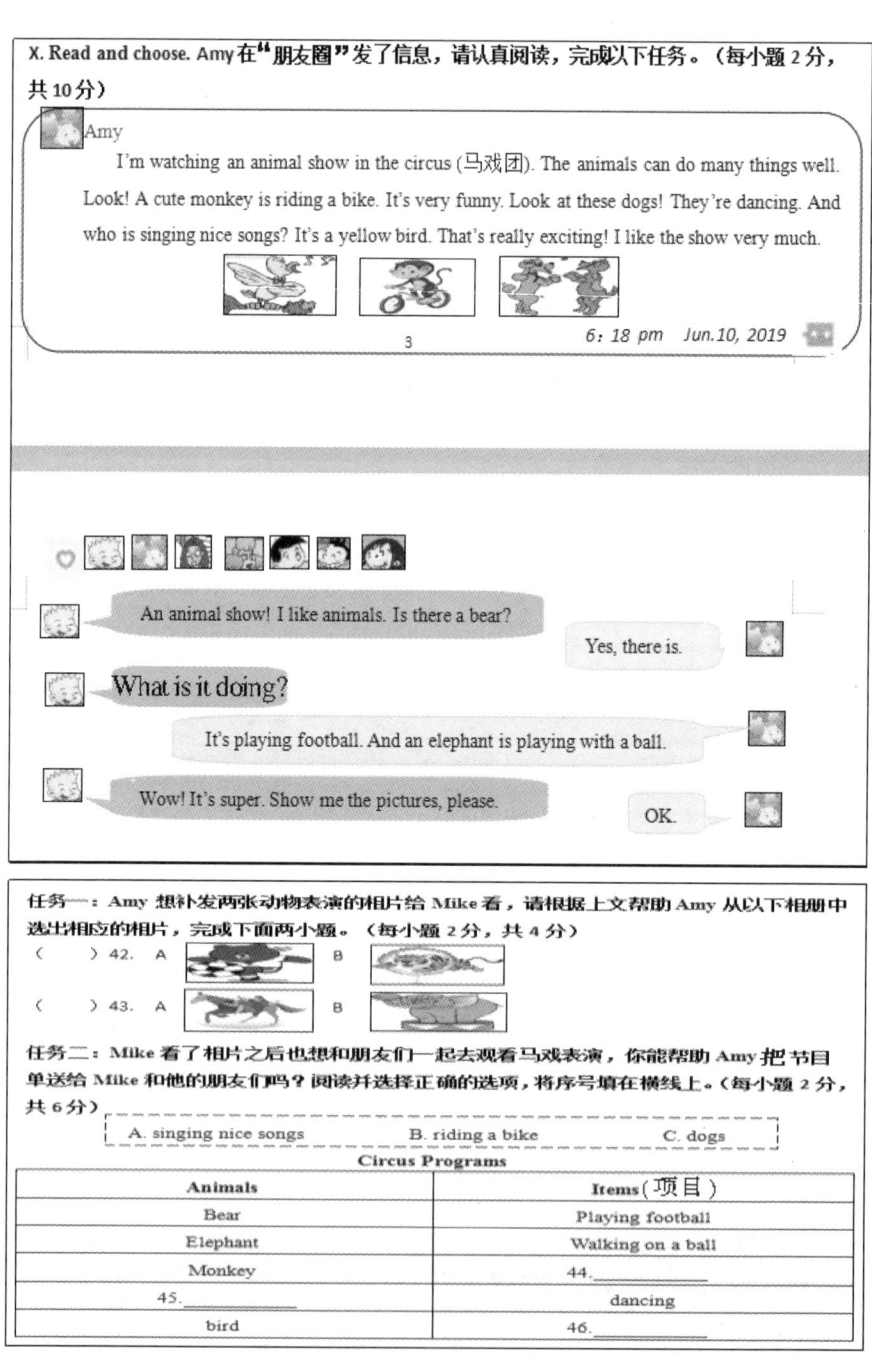

图 6-14

## 五、小学英语阅读课的注意事项和准备工作

在小学开展有效的英语阅读教学，要求教师基于语篇教学的整体性，要有效设计文本问题，巧妙引导学生理解文本，开展丰富多样的阅读活动。通过语篇的阅读教学，提高学生的学习兴趣，调动学生学习英语的积极性，培养学生的阅读技能和认知策略，最终提升学生英语学科素养。

1. 注意事项

（1）重视语篇教学的整体性

教师在阅读教学中要培养学生完整的语言概念，引导学生通过阅读语篇信息，整体把握语篇内容并理解完整的语篇意义。

（2）设计阅读活动，体现"四性"

小学英语阅读教学活动要根据学生的年龄和心理特点进行设计，以阅读的目的为出发点，活动设计要具有趣味性、理解性、应用性和思维性。

（3）针对文本设计的问题，做到"四有"

通过有针对性、有引导性、有启发性、有突破性的问题设计，引导学生更好地把握阅读文本的信息。

（4）设计情景帮助学生理解文本，做到"三引"

教师要通过引导学生观察图片信息、引导学生挖掘文本内涵、引导学生发现文化信息等方式，帮助学生更好地在情景中理解文本。

2. 准备工作

（1）精选阅读材料，激发学生阅读兴趣

教师要精选阅读材料，精心设计阅读课教学，重视激发学生的阅读兴趣，指导和激励他们进行英语阅读学习，为今后的英语学习打下良好的基础。

（2）指导阅读预习，培养学生阅读能力

教师指导学生阅读预习要到位，一方面可以让学生借助图片、单词表、词典等有关资料，对阅读语篇有大概的了解；另一方面可以让学生把不懂的词、句在预习时标注出来，在小组讨论时或是在课堂上提出来解决。这样不但可以提高学生的预习能力，还可以提高他们的阅读能力。

## 六、一份完整的阅读课课堂教学设计

外研版《英语（新标准）》（一年级起点）六年级上册
Module 2 Unit 1 I went to Chinatown in New York yesterday.

执教教师/郑雅莉　指导教师/林平珠

### 1. 教学内容与学情分析

（1）教学内容分析

本课内容选自外研版《英语（新标准）》（一年级起点）六年级上册第二模块第一单元。本课以 Chinatown 为话题，文本包含两个部分。第一部分语境为 Simon 和 Daming 在家看电视，Simon 说纽约有个中国城，并问 Daming 中国是否也有中国城，Daming 开玩笑地说中国所有的城镇都是中国城（一般现在时）。第二部分语境为 Daming 打算（将来时）给妈妈写一封电子邮件，讲述自己昨天在唐人街游玩的所见所闻（过去时），谈到 Simon 对舞狮表演的喜爱，想要学汉语、看长城的愿望（一般现在时）。文本的两个语境出现了三种不同的时态，教师在教学活动中需处理好时态的衔接，突出主要时态的运用。文本同时传递了 Daming 到美国纽约旅游以及外国友人 Simon 对中国文化充满了喜爱的信息，体现了不同国家人们之间的跨文化交际需求。本课教学点包含引导学生进行新词汇音、义、形、用的学习，关注语音的停顿与连读现象，开展电子邮件阅读学习与写作以及中西文化的碰撞与融合。

（2）学情分析

本课的教学对象是六年级学生，他们已有一定的语言知识储备，具备初步的语言技能、学习策略和思维判断能力，但缺乏深层次思维分析的能力。大部分学生有真切的出游经历，也有分享和表达的欲望。他们第一次接触电子邮件这一文本体裁，对电子邮件的格式和发送方式较为陌生。本课为一般现在时、一般将来时、一般过去时三种时态的滚动复现，主要以运用过去时态描写 Daming 在 Chinatown 的旅游经历。结合该阶段学生的学情特征和《课程标准》的要求，教师在教学的过程中应注重新旧知识的融合和思维策略的培养，还应注重从学生的生活经验出发，培养他们用英语表达和思维的能力。

**2. 整体设计思路与教学流程图**

（1）整体设计思路

本课建立在教师读懂文本、尊重编者意图的基础上，帮助学生感知、理解文本内涵；捕捉学生的兴趣点，"依生定教"，促进学生语言能力的发展，提升思维品质；同时着眼于对教学内容、话题功能、文本主线的精准把握，通过语言的建构、巩固、发展，知识的内化、整合、综合运用，促进学生心智发展，凸显育人价值。本课的设计以 Chinatown 为话题，以电子邮件为文本体裁，以 Daming 在纽约 Chinatown 旅游为主线，以 Mind-map 为思维工具，以文化融合为催化剂，以有效的活动为依托，让学生通过学习能综合运用过去时态，以电子邮件形式描写自己的出游经历，在主动参与、乐于体验、勤于思考的过程中学以致用，在真实的语言交流中培养初步的跨文化意识和跨文化交际能力。

（2）教学流程图

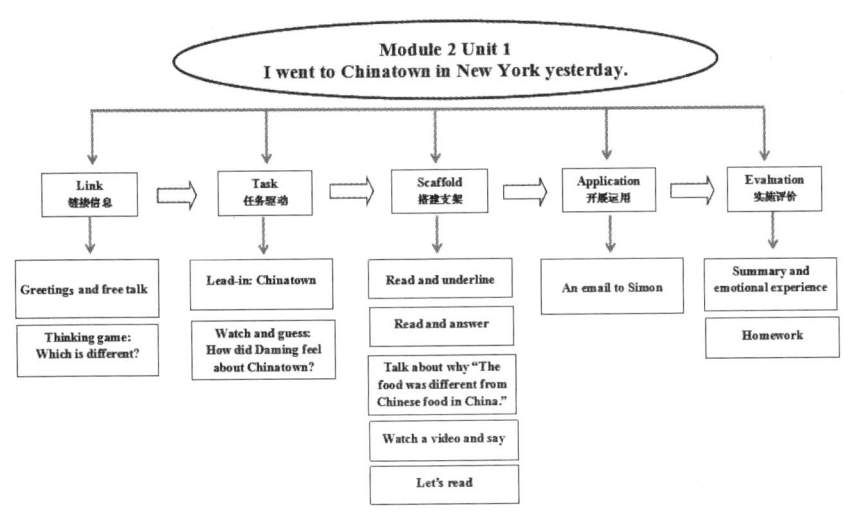

图 6-15

 **3. 教学目标**

（1）语言能力目标

① 学生能理解词汇 Chinatown、subject、everywhere、spoke、lion

dance。

②学生能掌握并灵活运用句型"I went to Chinatown in New York yesterday."。

③学生能借助图片、思维导图和文本信息听懂、理解并复述课文。

④学生能借助思维导图，完成邮件写作。

（2）思维品质目标

学生能在获取、组织、优化、分析信息的过程中，培养逻辑思维和审辨思维能力。

（3）学习能力目标

借助思维导图、鱼骨图等组织结构图，学生能够对文章信息进行整理，可视化自己的思维过程，逐步完成对文本的深入解码，进行有意义的学习。学生重新建构自己的认知图示，也为语言的综合运用搭建支架。

（4）文化意识目标

①学生能体验Chinatown韵味，感受华人文化的魅力，逐步培养跨文化交际的能力。

②学生能乐于描述自己的出游经历，介绍祖国大好河山和家乡风土人情。

###  4. 教学重、难点

（1）教学重点

学生能整体理解文本，习得并运用目标语言描述过去的出游经历。

（2）教学难点

学生能借助语境和情境，体会Chinatown的"惊奇"之处；能运用思维导图，综合运用语言描写自己过去的出游经历。

###  5. 教学准备

多媒体课件、单词卡、演示卡片、词条。

### 6. 教学过程

**Step 1　Link**

（1）Greetings and free talk

T：Children, today we'll talk about trip. Do you like travelling?

Where did you go?

What did you do there?

How did you feel about your trip?

教师同步把三个疑问词 Where、What、How 贴在黑板上，引导学生围绕主要问题讨论有关个人出游的经历。

设 计 意 图

教师引导学生与自身的出游经历进行联系，在学生的大脑中激起以往的经历，激发学生的阅读兴趣。

（2）Thinking game

T：Let's play a thinking game first—"Which is different?". Clap to the music and see which one is different.

教师借用 Thinking game，让学生观察图片（见图 6-16），寻找每组图中哪一个是与其他不同的。学生发散思维，从食物、人种、舞蹈等方面展开讨论，发现规律，找到差异：American 和 English 是西方人；hamburgers 和 sandwiches 是西方食物；lion dance 和 dragon dance 是中国舞，并在教师的帮助下，归纳出 Chinese people、Chinese food、Chinese dance 三个概念。继而，由教师提问学生，在生活中的哪些地方可以看到这些事物，逐步引出 Chinatown。

图 6-16

**设 计 意 图**

这个过程以盘活话题的相关知识为目的,激活了学生已有的生活体验和语言储备,为接下来阅读文本做好准备。

**Step 2　Task**

(1) Lead-in

T:Let's watch a video about Chinatown.

学生观看关于 Chinatown 的视频之后,将视频中 Chinatown 所在的各个地点连成 Daming 的头像,导入课题。

(2) Watch and guess

T:How did Daming feel about Chinatown? Please look at his face and guess:How did he feel?

**设 计 意 图**

通过激情方式呈现课题及问题设计等手段创设阅读期待,提出阅读任务,引起学生的好奇心和完成任务的欲望,从而激发英语阅读欲望。

**Step 3　Scaffold**

(1) Read and underline

T:Why did Daming have a big surprise?

Ss:…

(Students read quickly and underline the answer.)

T:Daming had a big surprise,because…(见图 6-17)

Ss: There were…(教师贴 Chinese people everywhere 词条)

　　There were…(教师贴 Chinese shops and restaurants 词条)

　　The people spoke…(教师贴 Chinese and English 词条)

(2) Read and answer

T:What did he and Simon do there?

Ss:…

(Students read quickly and answer.)

图 6-17

**设计意图**

此环节旨在引导学生读懂、读通、读透文本,在学习语言知识和构建语篇架构中发展学生的阅读技能,训练思维品质,增进人文体验,为写作积累素材。首先,由学生自行观察文本插图,预测故事发展,再听、读文本动画验证预测,整体感知文本情境。

(3) Talk about why "The food was different from Chinese food in China"

T: Daming says the food was different from the Chinese food in China. Why? You can talk with your partners. (同桌两人讨论)

Ss: Because the taste/feeling/cooks/cooking skills/eating habits/… is/are different.

教师提供导图支架(见图 6-18),辅助学生思考。

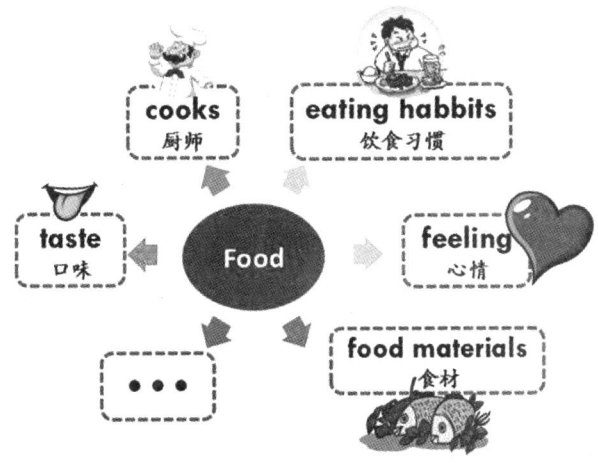

图 6-18

**设 计 意 图**

学生结合日常经验探讨中西餐的异同点,主要围绕着餐饮习惯、食材、厨师风格、口味喜好、食物象征的情绪等方面展开讨论。最终,师生一同构建思维导图。这一过程很好地培养了学生对中西方饮食文化存在差异又在交融中相互影响的意识,有利于学生往后在具体的文化交际场景中展现得体的语言和行为。

(4) Watch a video and say

T: This is Daming's trip in Chinatown. And what do you know about Chinatown in New York?

Ss: ...

(Students watch a video about life in Chinatown and talk about what they know about Chinatown in New York.)

**设 计 意 图**

视频丰富了课文话题 Chinatown 的韵味,让学生得以深入体验华人文化的魅力。

(5) Let's read

①Listen and imitate.

T: Let's listen and imitate. Pay attention to your voice. Try to be confident, loud and clear with emotion.

②Read the text in groups.

T: Children, please read the text in groups. You can help each other.

(Students read the text in a group of 4 or 6 and help each other when necessary.)

③Retell Daming's trip.

T: Can you retell Daming's trip? You can use the mind-map. Let's retell together.

Ss: ...(Students retell Daming's trip with the help of the mind-map on the blackboard.)

> 设 计 意 图

让学生听音、模仿跟读课文，感受纯正的语音、语调，有助于培养学生的语感。小组内自读课文是进一步内化语言的过程。借助思维导图搭设语言支架，通过连词成句、连句成篇帮助学生复述课文，既梳理了文本信息，又帮助学生加深了对文本的理解。

**Step 4　Application**

T：Let's write an email to Simon.

（1）Complete the mind-map

Students watch the video *The World's Eyes on China*，then try to send an email to Simon. They complete the mind-map about their trip in China with some key words.

（2）Write the email

Students write the email with the help of the mind-map，then share their trips.

（3）Send the email

Students watch a micro-video about the way of sending an email.

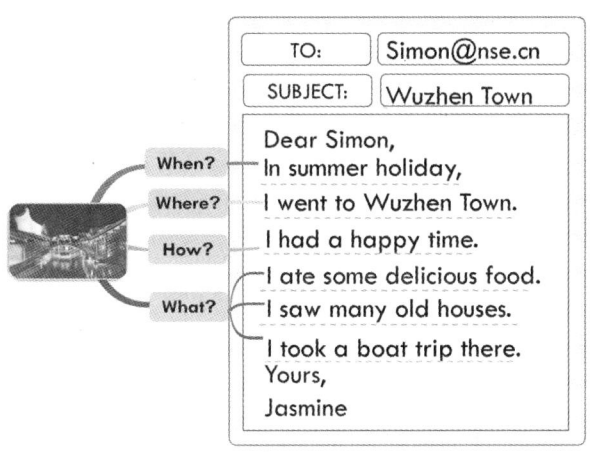

图 6-19

**设计意图**

此环节开展写作教学，要求学生模仿课文，有逻辑地描写自己的出游经历。由于现阶段学生的整体篇章意识较弱，要写好一篇文章还需要搭建"脚手架"来梳理语言逻辑和写作框架。借助思维导图，作出示范，学生很快就能依葫芦画瓢，从时间、地点、感受、活动四个方面完整地描写自己的出游经历。

### Step 5　Evaluation

Summary：Teacher and students summarize what students have learnt and have performed today. Teacher encourages students to learn English well and tell stories of China well.

**设计意图**

激发学生学习英语的内在动力和传播中国文化的使命感。

### Step 6　Homework

• Listen and imitate the text twice and retell Daming's trip.

• Send Simon or me an email about your trip.

My email address：...

**设计意图**

延伸课堂，落到实处，使学生进一步巩固所学，提高综合语言运用能力。

## 7. 板书设计

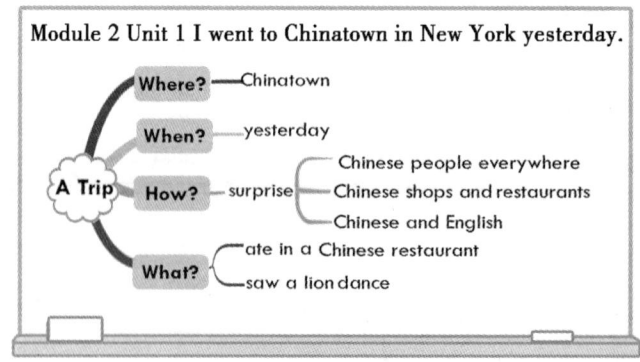

## 8. 课例点评

这是一节能充分体现英语学科核心素养培养的优质课,主要表现在以下几个方面。

首先,文本解读有深度。该课能建立在对教学内容、话题功能、文本主线精准把握之上,在主题的引领下,保留情境的整体性。借助思维导图,阅读解构文本和写作再构语篇。本课主人公 Daming 是依据参观 Chinatown 的不同场景的先后顺序,依次表达自己的感受,主要涉及地点、时间、活动事件和人物感受四要素。于是,教师通过对这四要素设疑,以问促读,带领学生阅读文本,在寻找答案的过程中,激发学生自主搭建思维导图的意识,从而借助可视化的导图学习语言知识、理清语篇脉络、把握邮件写作的思路与技巧,培养有效的读写策略。第一语境中 Daming 的"玩笑"和第二语境中 Daming 的 surprise 是相呼应的,从中可以挖掘这样的信息:Daming 知道纽约的 Chinatown 与自己所说的 Chinese towns 是不同的概念,所以才会开玩笑。但当 Daming 亲眼看到纽约的 Chinatown 以后,因其与中国城镇极高的相似度(有许多的中国商店、成群的中国人、很多人说中文、有舞狮表演等)而感到惊讶。但纽约的 Chinatown 和中国城镇仍有区别,如餐厅里的食物有所不同等。另外,教师结合这些信息,在教学中将具有浓郁中国特色又浸润异域风情的 Chinatown 作为主要的语言交际背景,引导学生理解 Chinatown 既是中国的也是世界的,是典型的文化交融的代表,以此培养学生大格局的世界观和包容的文化观。这也有助于学生领会编者意图,深入理解文本内涵。

其次,思维训练有层次。该课围绕主题,循序渐进地设疑妙问,多次唤醒学生的思维。思维导图提炼、完善与运用的过程,既是思维可视化,也为写作输出搭设了语言支架。多样思维活动形式,使学生的想象力、归纳能力和思辨能力等多元思维得到发展。本课教学中,在引领学生开展阅读教学时,教师注重"以问促思",借助问题的设置,适时循序渐进地追问,打开学生思维的话匣,推动文本的教学,培养学生深层次的思维判断和分析能力。如"Daming had a big surprise. Why?" 和 "The food was different from the Chinese food in China. Why?" 等问题,学生思考、解答和自圆其说的过程就是思维碰撞的精彩时刻。阅读的过程,包括读前、读中、读后,应该是师生互动共建的过程。在这节课中,教师以 free talk 抛砖引玉,激活本课话题和学生已有的生活体验以及语言储备；以 thinking game 点燃学生的思维、激活学生的肢体和盘活话题相关的语言知识；以思维导图为利器，使学生在获取、组织、优化、分析的过程中解码文本，在绘制导图、运用导图写作邮件的过程中，连词成句、连句成篇，重新建构自己的思维。思维的启迪并不是天马行空地思考，在本课的教学中，处处可见语言支架的搭设，教学活动示范到位，语料充足，使得语言输出水到渠成。

再者，文化融合有格局。海外多元文化碰撞之下，唐人街文化既是民族的，也是世界的。该课能以唐人街旅游经历为契机，开启学生的跨文化交际之旅，有利于使学生建立自信和包容的文化情怀。教师注重结合教学内容，引导学生关注语言和语用中的文化因素，逐步增强学生对不同文化的理解能力，为开展跨文化交际做准备。本课文化目标的设定落脚点为体验 Chinatown 的韵味，感受华人文化的魅力，逐步培养学生的跨文化交际能力。如果单一地设定为激发学生的民族自豪感，或者中西文化的比较，这样的文化格局未免太过狭隘。文化的传播和融合更符合时代的需求。一节好课的文化渗透应该是"随风潜入夜，润物细无声"，让学生浸润其中。导入环节的小视频渗透了 Chinatown 的背景知识。视频"Life in Chinatown"拓宽了话题内容，实现了学生感官与"中国城"的碰撞。视频"The World's Eyes on China"，由 Chinatown 以小见大，由感受华人文化过渡到外国人对中国文化的喜爱和追捧。这种无痕熏陶，给学生以全新的视角，让学生成为既有家国情怀又兼具国际视野的新一代好少年。

（点评专家：吴青梅，福建省普通教育教学研究室）

本课例入选 2017 年福建省中小学优质课；荣获教育部 2019 年度"一师一优课、一课一名师"部级优课

## 9. 执教教师简介

郑雅莉（简介见 P85）。

# 第七章 写作课型

小学阶段英语写的技能是学生输出语言、展现语言能力的一个重要方面。写是表达性技能,可以巩固学生所学的词汇和语言结构;写的过程可以激活学生的语言知识,发展他们的表达能力和创造能力。《课程标准》语言技能一级目标对写的要求是:"能正确书写字母和单词;能模仿范例写词句。"二级目标对写的要求是:"能正确地使用大小写字母和常用的标点符号;能写出简单的问候语和祝福语;能根据图片、词语或例句的提示,写出简短的语句。"

## 一、小学英语写作课的定义

小学英语写作课是教师围绕某一话题或根据某一文体要求,引导学生在图片、范例等的帮助下,用书面语言传递信息,表达观点、情感或思想的教学过程。小学阶段英语写作应从书写开始到仿写,再到独立地写。这里的独立地写是相对的,也就是说小学英语写作是以范例、提示为主要依托,以简短的语句为基本要求。

## 二、小学英语写作课的特点

小学英语写作教学是教师引导学生用英语进行书面表达的过程,也是学生基于已有的知识经验和认知结构,学习用英语进行书面语言交流的过程。它具有以下几个特点。

1. 渐进性

小学英语写作是由句子写作到句群写作再到语篇写作的循序渐进的过程。小学英语写作教学可以先进行重点句式模仿练习，再进行句式扩展练习；先用范文为学生提供写作的依据或利用思维导图提供语篇的结构支架，再用补全句子、看图说话等方式，培养学生的写作能力；当学生掌握了一定的写作方法后，再由教师引导进行"独立"创作。学生的写作活动经历了一个重复、模仿、创新、由易到难、由简到繁的过程。

2. 模仿性

一切学习均是从模仿开始的。教师在指导学生英语写作时，先借助文本迁移模仿范例写词句，学习句式的结构与表达。随着学生知识和能力水平的提高，教师进一步引导学生模仿文章的结构和逻辑表达，鼓励学生进行微写作尝试。

3. 主体性

写作要基于学生实际，否则就会造成语言图式的空缺，内容图式的匮乏，情景认知结构的断层，使学生无从表达。这就要求写作教学要基于学生的认知经验，对接学生已有图式，使学生有话想写，有话可写；要符合学生语言能力发展的要求，使学生言之有物，言之有理，进而落笔成文。

4. 规范性

小学阶段是学生英语写作的起始阶段，注重写作的规范性能为以后的英语写作打下良好的基础。因此，小学英语写作教学要培养学生字母、单词的书写正确规范，大小写和标点符号的书写及使用正确规范，句式的书写准确、格式规范等，促使学生养成良好的书写习惯。

## 三、小学英语写作课的教学模式

当前小学英语写作教学中，由于缺乏写作素材，导致学生写作无从下手、表达单一；缺乏写作纲要的提炼，导致学生写作缺乏条理性、连贯性；缺乏操作性强的写作评价，导致教—学—评不一致；缺乏雕琢修改的环节，导致学生作品质量参差不齐，难以提高。写作是一门艺术，每篇习作都是一件艺术品。艺术品的制作一般要经过选材备料、制模、拉坯、利坯、润色等工序。而小学英语写作课就是教师引导学生从生活材料的储备与选择开始，经过构思、表达、修改与润色等一道道工序，最后呈现成品、上架展示的过程。基于这样的理念,我们经过实践,总结出小学英语"ARTWARE(艺术品)"写作课教学模式。该模式的步骤为:Activating、Refining、Talking、Writing、Assessing、Revising、Exhibiting。

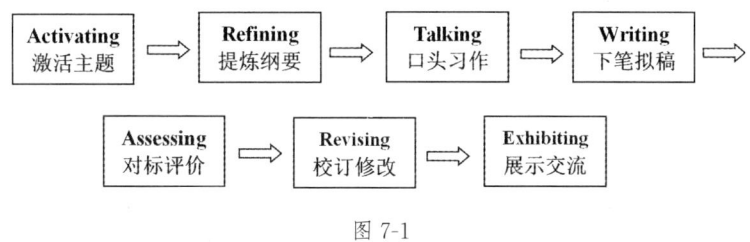

图 7-1

1. Activating(激活主题)

在写作课初始阶段,教师利用视频短片、歌曲、歌谣、名言、谚语、热点话题以及学生身边发生的小事等导入话题,激活相关背景知识,对接学生已有图式;激发灵感,展开联想,使新信息与学生已有的知识连接起来,自然而然地搜集与写作主题有关的词汇、句式信息。同时引导学生对所获得的信息加以分类整理,使之更加有序。

2. Refining(提炼纲要)

教师提炼文本的内容支架,使学生明确习作在语言方面的逻辑关系和句式表达。教师以文本为依托,设置引导性问题,帮助学生理清文本脉络,搭建清晰的内容支架;通过梳理文本信息,归纳句式表达,并根据文本例句的提示操练句型,提高学生语言表达的准确性和灵活性;利用图片、故事留白,引发思考和讨论,充实支架内容,完善素材体系等。如果是体裁写作,教师还要引导学生观察、分析体裁的格式和要求,帮助学生了解便条、书信、邮件、贺卡、邀请函、日记等不同体裁的交际目的。交际目的决定了体裁的选择,形成了语篇的特定框架,影响着语篇的内容和风格的选择。

3. Talking(口头习作)

在习作指导的起始阶段,学生借助支架,先尝试"口头习作",这是一个体验、实践的过程,可避免落笔时用词不当、句式单调、内容重复、逻辑混乱等问题。同时也是学生互相借鉴的过程,通过和同伴互说互听,或个别思路活跃的学生的示范,学生相互学习、相互启迪,在合作讨论中形成自己的写作思路,构思写作提纲,为书面表达做准备。

4. Writing（下笔拟稿）

学生借助支架，拟写初稿。学生利用教师提供的词汇、图片、范例、文本框架等写作素材，在之前形成的写作思路的基础上，用文字形式写出句子和段落。接着审视初稿，自我修改。在内容结构、文字表达等方面字斟句酌，在大小写字母、标点符号使用等方面细心检查。经过不断的反复推敲和润色，初步定稿。这一过程步骤如下：①初拟草稿；②自我修改；③文字推敲、润色；④初步定稿。

5. Assessing（对标评价）

教师以学生的典型习作为例，引导学生尝试对习作进行点评；教师参照课标中写的要求，设计符合学生学情的英文写作评分标准，示范如何评分；师生通过讨论，发散思维，补充写作评分标准；小组内成员交换习作，参照标准，互相评分；教师在此过程中，收集记录范例和典型错例，集中点评，增强作文修改的针对性和全面性。具体步骤如下：①展示习作，学生试评；②参照标准，师生共评；③发散思维，补充标准；④参照标准，生生互评；⑤收集范例，集中点评。

6. Revising（校订修改）

学生根据写作评价标准、组员给予的修改意见和教师点评的高频错例，对自己习作中句法结构的准确性、标点符号使用的正确性、上下文的连贯性、内容要点的丰富性、语言的得体性等方面进行校订修改。通过对词汇的反复推敲、对句子的反复锤炼、对文章结构的反复完善，提高习作的语言品质，增加习作的思维含量。

7. Exhibiting（展示交流）

写作是表达思想、交流沟通的语用活动。分享阅读，拥有真正的读者，对增强学生的作者与读者意识至关重要。除了在课堂上展示习作，还可以把作文张贴展示或装订成册，以便课后流动阅读。优文美篇经教师推荐后也可以跨班级或跨年级分享。

## 四、小学英语写作课的教学策略

在小学英语写作教学中，学生普遍存在畏难情绪，缺乏积极写作的热情，而且常受词汇量不足、语法规则不熟悉等困扰，存在语句运用单一、语义结构松散、思维逻辑混乱等现象。因此，基于核心素养，教师应根据学生的具体情况，采用有效的写作教学策略，提升学生的思维能力和写作技能。

1. 利用词汇云图，激活已有认知图式

在确定写作主题的基础上，教师应让学生做好充分的写前准备，即能够在写前回忆、提取、搜集与写作主题有关的语境词汇、句式结构等信息。词汇云图是文本可视化的一种形式，是通过词汇云图工具制作而成的反映文字频率的可视图。教师可以利用词汇云图刺激学生的视觉感官，通过文字、颜色和图片激活学生原有的知识经验，发散学生思维，再根据写作主题检索头脑记忆中已有的相关话题知识，为接下来的活动做铺垫。

【课例1】人教版《英语（PEP）》（三年级起点）五年级上册 Unit 4 What can you do? Part 4 Who can be my friend? 教学片段

附：教材内容

> Do you want a new friend? Try me! I'm Robin the Robot! I am friendly and funny. I can speak English and Chinese. I can do some kung fu. I can play ping-pong, but I can't swim.
> What can you do? Please send me an email at robin@urfriend.cn.
> Robin

在写前热身环节，教师呈现了一幅由动词、动词词组组合而成的机器人形状的词汇云图（见图7-2），引导学生阅读云图，运用句型"Robin can..."说一说机器人能做什么事情。

T：Look，this is our friend，Robin. What can Robin do? Please look and say "Robin can...". Thirty seconds for you. Ready?

Ss：Go.

S$_1$：Robin can clean the room.

S$_2$：Robin can draw pictures.

S$_3$：Robin can dance.

S$_4$：Robin can swim.

S$_5$：...

图 7-2

来源：张明媚（泉州市晋江市实验小学）

本课例荣获第七届全国农村及少数民族地区中小学英语课堂教学观摩课展评一等奖和最佳综合素质奖

词汇云图能激发学生的学习兴趣，在学生积极运用"Robin can…"句型大胆猜测机器人能力的同时，激活学生已有知识储备，展开联想，对接与相关主题的已有图式，提取关于Ability方面的动词词组信息，拓宽学生的写作思路，学生的写作积极性得到充分的调动，为有效的写作教学奠定了基础。词汇云图还可以凭借其高频词的呈现，让学生看图、提炼关键信息，继而展开话题主要内容的预测或复述练习等，也可以运用于写作课的其他环节，有效地培养学生的发散性思维。

2. 赏析写作范文，搭建写作支架

小学阶段的写作课基本是读写结合课，学生通过阅读、解读、回读范文，激发对这一主题的深度阅读动机，引起对这一主题的深度学习和认知比较；依托范文，进行分析、归纳、提炼、概括，继而搭建写作支架，促进逻辑思维的培养，实现英语阅读与写作的无缝衔接。

（1）利用表格搭建支架，提高思维的条理性

在解读范文的过程中，借助表格，运用5W1H教学法（即When、Who、What、Where、Why、How），通过提出问题、解决问题、解读文本、解构语篇这一系列的过程，引导学生深入解析语篇的结构、句式的表达和写作的技巧，从而促使学生由宏观到微观、由表及里对这一主题进行分析和理解，加深对范文各要素间关系的理解，让思维更富条理，为写作搭建模仿支架。

【课例2】外研版《英语（新标准）》（三年级起点）六年级下册Unit 10 We're going to different schools. 教学片段

附：教材内容

---

**A Goodbye Speech by Lingling**

　　Dear classmates, we're going to leave our primary school soon and start middle school this September. I'm excited, and also sad. I'm excited because we're going to study Chinese, English, Maths, History, Geography, and learn lots of new things in middle school. We're also going to meet new friends there.

　　At the same time, I'm very sad to say goodbye to you. We're going to different schools. My best friends, Sam and Amy, are going back to the UK. They're going to a new school there. I am happy for them. Four years ago, they spoke only very little Chinese. Now they can speak a lot more. Keep on practising Chinese in the UK. And come back to China sometime!

　　My dear friends, I'll miss you all. Let's write lots of emails to each other! We'll always be friends. Thank you. And goodbye!

本课情境是 Lingling 即将小学毕业了，在班级进行毕业演讲。具体教学步骤如下：

①Watch and predict.

教师呈现文本主情景图片，学生观看图片，预测 Lingling 在做什么。

②Watch and answer.

教师播放文本动画，让学生从中找出正确答案："Lingling's having a goodbye speech."。

| Lingling's feeling | Why/ What |
| --- | --- |
| excited | learn new subjects<br>meet new friends |
| sad | go to different schools<br>say goodbye to friends |
| happy | Sam and Amy can speak a lot more Chinese. |
| miss | write emails |

图 7-3

③Read and underline.

围绕问题"How is she feeling now?"，学生初读文本，并在文中表示 Lingling 心情的单词下画线。教师在学生回答的基础上，将关于 Lingling 心情的单词 excited、sad、happy、miss 等梳理进表格。

④Read and fill in the blanks.

教师追问"Why is she feeling excited/...? What does she do?"，学生再次精读文本，填写表格（见图 7-3），梳理文本，为接下来的"Write your own goodbye speech"构建描述的框架。

来源：张明媚（泉州市晋江市实验小学）

围绕"Goodbye Speech"这一主题，通过 5W1H 教学法，以问题为导向，对主问题"How is Lingling feeling now? Why?"进行解读，借助表格梳理文本内容，帮助学生理解和表达。以问促思，以问导学，学生在提问、追问、主动质疑中，思维的火花被点燃，逐步提炼文本的纲要，建立从点到线乃至面的相关主题知识网，建立语言输出的支架，为后续的写作作准备。

（2）巧用思维导图搭建支架，提高思维的逻辑性

思维导图可以帮助学生对某一话题范文的题材、语段、句式结构、词汇等进行分析，梳理出各语言素材信息间的内在联系，加深学生对范文语篇结构的搭建方式的理解，提高学生的逻辑思维能力。

【课例 3】人教版《英语（PEP）》（三年级起点）五年级上册 Unit 4 What can you do? Part 4 Who can be my friend? 教学片段

教师在猜测 Robin 的能力之后，直接抓住关键问题"Robin can/can't..."进入文本解读。

T：Maybe Robin can do lots of things you said. Now listen to the text and underline what he can do and what he can't do.

教师播放文本录音，学生边听边用笔在文中"Robin can.../He can't..."等句子下画线。

T：Who can tell me what Robin can do?

S₁：He can speak English and Chinese.

S₂：He can do some kung fu.

S₃：He can play table tennis.

T：But he can't...

Ss：He can't swim.

在学生回答的同时，教师在文中标注该句子并播放该句录音和动态图，学生跟读句子。接着，教师及时追问学生对 Robin 的印象。

T：What do you think of Robin? How is he?

S₁：He is friendly.

S₂：He is active.

S₃：He is nice.

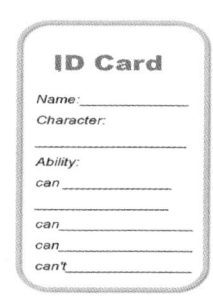

图 7-4

T：Robin is really nice. I love him. Now let's read the text again and finish Robin's ID Card.

紧接着，学生阅读文本，完成 ID Card 的填写。

来源：张明媚（泉州市晋江市实验小学）

本课例荣获第七届全国农村及少数民族地区中小学英语课堂教学观摩课展评一等奖和最佳综合素质奖

教师围绕文本，通过提问、追问，逐步提炼文本的纲要 Name、Character、Ability，构建了 ID Card 这一自我介绍的思维导图，让学生对这一主题的介绍有清晰的结构图式。写前,教师可以通过范文的提供、文本的解读,让学生关注这一主题写作的表达;引导学生在思维导图的帮助下理解范文、理清思路,依托写作支架,将所搜集的与主题相关的信息与学生脑海中已有的图式有机融合,丰富句式的表达,提升表达的逻辑性。

3. 诵读写作范文,培养英语语感

写作范文为学生围绕主题进行写作提供基本的词汇、句型或语法支撑,教师可以适当要求学生背诵。基于小学生擅长模仿、记忆力较好的特点,教师可以加强对学生的诵读指导,引导学生反复诵读,让范文中的关键词句以及相关主题的谋篇布局方式植根于学生心中,潜移默化地培养学生的英语语感,意会正确的语法结构、通顺的词句表达和清晰的写作结构,便于学生在写作过程中有意识地模仿范文的语句和结构,提高写作的效率。

【课例4】人教版《英语(PEP)》(三年级起点)五年级上册 Unit 4 What can you do？Part 4 Who can be my friend？教学片段

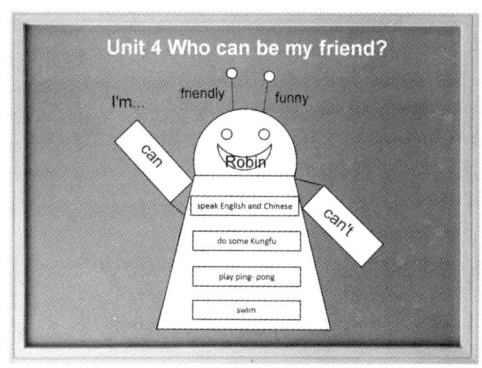

图 7-5

在解读范文"Robin's Email"、提炼范文框架"Robin's ID Card"、完成板书之后,教师留给学生较为充足的时间,引导学生诵读范文。首先,让全班齐读"Robin's Email";接着,让学生借助板书(见图 7-5),依托关键词汇、句型进行复述;最后,让学生尝试背诵。

来源:张明媚(泉州市晋江市实验小学)

本课例荣获第七届全国农村及少数民族地区中小学英语课堂教学观摩课展评一等奖和最佳综合素质奖

从"Robin's email"的朗读、复述直到背诵,学生可以更深入地了解如何运用"My name is...""I'm...""I can...""I can't..."这些句型结构,从Name、Character、Ability等方面围绕主题进行自我介绍,对该主题的写作有一个总体谋篇布局的结构认知,并学会运用语句"I can... but I can't..."。在不同形式的诵读中,学生能凭借英语语感和对范文结构、写作要求的理解,更好地做到表情达意、词句通顺、结构正确、书写规范,乃至妙笔生花。

4. 开展口头练习,助力书面习作

在明确框架下笔写作之前,设置该话题的口头练习,让学生先尝试在小组内进行口头表达,激起思维的火花。在尝试体验过程中,通过小组合作互相倾听,发现后续落笔成文可能出现的问题,降低后续书面写作的难度。

【课例5】人教版《英语(PEP)》(三年级起点)五年级上册Unit 4 What can you do? Part 4 Who can be my friend? 教学片段

在学完范文之后,创设 To Be Robin's Friend 这一情境,让学生以小组为单位,围绕纲要逐一进行自我介绍。学生根据已有知识储备,围绕 ID Card 内容 Name、Character、Ability 这三方面,思考如何介绍自己,并试着拓展自我介绍的其他方面,如 Favourite Food、Favourite Animal、Hobby 等,进一步丰富充实 ID Card 内容。

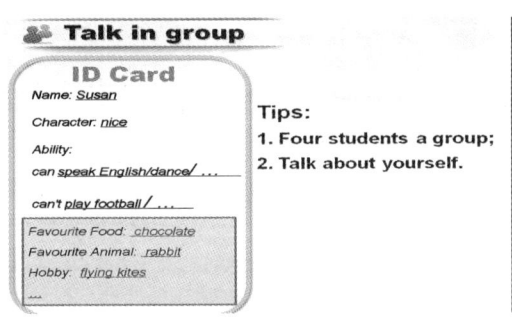

图 7-6

来源:张明媚(泉州市晋江市实验小学)

本课例荣获第七届全国农村及少数民族地区中小学英语课堂教学观摩课展评一等奖和最佳综合素质奖

通过这个过程,学生把有关 Character、Ability 方面的词汇甚至是关于自我其他方面的内容,如 Age、Hobby、Nationality 再次做一个系统的回忆和梳理,在与同伴的互说互听中,增强写作主动性,让思维更具发散性。分享过程中，学生会发现自己的不足，向同伴请求帮助，或者在思路活跃的同伴分享中得到启发，在相互帮助、补充和肯定中发展学生思维的逻辑性，助力后续的书面写作，同步提高口头表达能力。

5. 丰富评价方式，提升写作品质

修改写作文稿是提高写作质量的重要手段。面对小学生，教师应根据课标的要求，设计写作的评价标准。学生参照标准，通过自我评价修改、同伴或小组互相批改、教师点评的方式，在认真、仔细地复读写作初稿时，确认所写的内容中是否存在大小写字母的失误、单词拼写的错误、句式或语法使用不当等不足之处，再进行修改或对漏词缺句进行填补、对标点符号进行校正，等等。这样经过多次修改、润色，写作文稿质量才能有效提高，同时能培养学生的自我反思能力和批判性思维能力。

（1）自我评价，重自我审视

在学生完成写作初稿后，尝试对自己的初稿进行反复研读，参照范文进行对比、自我反思：我的写作稿内容是否基本完整？结构是否清晰？是否突出了本次写作主题的要点？字母书写是否规范？字迹是否工整？标点符号是否正确？学有余力的学生还可以进一步思考：我的语言是否丰富？语句之间是否具有逻辑性？语法是否正确？再让学生根据自己的思考，二次审视自己的写作初稿并进行自我评价和初步修改。这样的自我评价既是学生自我审视的过程，更是一次自我提升的训练。

（2）生生互评，重批判性赏析

生生互评旨在让学生通过评价同伴的写作文稿汲取其精华，由此及彼，从中发现自己的问题。这样的生生互评不论是在课堂上进行，还是在课外开展，教师都要提供给学生必要的评价标准，帮助学生树立明确的评价意识。在互评中有章有法，有理有据，能有效地改善部分学生不知从何下笔修改的现象，让写作评价更到位、更具有实效性。这样不仅有利于提高学生的批判性思维能力，还有利于提高学生的自学能力，为后续学会独立修改写作文稿奠定基础。

【课例6】人教版《英语（PEP）》（三年级起点）五年级上册 Unit 4 What can you do? Part 4 Who can be my friend? 教学片段

修改评价环节分成三步：①示范点评。教师呈现评价标准，师生共同根据评价标准逐项评分，批改示范（见图7-7）。②生生互评。同桌交换写作文稿，参照评价标准进行互评，为对方做出合理的评价（见图7-8）。③二次修改。在互评互改后，继续自我二次修正，完善文稿。

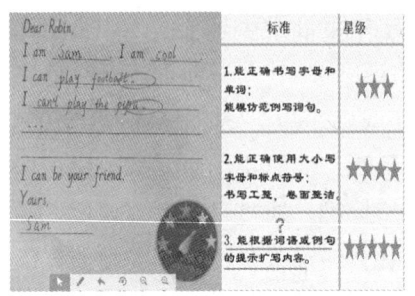

图 7-7

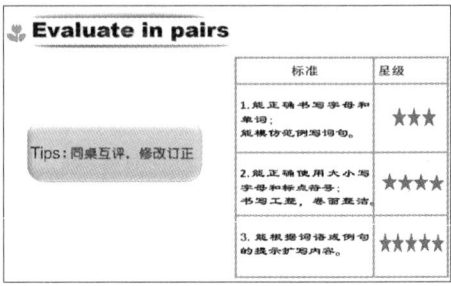

图 7-8

来源：张明媚（泉州市晋江市实验小学）

本课例荣获第七届全国农村及少数民族地区中小学英语课堂教学观摩课展评一等奖和最佳综合素质奖

从示范点评到生生互评，再到二次修改，教师在引导学生欣赏、评价作品或发现问题时作总点评。这样反复多次的自我修改和他评能够达到相互学习、取长补短的效果，也是一次英语交际运用的实践活动。

（3）教师点评，重写作品质

教师对学生写作文稿的点评主要有当堂反馈和课后书面点评两种形式。当堂反馈时，教师将课堂观察中发现的典型问题进行讲解、评析，强化学生对写作评价要素的关注，提高学生的写作品质。同时，教师的点评更能为学生的自评和互评起到示范作用。课后的书面点评是教师有针对性地发现学生写作的个性化闪光点，指出存在的问题，继而让学生进一步完善二次写作。

## 五、小学英语写作课的注意事项和准备工作

1. 注意事项

（1）关注学生的书写习惯

教师要及时给予现场指导，或把发现的问题记录下来统一指导。

（2）重点关注后进生的表现

教师要做好分层教学，保护后进生的写作兴趣。

（3）重视修改

教师要注意留出时间让学生自己反复阅读、修改。

2. 准备工作

(1) 搜集素材，充实写作语言信息量

阅读是写作的基础，大量的阅读能提高学生理解和吸收书面信息的能力。写作前的语言输入可以通过搜集素材的方式达成。根据写作的要求，围绕主题，教师在课前提供相关阅读素材或书目，或要求学生根据主题搜集素材。

(2) 熟悉体裁，明确文体格式要求

如果是按文体要求写作，可以让学生提前搜集相关文体的信息和素材，先熟悉某一文体的写作格式和要求。

## 六、一份完整的写作课课堂教学设计

人教版《英语（PEP）》（三年级起点）五年级上册
Unit 3 What would you like？（Read and write 部分）
Robin will cook today.

执教教师/林磊磊　指导教师/林平珠、黄庆迎

附：教材内容

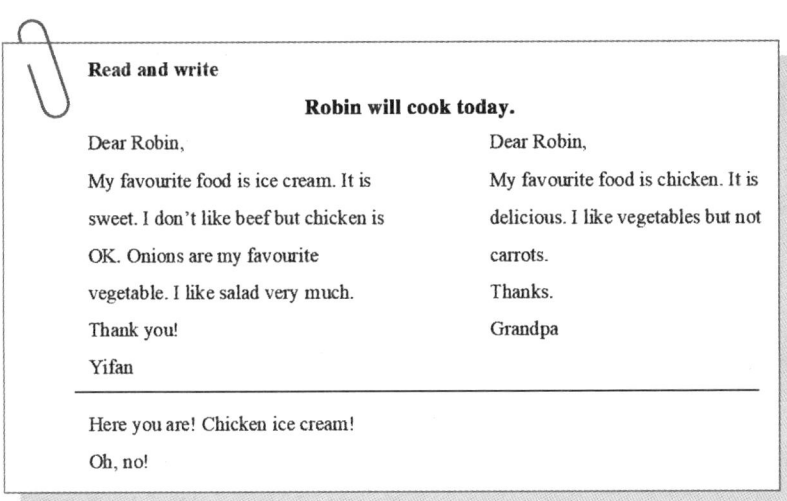

 **1. 教学内容与学情分析**

(1) 教学内容分析

本课选自人教版《英语（PEP）》（三年级起点）五年级上册第三单元的读写部分。本单元话题是食物，主要学习有关食物的单词和句型，要求学生

能用本单元所学句型与单词,熟练地谈论自己喜欢或不喜欢的食物,进行有关食物的对话。本单元分为六个课时。在第一至第五课时,学生通过听说、拼读板块,学习了关于食物名称、味道的单词,如 sandwich、salad、hamburger、ice cream、hot、delicious、fresh、sweet、healthy 等;并学会在情境中灵活运用句型"What would you like to eat/drink? I'd like..."征求和表达用餐意愿。本节课为第六课时,是写作板块。课文情境为机器人 Robin 今天掌勺,Yifan 和爷爷写便条留言,告诉 Robin 他们喜欢和不喜欢的食物,以便 Robin 煮出符合他们口味的美食。具体为能够听、说、读、写,并能在情境中恰当运用"My favourite food is..." "It's..." "I like... but not..." 等句型写一张便条。

(2) 学情分析

三年级起点的学生到五年级时已经学习了两年多的英语,对英语学习保持着浓厚的兴趣,他们的生活经历日益丰富,接受能力也比较强。在之前的学习中,他们已经积累了一定的食物类知识,对食物话题比较熟悉。他们能够朗读课文,认读有关食物的词汇,简单表达自己的想法,具有一定的语言技能。在写方面,他们在三、四年级有字母书写、单词填空和模仿范例写句子的训练,为本节写作课奠定了很好的基础。

##  2. 整体设计思路与教学流程图

(1) 整体设计思路

《中国学生发展核心素养》提出学生核心素养之一是学会学习,主要指学生在学习意识形成、学习方式方法选择、学习进程评估和调控等方面的综合发展。具体包括乐学善学、勤于反思、信息意识等基本要点。本课以聚焦核心素养、发展学生学习力为着眼点,基于"ARTWARE"(Activating、Refining、Talking、Writing、Assessing、Revising、Exhibiting)写作课教学模式,创设一系列教学活动:引导学生激活关于食物的图式,有序重组信息;通过四个关键词引领,提炼信息支架,分析便条结构;练习口头习作,不断反思调整,再下笔仿写拟稿;写后分层次递进式地实施对标评价,评估同伴的作品,调整学习策略和方法;最后对自己的作品进行审视、修改润色并分享阅读,获得写作能力的提升。教师通过解读教材、整体设计目标、深入挖掘文本，帮助学生学习写作策略，掌握写作技巧，为提升学生的学习力而教，促进学生核心素养关键能力的发展。

（2）教学流程图

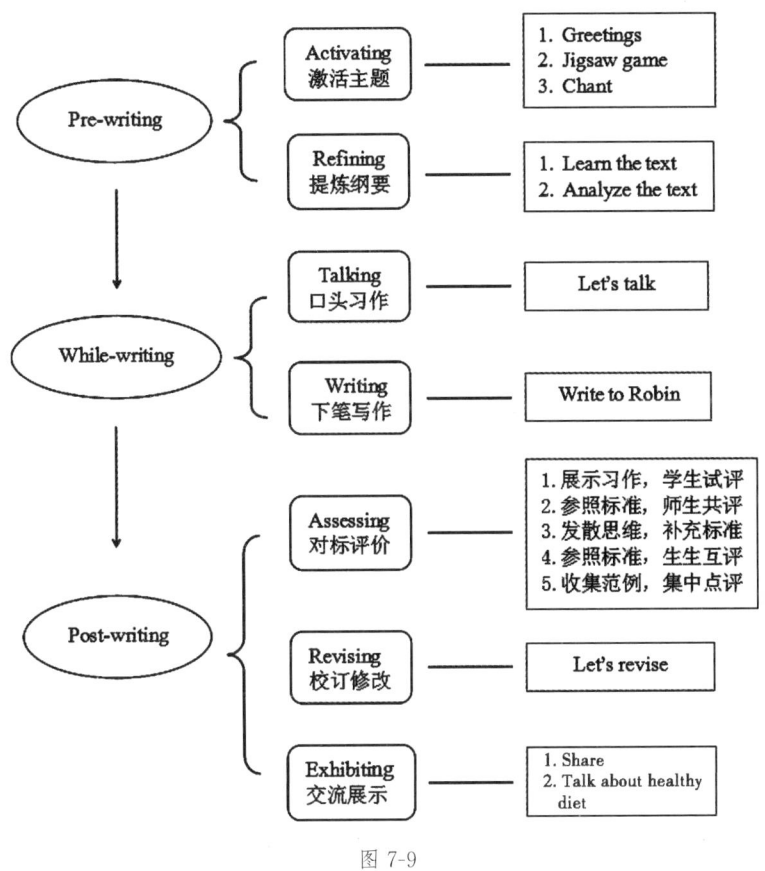

图 7-9

  **3. 教学目标**

（1）语言能力目标

①能够听、说、读、写，并能在情境中恰当运用句型"My favourite food is..." "It's..." "I like... but not..."来表达自己喜欢或不喜欢的食物。

②能够初步掌握英语写作中语言组织的基本规律，在词语和例句的提示下写出简短的语句。

③能够掌握便条的书写格式，参照范文进行仿写。

（2）思维品质目标

能够通过构建表格式思维导图、分析便条的体裁格式培养逻辑思维；利用设计写作标准、互相评价等活动培养发散性思维和批判性思维。

（3）学习能力目标

①能够通过观察、归纳文本信息，提炼文本的内容支架。

②能够通过分析体裁，提炼出便条的格式要求，了解便条的交际功能。

（4）文化意识目标

通过修改他人习作学会互相帮助、互相学习。

 **4. 教学重、难点**

（1）教学重点

能够恰当运用所学词汇及句型"My favourite food is..." "It's..." "I like... but not..."描述自己喜欢或不喜欢的食物。

（2）教学难点

能够模仿范文写出一张便条。

 **5. 教学准备**

多媒体课件、希沃白板、词条、学案、红笔等。

 **6. 教学过程**

**Step 1　Activating**

（1）Greetings

（2）Jigsaw game

教师带领学生玩拼图竞猜游戏：拼图块慢慢浮现，学生依次猜一猜老师喜欢的三种食物。

T：I'm a food junkie. Can you guess what food I like?

　　It's sweet. People love to eat it in summer. （ice cream）

　　It's Chinese food. It's delicious. （noodles）

　　It's famous in Jinjiang. It's yummy. （radish cakes）

　　How about you? What food do you like?

S：I like...

（3）Chant

将老师和学生喜欢的食物单词编成一首歌谣，老师带领学生边拍节奏边唱歌谣。

T：We love food. Now let's have a chant about food.

　　What's your favourite food?

　　Rice，noodles，ice creams.

　　What's your favourite food?

　　Cake，fish，hamburgers.

　　What's your favourite food?

　　Pizza，chicken，chocolate.

　　So what's your favourite food?

S：My favourite food is... It's...

**设 计 意 图**

本节课以有趣的拼图游戏开启诱人的食物课堂。随着老师的语言引导，学生发散思维，激活关于各种食物、口味单词的记忆。搭配动感十足的食物歌谣，聚焦最喜欢的食物及其口味，学生自然而然地搜集与写作主题有关的词汇、句型信息，为过渡到课文的学习奠定基础。

**Step 2　Refining**

（1）Learn the text

利用学生刚才谈论喜欢的食物时使用的三个句型"My favourite food is..." "It's..." "I like..."，将三个关键词汇 favourite food、taste、like 提取出来，置于表格中，构建表格式的思维导图（见图7-10）。顺势引出本课的主人公，进入文本学习。

T：Wow, we know something about our favourite food, taste and likes. How about Yifan and his grandpa?

|  | Yifan | Grandpa |
|---|---|---|
| favourite food |  |  |
| taste |  |  |
| like |  |  |

图 7-10

> 设计意图

通过讨论所使用的句式提炼出关键词，无缝衔接课文文本，使情境的创设在一节课中保持完整、前后一致。构建表格式的思维导图，为接下来的文本梳理提供方向，可以有效地培养学生的分析、归纳能力。

①Listen and underline Yifan's note.

利用表格补充第四个关键词汇 dislike（见图 7-11）。学生听课文音频，根据表格，在文中圈出 Yifan 最喜爱的食物、食物的口味，以及其他喜欢的和不喜欢的食物等信息。

**Listen and underline**

|  | Yifan | Grandpa |  |
|---|---|---|---|
| favourite food |  |  |  |
| taste |  |  |  |
| like |  |  |  |
| dislike (不喜欢) |  |  |  |

图 7-11

T：What's Yifan's favourite food?

　　How does it taste?

　　What does he like and dislike?

根据学生的回答，教师标注出文中句子所在之处，让答案"飞"入课件表格中，再请学生跟读句子。

造句练习：I don't like... but... are OK.

②Read Grandpa's note and fill in the form.

学生取出学案，阅读爷爷的便条，在表格中填入答案。学生回答后，教师标注出文中句子所在之处，让答案"飞"入课件表格中，再请学生跟读（见图 7-12）。

T: How about Grandpa? Let's read and fill in the form.

造句练习：I like... but not...

**Read and fill**

| | Yifan | Grandpa |
|---|---|---|
| favourite food | ice cream onions | chicken |
| taste | sweet | delicious |
| like | chicken salad | vegetables |
| dislike | beef | carrots |

Dear Robin,
My favourite food is chicken. It is delicious. I like vegetables but not carrots.
Thanks!
Grandpa

图 7-12

③Guess: What does Robin cook for them?

梳理 Yifan 和爷爷的便条信息，了解他们的口味，引导学生合理猜测 Robin 会煮什么食物。教师播放音频，揭晓答案："Here you are! Chicken ice cream!"。

**设计意图**

设置引导性问题，通过听音画线、阅读填表格的活动，在写短文前进行写单词的小练笔，整理归纳文本信息，提炼表格式支架。支架的提供不仅可以帮助学生培养有序观察的意识，还能有效降低习作的难度。通过梳理文本信息、学习句型表达，提高语言的准确性和灵活性。

（2）Analyze the text

引导学生观察文中两张便条，分析体裁格式。

T: Robin cooked according to their notes. To write a note, we need to write the appellation "Dear...", the body that ends with "Thank you." and the signature. （见图 7-13）

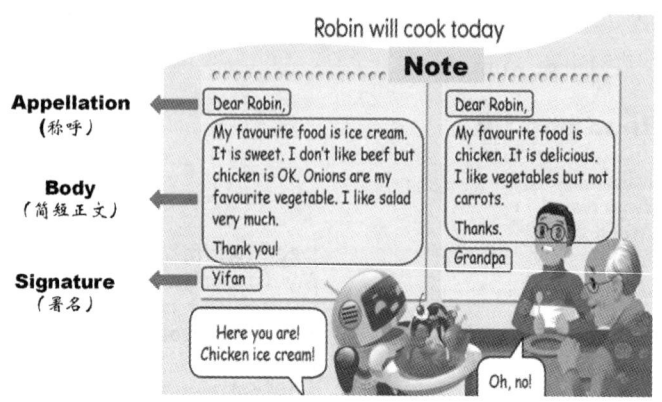

图 7-13

### 设计意图

引导学生观察、分析便条，明确便条的格式和交际目的，为接下来学生写便条提供清晰的规范要求。

**Step 3　Talking**

Robin 今天掌勺，请同学们运用本课所学的句型结构和便条格式也给 Robin 写便条留言。教师根据表格填入自己的信息，口头成文，示范如何说便条。学生两人一组，根据支架，谈谈自己的便条。最后请两位学生展示（见图 7-14）。

T：Robin will cook for us，too. Now let's write a note to Robin.

**Let's talk** (说说写给 Robin 的便条)

|  | Yifan | Grandpa | ... |
|---|---|---|---|
| favourite food | ice cream onions | chicken | radish cake | ? |
| taste | sweet | delicious | sweet | ? |
| like | chicken salad | vegetables | fruits | ? |
| dislike | beef | carrots | pears | ? |

Dear Robin,
My favourite food is_____. It's _____.
I like_____ but not _____.
_____ is my favourite drink.
It's _____.
Thank you!
_____

图 7-14

164　/ 小学英语课这样上——基于 11 种常见课型的教学模式和策略

设 计 意 图

教师示范，以说便条的形式，把表格信息转化为范文。学生通过合作互相倾听，发现后续落笔成文可能出现的问题，及时得到同伴的建议和帮助，并在思路活跃的同伴分享中获得写作思路启迪。学生不仅提升了思维的逻辑性，也提高了口头表达能力，为后续的书面写作打下了基础。

**Step 4　Writing**

学生自主选择 Note A 或 Note B 写一张便条（见图 7-15）。在这一过程中，教师提供相关词汇、图片、范例、文本框架等供学生参考仿写。教师巡视，给予学生必要的帮助和指导。

T：You talked quite well. Now let's write to Robin. You can choose Note A or Note B as you like. But if you choose Note B, you can get more thumbs up.

图 7-15

设 计 意 图

在提炼出范文的支架和格式，加上口头练习表达后，学生初步具备了下笔拟稿的能力。教师提供有支架和无支架的两种便条形式，给学生选择的空间，实现差异化教学。教师在学生写作过程中巡视，查看学生是否做到主题鲜明、词句通顺、结构正确、书写规范等，为写后评价提供事实依据。

**Step 5　Assessing**

（1）展示习作，学生试评

教师利用希沃白板，呈现一份典型的学生习作，让学生自己评价该习作可以获得几个赞。

T：Now look at the paper. This is Jack's work. There are six thumbs up here. Look at his writing. How many thumbs up can he get?

（2）参照标准，师生共评

教师呈现书写评价标准，师生根据评分标准逐项点赞，批改示范。

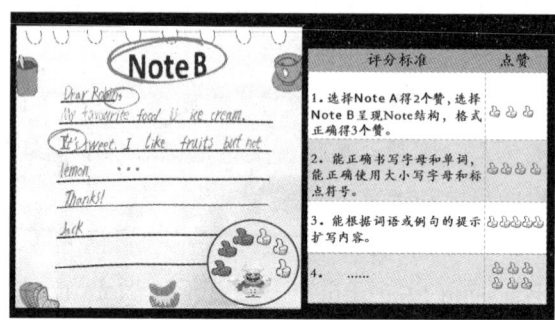

图 7-16

T：Actually, we can evaluate according to these writing standards. No. 1：Did he choose Note A or Note B?

S：Note B.

T：Yes, so he can get three thumbs up. No. 2：Did he do that right?

S：No.

T：We need to write a comma after "Robin" and capitalize the first letter "I". No. 3：Yes or no?

S：No.

T：But if he can write more sentences, such as "Water is my favourite drink.", it would be better. So how many thumbs up can he get?

S：Three thumbs up.

设 计 意 图

首先让学生凭初次印象点赞评价，考查学生是否拥有清晰的评价概念。进而结合《课程标准》中写的要求，师生共同评价，让学生在前后对比中树立明确的评价意识，有效地避免了写后评的盲目性，使学生在互评过程中有章可循。

（3）发散思维，补充标准

教师启发学生在词数、语法、语言连贯性、得体性、卷面整洁等方面补充更多评价标准。

T：Maybe you want to have some other standards. Any ideas?

（4）参照标准，生生互评

两人一组，交换习作，参照标准，互相点赞、批注（见图7-17）。

T：Now can you work in pairs and evaluate the note of each other? Use your red pen，please.

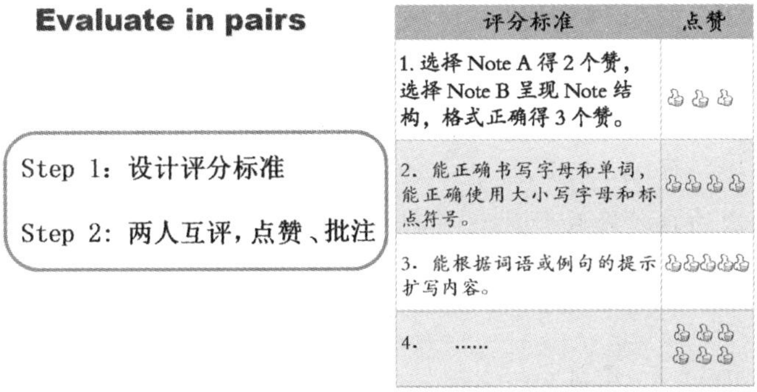

**Evaluate in pairs**

Step 1：设计评分标准

Step 2：两人互评，点赞、批注

| 评分标准 | 点赞 |
| --- | --- |
| 1. 选择Note A得2个赞，选择Note B呈现Note结构，格式正确得3个赞。 | 👍👍👍 |
| 2. 能正确书写字母和单词，能正确使用大小写字母和标点符号。 | 👍👍👍👍 |
| 3. 能根据词语或例句的提示扩写内容。 | 👍👍👍 |
| 4. …… | 👍👍👍 |

图 7-17

（5）收集范例，集中点评

教师利用希沃拍照同步上传，记录优秀范例和典型错例，集中点评。

T：Now let's look at these notes. There are some good examples. Meanwhile there are some mistakes that you may have in your works. Can you find them out?

**设计意图**

设计层次递进的评价环节，从"扶"到"放"地帮助学生掌握写后评价的方法。教师鼓励学生不要局限于老师提供的标准，而要丰富评价表，培养创新思维。生生互评有利于培养学生的批判性思维。教师收集记录优秀范例和典型错例，集中点评，增强了作文修改的针对性和全面性。

**Step 6　Revising**

学生根据教师点评的高频错例和同伴给自己作品所提的修改意见，进行校订修改和润色。

**设计意图**

经过多次修改、润色，学生的自我反思能力得到培养，写作文稿的语言质量和思维品质也得到了有效提高。

**Step 7　Exhibiting**

（1）Share

学生拿着修改后的习作到讲台上分享，全班师生共同品鉴。教师建议学生把作文装订成有封面、插图的小册子，供课后展示分享。

T：Wow, what amazing booklets! I'm so proud of you. Don't forget to share your works with more friends after class.

**设计意图**

反复多次的自我修改和他评有利于提高学生的批判性思维，能够达到相互学习、取长补短的效果。分享阅读，增强读者意识，也是一次英语交际运用的实践活动。

（2）Talk about healthy diet

教师基于食物的话题，播放有关均衡饮食的视频，渗透均衡饮食的观念。

T：Sometimes delicious food is not healthy food. May we enjoy delicious and healthy food every day! Now let's watch a video.

**设计意图**

引导学生了解均衡饮食的重要性，初步培养良好的饮食习惯意识。

**Step 8　Assignment**

- Read the text twice.
- Write a note about your favourite food/sports/clothes/... to your mum.

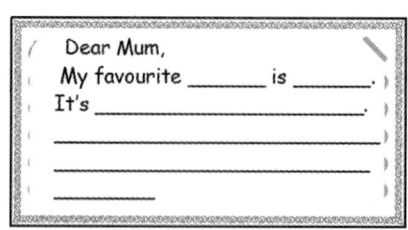

**设计意图**

作业是课堂教学的延伸与巩固,鼓励学生根据自己的喜好和能力选择适合自己的话题,将课上所学关于便条的写作技巧运用于实际生活,学以致用。

## 7. 板书设计

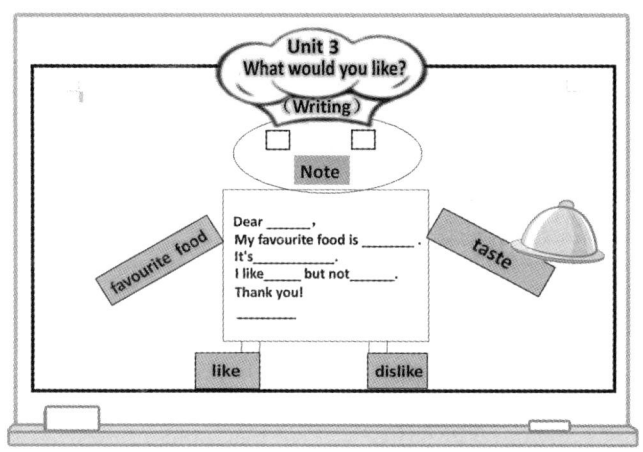

**8. 课例点评**

本节写作课的设计非常优秀,做到了精准指导,以学助教。通过"ART-WARE"写作课教学模式的运用,让学生在观察、体验和实际操练中建构写作支架,完成便条仿写,有效引导学生由遣词造句上升到谋篇布局,由口语表达上升到书面表达。本课设计有以下四大亮点。

(1) 以图梳文,解码结构

通过表格式的思维导图,文本在学生眼中不再是单一、线性的文字堆积,而是多维度的包含、并列关系。教师从 favourite food、taste、like、dislike 这四个层面,解码文本结构,帮助学生从整体上审视和鉴赏语言素材,梳理文本信息,分析语言结构,提炼支架。在起步阶段的习作指导中,支架的提供不仅可以帮助学生培养有序观察的意识,还能有效降低习作的难度。

(2) 以读促写,理清结构

以阅读文本为基础,做到阅读、仿写一体化。在进行读写板块的教学时,教师先让学生完成阅读便条的任务，认真研读语篇，理清语篇的主题和语篇的结构关系，再让学生遵循语篇结构要求进行写作，并思考如何谋篇布局，达到以读促写的效果。

（3）设计标准，有章可循

本课参照《课程标准》二级的写的要求，设计了符合小学生英文写作的评分标准，融合富有趣味的点赞评价，为评价的落实提供了载体。通过师生共同评价范文到生生互改互评，让学生学会学习，学会发现问题并提出问题，培养学生的发散性和批判性思维。整个过程有依有据，有章可循。

（4）梯度有致，模式可行

教师基于学情和小学英语"ARTWARE"写作课教学模式，设计了合理的教学活动 Jigsaw game、Chant、Listen and underline、Read and fill in the form、Analyse the text、Talk、Write、Assess、Revise、Exhibit 等，从听到写、从读到说、从写到评、从改到品，层层推进，梯度有致，有引导、有帮助、有支架，体现了模式的有序性和可操作性。

本节课突出了小学高年级英语写作的特点，对小学高年级英语写作课有很好的借鉴意义。真实中显实用，实在中显巧妙，扎实中见梯度。教师注重学生思维能力和学习力的训练，关注小学英语核心素养的培养，是一堂完整、高效的课。

［点评专家：毛浩然教授，博导，中国石油大学（华东）外国语学院院长］

本课例荣获第八届全国农村及少数民族地区中小学英语课堂教学观摩课展评一等奖和最佳教学设计奖

## 9. 执教教师简介

林磊磊，泉州市晋江市英林镇英埔中心小学英语教师。泉州市"教坛新秀"，晋江市"骨干教师"。曾荣获第八届全国农村及少数民族地区中小学英语课堂教学观摩课展评一等奖和最佳教学设计奖，第十二届全国小学英语课堂教学优秀课展评一等奖。获得福建省微课二等奖，晋江市首届教学技能大赛一等奖，晋江市"教学能手"等荣誉称号。

# 第八章　绘本课型

《课程标准》明确提出:"义务教育阶段的英语课程具有工具性和人文性双重性质。"英语绘本作为英语学习的一种重要载体,其内容包含着多样的主题、跨学科的知识、缤纷的图片、类型多样的文风,能够满足学生的不同阅读需求。教师可以根据学生的年龄特点与学习目标,在特定阶段选择同一主题的绘本进行教学。教师通过学科拓展,融合百科知识,激发学生学习动机,帮助学生认识真切的大千世界,掌握天文、地理、生物、海洋、人文、科技等多学科知识,深入拓展知识视野。同时,围绕绘本开展多种有意义的语言综合实践活动,有利于学生听、说、读、写等语言技能的提高,发展创新能力,开阔视野,丰富生活经历,形成跨文化意识、良好的品格和正确的人生观与价值观。

## 一、小学英语绘本课的定义

小学英语绘本课是以英语绘本为载体,基于学生的年龄特点和知识需求,结合看图、读图、说图、创作等教学活动,引导学生开展欣赏图画、阅读内容、体验语言、理解情节、掌握知识、表达自我情感等学习活动,从而提高学生综合阅读素养的教学过程。

## 二、小学英语绘本课的特点

绘本可以帮助学生拓展视野、增长见识、提升审美、扩大知识面、逐步提升英语阅读素养，已成为小学英语教学的有力补充，正逐渐受到广大师生的青睐。纵观小学英语绘本课，其具有以下几个特点。

1. 趣味性

绘本内容大多来源于生活，文本丰富多彩、扣人心弦，画面有趣，充满正能量与智慧。教师可利用这些丰富的素材，创设生动的教学情境，让课堂教学充满趣味性；同时，结合看、听、说、读、演、唱等丰富的教学活动，与学生形成良好的课堂互动，帮助他们更好地理解绘本内容，培养和发展想象力，形成良好的阅读体验。

2. 情境性

绘本课可以根据学生年龄和认知特点的不同，创设适宜的课堂教学情境，让教学在情境中开展，使学生身临其境，感同身受，有利于学生习得绘本语言，加强对内容的理解与情感的表达，丰富学习体验，更好地达成教学目标。

3. 人文性

大部分英语绘本都蕴含着教育意义，体现着人文性的特点。在小学英语课堂中，教师通过绘本生动形象的呈现方式，让学生在绘本阅读中产生情感共鸣，从而更有效地达到教育的目的。

## 三、小学英语绘本课的教学模式

英文绘本为学生提供了丰富的语言材料，以一种全新的体验方式培养学生的英语学科核心素养。然而，在绘本教学实践中，也存在着"提问过多，引导过少""重阅读，轻启发"等问题。教学中仍是以教师为主体，忽略了引导学生挖掘绘本内涵的过程。绘本教学需要引导学生在阅读中思考，在情境中体验，在学习过程中挖掘故事内涵、感悟作者的创作意图。基于此，我们总结出小学英语"PIEIE"绘本课教学模式。

小学英语"PIEIE"绘本课教学模式

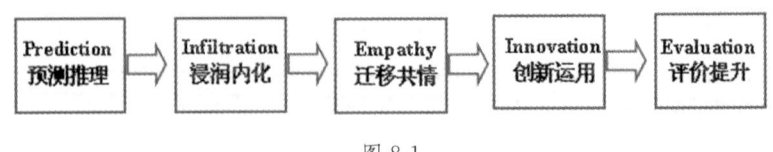

图 8-1

1. Prediction（预测推理）

绘本的呈现应充分考虑学生已有的知识经验，寻找新旧知识的联结点，采用符合学生年龄特点、喜闻乐见的形式，如图文互现、启发猜想、设置悬念等，引导学生在轻松有趣的氛围中感知、发现、收获。教师带领学生阅读英文绘本时，要善于渗透阅读策略，比如，可以引导学生从封面、封底、扉页、插图等方面对绘本内容进行预测，还可以通过看图、设疑、联系生活等方式引导学生观察与思考绘本细节，预测教学主题等，让学生感受到阅读绘本是一件愉快而有趣的事情。

2. Infiltration（浸润内化）

绘本教学活动要引导学生关注绘本内容，利用各种适切的图形组织者提炼绘本主线，实现学生对绘本信息的内化和重组；利用对话交流讨论、多模态体验等活动促进学生与绘本的互动，形成个性化的理解与表达，激发学生的创造性思维。绘本教学中，教师可以引导学生根据图片、文字和自己的观察，理解和掌握绘本内容，同时通过描述、阐释、分析、判断等活动交流绘本细节，进而训练语言表达，形成综合语言运用能力。此外，还可以通过看、听、说、读、演、唱等多模态形式，引导学生欣赏图画、阅读内容、体验语言、理解情节、掌握知识，并与绘本形成良好的互动关系，从而更加深入理解和体验绘本内容。

3. Empathy（迁移共情）

每个学生对绘本都会有自己的理解，开展绘本阅读最关键的还是需要学生的自我参与和自行感悟，因此绘本课上教师一定要给学生充足的自主情感朗读和潜心阅读的时间。教师可以利用学生对绘本的体验和理解，让学生在绘本学习的基础上，展开对绘本理解的自我收获和自我认知表达。课堂教学可以从不同的角度来审视绘本内容与挖掘绘本的内在价值，产生与作者对话的理想效果，让学生与作者、学生与学生之间进行思维碰撞，从而提升学生的语言、创造性思维、批判性思维等方面的能力。

4. Innovation（创新运用）

绘本教学将绘本中的内容与学生的实际相联系，这样既可以帮助学生习得语言，又可以帮助学生更好地进行语言运用。绘本教学应立足于解决学生的实际问题，通过绘本学习提升学生的语言表达能力，同时更要提升学生解决问题的能力。学生可以运用阅读策略和技能，创造性解决新情境中的问题，也可以通过交流、讨论、创编绘本等多种活动方式对照分享自己的生活经验。

5. Evaluation（评价提升）

以评促读是引领学生爱上阅读的有效途径之一。绘本阅读不是立竿见影的功利性活动，而是一个日积月累、潜移默化的学习过程，对记录学生阅读成长的过程显得尤为重要。教师要采用多元评价方式，让学生在自读自悟的过程中展现个性风采，最终爱上阅读。在过程性评价中，要引导学生收集过程性资料，选择自己喜欢的方式来呈现、分享，从中获得学习成就感。

### 四、小学英语绘本课的教学策略

绘本有着自身的特点与魅力，深受师生的青睐。在小学英语绘本教学中，教师如何能够独特地解读绘本、挖掘绘本，让学生在积极的思维和情感活动中自主体验，引发情感上的共鸣，充分实现绘本阅读教学的价值呢？以下给大家提供几个教学策略。

1. 深度研读绘本，把握教学核心内容

绘本的解读要以学生为中心，促进学生的思考和意义的自主建构。教师从解读文本主题的层次出发，继而引导学生边读绘本边梳理逻辑框架，提炼主题情境线索。层层解构出来的文本结构有助于准确把握教学核心内容、创设合理的学习活动，提高绘本课堂的教学效果。

【课例1】《丽声北极星分级绘本第二级下》*Are You Lost, Zob?* 教学片段

首先，解读主题内容，把握教学方向。运用"层级思维"的方式，从微观到宏观，从具体到抽象，一层层剖析文本。绘本讲述了外星人 Zob 在地球上的学校寻找教师办公室的故事，内容（Content）包含问路、描述学校场所等。绘本的话题（Topic）是"School Facilities"，再往上进一步推导，绘本探讨的是人与社会的关系（Theme）。

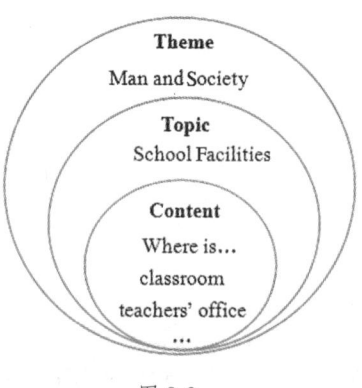

图 8-2

其次，解构核心内容，提炼主题情境线索。在教学中，教师可以引导学生用以下五指元素（Five-finger Rules）来表示绘本故事的核心内容：Characters、Setting、Beginning、Middle、End。绘

本的主要人物是 Zob、Jen 和 Billy，场景是 at school。从内容结构上看，故事分三部分展开。第一部分介绍故事的起因，即 Zob 擅长数学计算，很快就完成了课堂作业，他想要到教师办公室拿新的数学作业本。第二部分是故事的经过，即 Zob 拿着地图在教学楼找教师办公室。这个过程还可以进一步梳理出两个分镜头，用 Middle 1 和 Middle 2 来表示 Zob 两次行走的路线。第三部分是故事的结果，即 Zob 迷路了，无奈回到教室，发现原来自己拿错了地图，正确的地图在自己的书包里。

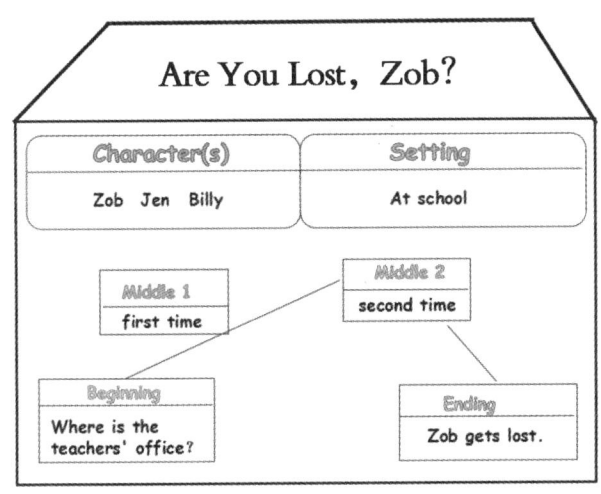

图 8-3

来源：曾苗玲（泉州台商投资区第八实验小学）

在绘本阅读过程中，学生边理解文本边完成信息的提取和知识的归纳，逐步形成故事图示。教师从中了解学生对文本的掌握情况，为后续的教学改进提供依据。深度研读绘本，把握绘本的整体性，用连贯的逻辑串起故事，是进入绘本美妙世界的钥匙和密码。

2. 探究绘本信息，激发自主阅读动机

图画是绘本的精髓，一本书的封面往往点明了故事的主题。绘本独立成册且包含完整的书本信息，如封面、封底、扉页、作者、插图、绘图者等，能为学生提供完整的阅读体验，有助于学生对绘本的整体把握，建构整体阅读概念。绘本阅读可以从封面开始，学生自主获取信息并提出问题表达自己的阅读期待，展开想象进行预测，激发阅读的求知欲，培养绘本阅读的自主意识。

**【课例2】**《丽声北极星分级绘本第二级下》Are You Lost, Zob? 教学片段

通过封面赏读,学生一眼看到的是一个外星人手上拿着一张纸,他在寻找什么呢?他在哪里?观察他的表情,他开心吗?关注标题,猜一猜他为什么会迷路?封面上的图片、文字等信息一下子抓住了学生的注意力,让学生浮想联翩,激发了阅读的欲望,师生一起带着问题走进这个绘本故事(见图8-4)。

T: This is the cover of the book. What can you see from the cover?

$S_1$: I can see an alien. It's tall and green.

$S_2$: I can see a piece of paper in his hand. And he has a small bag.

$S_3$: I can see the title "Are You Lost, Zob?".

T: Great! Here is our topic "Are You Lost, Zob?".

$S_4$: I can find a library on his left.

T: Why do you think it's a library?

$S_4$: There are lots of books and bookshelves.

T: You have sharp eyes! What else can we find?

$S_5$: There is another room. Maybe it's a classroom.

T: Wonderful! Now, it's our reading time.

图 8-4

来源:曾苗玲(泉州台商投资区第八实验小学)

教学中,教师指导学生关注封面的编者、绘图者、出版社等比较容易被忽视的信息,并适当指导阅读,培养学生良好的阅读习惯,让他们对故事先有一个大体的了解。接着引导学生围绕封面进行预测,不同的思维火花在课堂中不断碰撞,进一步激发了学生探究绘本的欲望。

【课例3】绘本故事 *The Big Fish and the Small Fish* 教学片段

绘本故事生动，情节跌宕起伏，结局往往令人意想不到，因此课堂教学中教师可以利用学生对故事发展的好奇心，巧妙设疑，用学生获得的信息差充分激活学生思维，激发学生阅读的兴趣，增强课堂教学的趣味性，为接下来的故事学习奠定基础。阅读前进行预测或者在故事发展的高潮进行结局猜想，让学生的猜测与故事的发展进行对比，提高学生主动参与的热情，使学生更好地理解绘本和作者的设计意图。

首先，读前预测，激活思维。课堂伊始，教师在黑板上画出自己喜欢的动物轮廓，让学生猜测。（见图8-5）

T：Do you know what animal I like?

学生不断猜测，教师逐渐勾勒出动物的轮廓，变出一条绿色的小鱼，并讲述故事的开头。

T：Now I'll tell you the story. There is a small fish. She lives in the sea. She's very happy. Look!

教师播放小鱼在海里畅游的动画。

小鱼：A fish. A happy fish. I'm a happy fish. I live in the sea. La la la…

出现故事的转折。

小鱼：Help! Help!

T：What's happening?

学生预测故事发展的可能性：

Here comes a big fish.

Here comes a fisherman.

A shark is coming.

…

随后教师出示故事内容："Here comes a big fish."，验证了学生的猜测，推进故事的发展，使学生更好地融入到故事的情境中。

其次，设置悬念，猜想结局。小鱼在第三次躲藏时被海草缠住了，大鱼抓住了小鱼，将会发生什么事情呢？

T：The big fish gets the small fish. What will happen?

学生根据提示，结合认知给出了丰富的故事结局。

The big fish eats the small fish.

Here comes a big big fish. The big fish runs away. The small fish runs away.

图 8-5

来源：李艺云（泉州市第三实验小学）

本课例荣获第九届全国小学英语教师基本功大赛一等奖

课例中教师将设疑与预测贯穿于绘本学习的始终：从一开始的猜鱼、说鱼，到课中层层问题的抛出；从猜测故事的发展，对故事走势的预测到大胆放手让学生猜想故事结局。强烈的信息差让学生通过不断思考，给出了不同的答案。一改"教师教授，学生接受"的课堂方式，整堂课都是在学生参与讨论下进行的，使不同程度的学生都能有效参与，使其在语言能力与思维能力上都得到了发展，课堂效益实现最大化。

3. 全面品读绘本，培养良好思维品质

绘本带给学生的是欢乐、是知识、是成长。学生欣赏品味绘本的文字、仔细观察绘本的图画、寻找情节线索的乐趣、感受人物情绪的阅读过程，也是将文本故事演绎成生活故事的过程。教师以问题为引导，情节线和情感线双线并驱，启发学生主动观察、预测、思考，并分享个人经验，在不断推测和阅读中发现问题、分析问题和解决问题，培养思维品质。

（1）梳理情节显性主线，构建逻辑框架

图片环游本质上是一种分享阅读，是教师和学生共读故事、合作建构意义的过程。在图片环游的过程中，根据绘本内容梳理出故事发展的主线，用"Logical Thinking"设计活动，以清晰的逻辑层次，引领环环相扣的教学活动。在情节框架中环游故事有利于学生有效地内化所学语言，培养用英语解决问题的能力。

【课例4】《丽声北极星分级绘本第二级下》*Are You Lost, Zob?* 教学片段

Zob 拿着地图在教学楼寻找教师办公室,这个部分是绘本教学的重点和难点。为了有效突破这个部分,可以把 Zob 两次寻找 teachers' office 的路线进一步梳理出两个分镜头。首先以一个大问题推动阅读的展开,师生共同环游绘本第 8 至 9 页,同步绘制 Zob 第一次行走的路线图。

T:Zob doesn't know where the teachers' office is. Will you help Zob?

Ss:Yes, I will.

T:Let's read pages 8-9 and then draw the first route.

T:I'm Zob. Will you go with me?

Ss:Yes, go, go, go to the first floor...

T & Ss:Zob passes the library, the language room and then turns left.

师生共读,绘制 Zob 第一次行走的路线图。

T:Is this the teachers' office?

Ss:No, it isn't.

T:What is it?

$S_1$:This is the art room.

T:How do you know that?

$S_2$:The children are drawing pictures.

$S_3$:Look at the board; it says "Art Room".

师生共同建构的路线一给后面的活动提供了模板,学生自主阅读绘本第 10 至 11 页,在现有的框架下,通过小组合作的形式绘制 Zob 第二次行走的路线图。

T:Did Zob give up?

$S_1$:No. He starts again.

T:Very good. Never give up. Just try again.

T:Now, please work in groups. Read pages 10-11 and then draw out the second route.

$Group_1$:Go, go, go to the first floor... Zob passes the library, the computer room and then turns left. But, there is a music room.

小组合作绘制第二次行走的路线图,完成课堂活动单,并进行角色扮演。(见图 8-6)

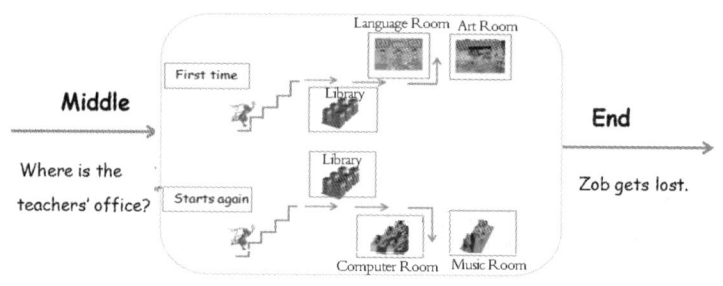

图 8-6

来源：曾苗玲（泉州台商投资区第八实验小学）

师生图片环游建构出来的流程图把情节和主要语言都呈现在了上面，直观形象的图文结合形式更能有效地帮助学生内化语言知识。此外，教师还可以引导学生通过读图，对文本进行总结、复述故事。这样不仅能加强学生的记忆力、培养口头表达和语言组织能力，还锻炼了他们的思维反应力。

（2）提炼情感隐形暗线，挖掘故事内涵

在确切理解故事含义的同时，教师要不断培养学生的高阶思维，并引导他们关注文本中的文化内涵，发展其文化意识。因此教师在进行教学设计的时候，就要考虑用适当的教学活动、清晰的提问和适宜的课堂互动来引导学生深入思考，并联系实际生活，让情感线与情节线双线并驱，体会故事中的文化内涵。

【课例 5】绘本故事 The Big Fish and the Small Fish 教学片段

教师以绘本主人公的三次情感变化（happy→scared→happy）为切入点，提炼出文本隐藏的情感暗线。每一次的阅读，学生都入境入情，与主人公产生共鸣。

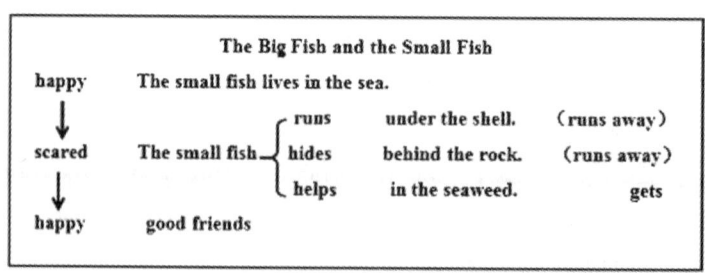

**情感 1：happy**

T：Now，I'll tell you the story. There is a small fish. She lives in the sea. She's very happy. Look!

（教师播放小鱼在海里自由自在地游着的动画）

小鱼：A fish. A happy fish. I'm a happy fish. I live in the sea. La la la…

**情感 2：scared**

（出现故事的转折）

小鱼：Help! Help!

T：What's happening? Can you guess?

（学生基于自己的认知给出不同猜测）

T：What's happening? Let's see.

（教师播放故事第一部分的动画）

Ss：Here comes a big fish.

T：So the small fish is scared. What can she do?

Ss：She can run away. She can ask for help. She can hide.

T：Good ideas! But where can she hide?

（学生给出不同的建议）

**情感 3：happy**

故事结局（教师播放结尾动画）

T：What will happen? Let's have a look. The big fish invites the small fish to have a picnic. From that day on，they are good friends.

（教师播放两只鱼快乐自由地游着的动画）

T：Fish. Two happy fish. We are happy fish. Swim here，swim there. Good friends everywhere.

来源：李艺云（泉州市第三实验小学）

上述课例中，通过对比帮助学生体验小鱼从快乐到紧张、害怕再到快乐的情绪变化，让学生在学习的过程中，能够清晰地看到整个故事的发展过程，帮助学生更好地理解故事内容，体验主人公的心理变化，更好地融入到故事中去。由此可见，对绘本信息的提取不仅仅是找出逻辑发展主线和主要语言，对故事人物情感的提炼也同样重要。

4．多模态浸润，内化主题语言表达

绘本最大的特点是图文并茂，利用多模态教学策略开展绘本教学，会达到事半功倍的效果。学生置身于绘本情节中，沉浸在主人公的体验中，拉近了绘本与学生之间的距离，让课堂学习变得轻松愉悦。绘本教学有其独特的趣味性，教师可以尝试从不同的授课角度，开展画、演、说等形式丰富的教学活动来激发学生的学习兴趣。绘本教学可充分利用多媒体资源，通过多模态的感官体验，给学生营造出视听交融的感受。口语、图片、文字、肢体、表情等多种模态相互补充，可以创设有利于语篇理解和表达的多层次语境，推动学生感知语言、习得语言，进而内化语言。

【课例6】绘本故事 *The Big Fish and the Small Fish* 教学片段

教学片段1：画

（教师将动物的轮廓变成一条绿色的小鱼，利用动画效果生动地将小鱼"变活"，在课堂上和学生打招呼。）

T：Let's say "Hello! Fish!".

Ss：Hello! Fish!

教学片段2：演

（教师与学生表演小鱼遇到大鱼时的情景）

T：Now I'm the big fish. You're the small fish. Let's act.

T：Oh! A small fish!

Ss：Help! Help! Please don't eat me.

T：Eat you? No! Do you want to have dinner with me?

教学片段3：说

（教师播放故事第一部分的动画）

Ss：Here comes a big fish.

T：So the small fish is scared. What can she do?

Ss：She can run away. She can ask for help. She can hide.

T：Good ideas! But where can she hide?

（学生给出不同的建议）

来源：李艺云（泉州市第三实验小学）

课例中，师生与小鱼问好的教学环节，直接将课堂教学带入故事中，让学生身临其境，也为接下来学生能更好地感受小鱼的情绪变化埋下了伏笔。

教师与学生进行情景角色扮演，学生通过语气与肢体动作进一步感受小鱼此刻的恐慌与大鱼的不解。教师在揭示"What's happening？"问题的同时，强调了小鱼情感主线中的 scared。教师进一步追问，让学生参与到故事中，给小鱼提供摆脱危险的建议，进一步体会小鱼紧张的情绪，突出故事教学中的情感线。

5. 利用结构组织图，辅助总结绘本事实

小学生接触的绘本主要是虚构类文本（Fiction），虚构类文本故事性强，学生可以发挥丰富的想象力，达到放松、愉悦身心的目的。而关于事实、内容真实且主题包罗万象的非虚构类文本（Non-fiction），却可以丰富学生的知识广度，培养他们的批判性思维和思辨能力。由于非虚构性文本信息含量大、难度较大，教师可以根据不同的文本结构，使用不同的结构组织图帮助学生分析这类文本。学生阅读完绘本后，可以再次利用图形组织工具记忆语篇内容，形成自己的认知结构，为读后的语言运用和输出活动做准备。

【课例7】《丽声英语百科分级读物》第一级 Lemons 教学片段

该绘本属于非故事性文本，主要讲述小外星人如何在地球上通过自己的努力用一粒柠檬籽种植出一棵小柠檬树，并把收获的柠檬带回自己的星球。绘本为读者呈现了柠檬完整的生长过程。教师借助绘本简单的语言，带领学生一起描述柠檬的植物特征；同时灵活运用绘本内的动词，引导学生叙述柠檬的生长过程；最后使用圆圈图（Circle Diagram）的形式，展示柠檬的生命周期，让学生像读故事一样读百科，学科普的同时学语言。

T：Look, children！What's this？

Ss：It's a cycle.（见图 8-7）

T：What are they in the cycle？

Ss：A pip, a small shoot, a big shoot, big roots, flowers, a small and green lemon, a big and yellow lemon and a pip again！

T：Yes, this is the life cycle of a lemon.

图 8-7

来源：黄瑜香（泉州台商投资区民族实验小学）

本节绘本课使用直观易懂的圆圈图方式来表现植物的生命周期，把柠檬的每个生长阶段用图片展示，并按照正确的顺序排列，体现一个完整的生命循环。学生通过图示较为容易了解柠檬的生长过程和顺序，并使用简单的语言进行描述，从而提升了学生的归纳能力和语言表达能力。

6．巧妙联系生活，提升创新实践能力

教师引导学生从不同角度对故事的理解进行个性化发言，借助开放的课堂，引导学生从自身出发进行思考，锻炼学生的思维能力。绘本教学不单单是指对绘本内容的整体理解，也包含重视学生的整体性与个性的统一结合。学生与教师结合为一个整体，一起发现问题，解决难题，平等交流，分享收获，使英语学习的目的真正回归到应用，回归到学生的生活，回归到生命的价值。学生在主动积极的思维和情感活动中自主体验，引发情感上的共鸣，才能充分实现绘本阅读教学的价值。

【课例8】绘本故事 *The Big Fish and the Small Fish* 教学片段

（教师播放故事第一部分的动画）

Ss：Here comes a big fish.

T：So the small fish is scared. What can she do?

（学生给出不同的建议）

She can run. She can ask for help. She can hide.

T：Good ideas! But where can she hide?

（学生再次给出不同的建议）

She can hide under the rock. She can hide behind the shell. She can hide in the seaweed.

T：The small fish met the big fish. They became good friends. But if the small fish meets others，what will happen? Now let's go back to the beginning of the story.

（1）出示一些可选的海底生物，如 shark、seahorse 等，给学生提供重编素材

T：Who will she meet? The shark? The turtle? Or others?（见图 8-8）

（2）教师展示范例

（教师将白板拉到大屏幕前，用投影将重编的故事视频展示于白板上。）

T：Maybe you can create a new story like this：Here comes a turtle. The small fish is very happy. They play hide-and-seek. From that day on, they are good friends.（见图 8-9）

（学生给出个性化的重编故事）

• Here comes a shark. The small fish is very scared. The shark eats the small fish.

• Here comes a crab. The small fish is very happy. They watch TV together.

• Here comes a big green fish. It's the small fish's mother. The small fish is very happy. They go home and have dinner together.

图 8-8　　　　　　　　　　　　　图 8-9

来源：李艺云（泉州市第三实验小学）

教师适时用启发式的问题，引导学生从绘本中走出来，走向自己的生活。这样的自我浸入式，从不同的角度看待事物，往往能够给学生更多的思考空间。学生自由表达自己的观点和看法，课堂中各种思维相互碰撞，不仅锻炼了语言表达能力，还提高了思维逻辑性和表达完整性，并且在相互讨论的过程中学生逐渐变得大方自然，从而促进了可持续性阅读。

7. 采用多元评价方式，促进学生个性发展

读完一本绘本后，教师可以引导学生思考自己从绘本中学到的东西，通过个性化方式呈现自己的阅读收获，以此展现积蓄在内心的阅读张力。绘本的评价呈现方式可以和多学科融合，例如，可与音乐、美术、综合实践、科学等学科融合，但所有的活动都必须基于学生的能力和不同的发展需求。通过改编故事、Reading Log、Story Tour、Reading Passport、Lapbook（见图 8-10）、趣配音、绘本剧、户外参观、烹饪等多元方式，促进学生对故事的理解，并鼓励他们表达自己的真实感受和想法。为加深学生对故事的印象，教师可以采用横向串联的方式，将绘本与上述其他教学活动联结，让学生获得更多的阅读成就感。

图 8-10

## 五、小学英语绘本课的注意事项和准备工作

在绘本教学前，教师要着眼于学生的身心发展特点，基于学情，选用适合的绘本，立足绘本本身对绘本进行文本解读与活动设计。教师要以自己的理解和真挚的情感用心为绘本教学领航，引领学生走进多姿多彩的绘本世界，激发学生内心深处的情感，让学生和绘本产生共鸣，享受阅读的快乐。

1. 注意事项

（1）绘本内容要符合学生的年龄和心理特征

小学生年龄较小，抽象思维能力的发展依赖于感性的体验，而绘本课中生动的故事情境能有效弥补小学生生活体验的不足。根据学生当下的年龄和心理特征，不同时段选用不同主题的绘本，能够更有效地帮助学生成长。

（2）绘本教学要注重引导学生利用图片学习绘本

绘本教学活动要引导学生通过看图、说图、解图和用图充分关注故事情节发展的脉络或绘本的主要内容，提升学生思维的逻辑性；利用各种图形组织者提炼故事内容主线，实现学生对绘本信息的内化和重组。

（3）绘本教学要侧重引导学生"悦读"，体验阅读的乐趣

绘本内容丰富多样、图画精美，教师可以利用绘本的趣味性和情节性激发学生的阅读兴趣。

2. 准备工作

（1）选取适合学生年龄和心理特征的分级绘本

低年段可以适当选择以图片描述或与自然拼读相结合的主题性绘本，激发学生对绘本阅读的兴趣，同时帮助他们打下良好的阅读基础。中年段可以

以叙述性较强的故事绘本为主进行教学，帮助学生提升口头表达、书写、创造性思维等综合能力。高年段可以采用学科融合性较强的科普类说明性绘本，让学生在已有的阅读基础上，通过自主探究，以绘本阅读的形式，扩充各学科知识。

（2）深入解读文本，把握绘本所要表达的内容并挖掘所隐含的价值

教师通过解读文本，充分挖掘绘本所隐含的文化价值，有利于帮助学生感知文化差异，学会发现、分析和解决问题，促进积极的阅读体验，激发内在的阅读动机。

（3）准备与绘本学习相关的教具，如图画、音频、动画等

绘本的多模态学习体验过程中，图画、音频和动画等教具可以辅助学生更加真实地体验绘本内容。

## 六、一份完整的绘本课课堂教学设计

外研版《英语（新标准）》（一年级起点）四年级上册
**Module 6 Unit 1 The Magic Paintbrush**（改编绘本）

执教教师／何浩程　　指导教师／林平珠、李艺云

 **1. 教学内容与学情分析**

（1）教学内容分析

本课教学内容 The Magic Paintbrush 改编自外研版《英语（新标准）》（一年级起点）四年级上册 Module 6 Unit 1 It didn't become gold. 一课，围绕中国古代神话故事《神笔马良》展开。教材通过学习、讲述《神笔马良》的故事，在巩固复习一般过去时态的同时，学习一般过去时态的否定表达。

（2）学情分析

小学四年级的学生通过三年多的语言学习，已经有了一定的语言积累，且此前已经通过各种途径了解、学习过中文故事《神笔马良》，对故事较为熟悉。大部分学生能够运用所学语言知识进行简单的话题交流、交际。同时，大多数学生具备了良好的听、说习惯，能够积极地参与课堂教学活动。

 **2. 整体设计思路与教学流程图**

（1）整体设计思路

英语课程标准指出，义务教育阶段的英语课程具有工具性和人文性双重性质。就人文性而言，英语课程承担着提高学生综合人文素养的任务，即学生通过英语课程能够开阔视野，丰富生活经历，形成跨文化意识，增强爱国主义精神，发展创新能力，形成良好的品格和正确的人生观与价值观。

本课确立两条教学主线：情感主线和问题主线。情感主线围绕帮助他人展开。教师结合故事的讲解，引导学生了解马良乐于助人的品格。接近课堂尾声时，教师通过组织学生谈论曾经给予别人帮助的事例和观看视频，再次呼吁学生用自己的行动帮助他人，增强学生帮助他人的意识，逐步树立正确的人生观与价值观。问题主线基于故事内容而产生，教师提炼了三个问题，即"What did he paint?""Why did he paint it?""Did it become real?"帮助学生梳理故事脉络。同时，在解决问题的过程中，渗透学法，培养学生的自主学习能力。

（2）教学流程图

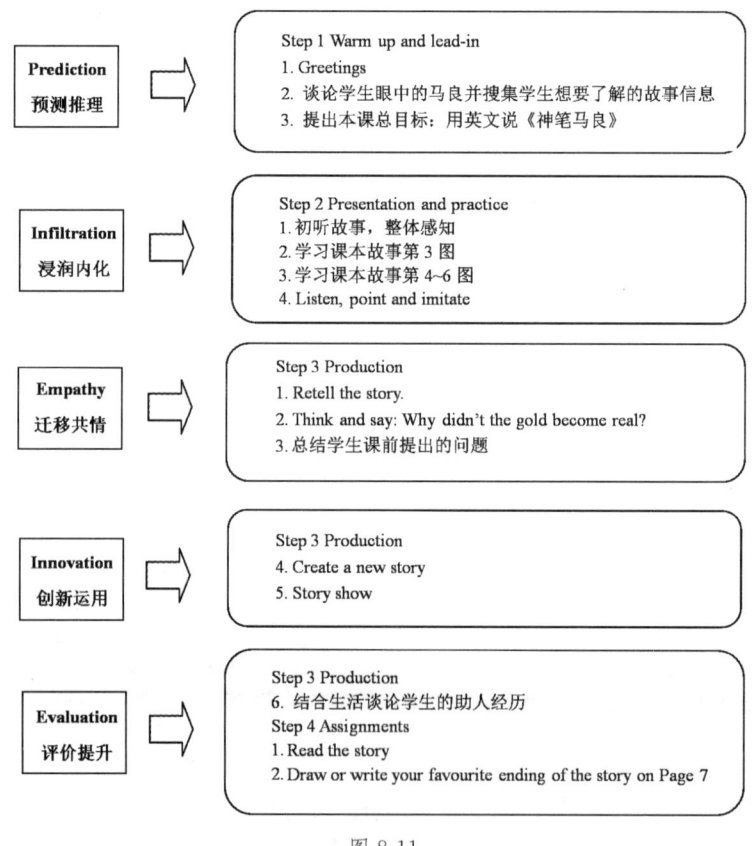

图 8-11

**3. 教学目标**

(1) 语言能力目标

①能听懂故事录音，理解对话大意。

②能在图片和关键词的帮助下进行简单复述。

③在故事情境中对过去式的感知、模仿和内化。

(2) 思维品质目标

①能通过三个主要问题 "What did he paint?" "Why did he paint it?" "Did it become real?"，将故事中两个主要人物进行对比，突出主题。

②能根据对故事的理解，重编故事。

(3) 文化意识目标

①能够体验故事的乐趣，表达人物情感。

②学习马良乐于助人的品质，用自己的方式去帮助他人。

(4) 学习能力目标

①能带着问题有目的地听故事，获取关键信息。

②能用故事中的语言或自己的语言准确回答相关问题。

**4. 教学重、难点**

(1) 教学重点

①能听懂、会说、会认读单词：magic、paintbrush、real、took、gold、became。

②能理解故事大意。

(2) 教学难点

①通过三个主要问题 "What did he paint?" "Why did he paint it?" "Did it become real?"，将 Ma Liang 和 the bad man 进行对比，挖掘故事背后的内涵。

②重编故事。

 **5. 教学准备**

毛笔一支、苹果一个、PPT 课件、教学绘本。

## 6. 教学过程

**Step 1　Warm up and lead in**

（1）Greetings

①谈论学生眼中的马良。

T：Today we're going to learn a Chinese story about a special paintbrush. Do you know the name of the story?

Ss：《神笔马良》。

T：You got it! What do you know about this story? And what do you think of Ma Liang?

$S_1$：Ma Liang is a helpful boy.

$S_2$：He liked painting.

$S_3$：He was poor.

T：Wow, you really know a lot about this story.

②搜集学生想要了解的故事信息（What?/When?/Where?/Who?/How?...）。

T：Today we're going to learn this English Chinese story. What do you want to know about it?

$S_1$：What did Ma Liang paint?

$S_2$：When did the story happen?

$S_3$：Where did Ma Liang live?

$S_4$：Who were in the story?

（教师将学生提出的问题一一记录下来，写在黑板上，便于在绘本故事教学结束后进行总结和确认学生的学习效果。）

（2）提出本课总目标：用英文说《神笔马良》

T：At the end of this story, I hope you may tell us the story in English.

**设计意图**

根据学生对故事的理解，挖掘学生已知，同时激发学生对英文版故事的好奇。给出本课总目标，明确本课教学指向，让学生带着目标学习，让课堂教学变得更加高效。

**Step 2  Presentation and practice**

（1）初听故事，整体感知

T：Now let's watch the story and find out：Who were in the story?

全班观看故事视频。

Ss：Ma Liang and the bad man.

T：We know Ma Liang helped people. He was a good boy. But the bad man was…

Ss：Bad.

T：How did Ma Liang help people?

图 8-12

Ss：He helped people with a paintbrush.

教学词汇：paintbrush、magic、real。

T：Yes. He had a paintbrush.（讲解 paint＋brush＝paintbrush）

It is a story about "*The Paintbrush*".（教师板书故事标题）

T：How was this paintbrush?（通过课件展示：Ma Liang 画苹果，苹果变成真的，出现在教师手中。）

Ss：It was magic!（教师出示本课重点词汇 magic，并板书。）

T：And I have a paintbrush, too. Is it magic?

（教师利用教具"神笔"点读板书 magic，使板书发出此单词的读音，加深学生对 magic 一词的理解。）

T：We call it magic paintbrush, because Ma Liang painted an apple and it became real, right? Is it real? Who wants to bite it?

$S_1$：（咬一口苹果）Oh! It's real.（教师板书，并点读 real。）

T：（出示一张书本上的图片）Is this book real?

Ss：No. /Not real.

T：Now I'll make a real book for you. Please watch carefully.

（教师为学生展示将一大张故事纸变成一本绘本的小魔术）

T：It's a real story book. We can read it page by page. Do you like this magic trick? Let's do it together.

（学生和教师一起"变"故事书）

第八章 | 绘本课型  191

（2）学习课本故事第 3 图

教师引导学生看图。

T：Who was she?

Ss：A grandma. /An old lady. /…

T：How was she?

Ss：She was poor. /She was old. /She was hungry. /She was…

教师抛出本课的问题主线，学生通过听故事、读故事，回答问题。

①What did Ma Liang paint?

Ss：Ma Liang painted food.

②Why did he paint food?

Ss：This old woman didn't have food. She was very hungry.

③Did it become real?

Ss：Yes, it did.

④看图仿说。

图 8-13

图 8-14

学生根据故事里的主要句型，结合图片描述马良的其他助人经历。

设计意图

根据学生已知内容，导出故事两大主角，为接下来的人物对比做铺垫。课堂中通过三个问题展开故事教学。教学中，利用图片让学生感知 didn't 的用法，加深学生对故事的理解，突出主题。用魔术及 paintbrush 点板书发出声音，让学生在跟读 magic 和 real 的同时，感受 magic 一词的意思。出示 a real apple 让学生直观地理解 real 的意思，从而达到音、义、形的结合。

（3）学习课本故事第 4～6 图

故事出现转折，画面变暗的同时出现马良的惊叫声与坏人的奸笑声。

①Listen and guess.

What happened?

图 8-15

学生通过再听故事，回答问题。

Ss：The bad man took Ma Liang's magic paintbrush.

教师通过拼读法结合板书示意，教学 take 的过去式 took（look—book—took）。

②Read and underline.

教师出示教学第一部分中生成的对于马良的行为提出的三个问题，让学生将问题带入第二部分的学习中，将故事中的两个主人公形成鲜明的对比。

图 8-16

• What did he paint?（He painted gold.）

- Why did he paint gold?(He didn't have gold and he was greedy.)
- Did it become real?(No, it didn't.)

(4) Listen, point and imitate

**设计意图**

通过声音设置悬念，吸引学生的注意力，让学生对所见情形进行猜想。通过阅读找出问题的答案，可以锻炼学生从故事中提取信息的能力。以三个主要问题展开对故事第二部分的讨论，让学生通过自主学习故事，习得语言并理解故事。

**Step 3  Production**

(1) Retell the story

教师结合板书与学生以复述的形式将故事内容进行梳理，同时鼓励学生用自己的话来讲述故事。

图 8-17

(2) Think and say: Why didn't the gold become real?

进一步挖掘故事内涵，引发学生思考。

$S_1$: Ma Liang helped people. But the bad man didn't help people.

$S_2$: Ma Liang was good. The bad man was bad.

$S_3$: Ma Liang thought of others. The bad man was greedy and he just thought of himself.

图 8-18

教师总结并点题："So the paintbrush only helped Ma Liang. It was a magic paintbrush."。随后将本课标题补充完整："*The Magic Paintbrush*"。

（3）总结学生课前提出的问题

教师让学生将课文中能解决的问题画"√"，检测学生的学习效果。无法解决的问题鼓励学生课后查找相关资料或将答案编写到自己创作的故事中。

（4）Create a new story

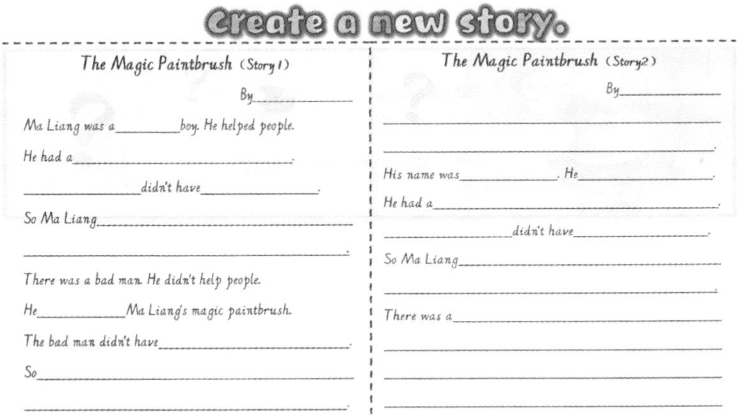

图 8-19

T：Ma Liang helped lots of people. And who else did he help? What did he paint? What happened at last? Now you can create a new story about Ma Liang.

学生经过讨论和思考，开始动笔书写故事。

（5）Story show

（6）结合生活谈论学生的助人经历

学生通过学习本课绘本，结合自身情况分享曾经帮助过别人的经历。教师将话题升华。

T：We don't have a magic paintbrush. But we have a warm heart. We can also help others in our ways.

（请学生观看人们的助人视频以提升本课主题"Love is magic."）

设 计 意 图

本环节的复述故事和总结提出的问题可以较好地检测学生的课堂学习效果，启发学生思考，挖掘文本内涵。重编故事及分享自编故事可以检测学生对绘本的掌握情况，锻炼他们的思维能力与表达能力。同时，教师鼓励学生学习马良乐于助人的品质，教育学生用自己的方式去帮助他人，让学生明白自己小小的爱心与帮助汇聚起来也能成为 magic。在升华本课教学主题的同时，达成学科核心素养的教学目标。

**Step 4   Assignments**

• Read the story.

• Draw or write your favourite ending of the story on Page 7.

设 计 意 图

对作业进行分层布置，由浅入深。用不同的方式来延续课后学习，以此巩固课堂学习内容。作业的设计在培养学生发散思维能力的同时，也关注学生的个体差异。

 **7. 板书设计**

## 8. 课例点评

授课教师能准确把握小学四年级学生的年龄特点，以激发学生学习兴趣为切入点，将语言学习和情感教育无缝对接，使学生在故事中收获知识，领悟道理。为了让学生直观、形象地感知"神笔"的神奇，授课教师利用变苹果、"神笔"点读等魔术，巧妙地将故事的脉络呈现给学生，帮助学生更好地理解和学习文本。课堂真实、生动、有趣。纵观本课，授课教师在教学上有以下几个特点。

(1) 主题明确，导入直接

授课教师通过给学生变魔术导入课题，开门见山。以故事的中文版本为依托，引导学生根据已有知识展开讨论，充分调动了学生学习的积极性。随后对新内容的学习，为学习英文版《神笔马良》的故事奠定了良好的基础。此外，授课教师善于把握故事主线，即情感主线和问题主线，引导学生了解人物品格和故事脉络，在解决问题的过程中培养了学生用英语进行思维的能力。

(2) 教学机智，灵活应变

上公开课，临场应变能力十分重要。"The Magic Paintbrush"一课的玄机就在于"神笔"的有效运用。由于设备的原因，课件无法发声，"神笔"无法体现其"神"。但授课教师灵活机智，以自己的领读代替"神笔"点读，自然而然地解决了突发问题，最大限度地降低了课堂受影响的程度，使课堂教学有条不紊地开展下去。在时间的处理上，授课教师增加了学生对知识点的操练，扎实有效。原有让学生互读评价卡的环节也因时间关系进行了调整，有效地达成了教学目标。

(3) 关注细节，倾注关爱

授课教师用magic贯穿整节课，并关注到学生的成长。首先，教师在教学过程中以奖励自制的"助人为乐卡"作为评价方式，并结合句式"... didn't have... , so Ma Liang painted..."的讲解，引导学生深入了解马良乐于助人的品格。"助人为乐卡"不仅是对学生课堂表现的激励，还是本节课主题的延伸。其次，教师通过引导学生讨论自己做过的好人好事，让学生与他人分享助人的快乐。最后，教师和学生一起观看视频，再次呼吁学生行动起来帮助他人。教师的一句总结"Where there is love, there is magic."将本课推向高潮的同时也给本课画上了圆满的句号。

（点评专家：吴青梅，福建省普通教育教学研究室）

本课例荣获第七届全国小学英语教学现场课评选一等奖和优秀教学奖，并在"2018 TESOL 中国大会"上展示并做课例分析

 **9. 执教教师简介**

何浩程，泉州市第三实验小学英语教师。曾荣获泉州市小学英语优质课评比一等奖、泉州市"教坛新秀"荣誉称号；福建省第六届小学英语优秀课例展评一等奖；第七届全国小学英语教师教学基本功大赛优秀课例展评一等奖和最佳语音语调奖；福建省第七届优质课评比  特等奖；第七届全国小学英语教学现场课评选一等奖和优秀教学奖；福建省首届小学英语学科微课评比特等奖；福建省第二届小学英语学科微课评比一等奖；福建省第三届小学英语学科微课评比一等奖；获全国"中小学外语教学能手"和"中小学外语教学名师"荣誉称号，全国"中小学外语教师园丁奖"荣誉称号。

# 第九章　故事课型

故事是小学英语教学的重要载体，它将英文单词、词组、短语、句子等教学内容融为一体，符合学生的年龄特征，为学生学习语言知识、提高语言技能、形成学习习惯、提升综合人文素养提供了内容和情景，对扩大学生词汇量，发展学生思维品质都有很好的推进作用。《课程标准》在二级目标中对小学阶段的故事活动进行了具体的要求："学生能听懂简单的配图小故事；能借助图片读懂简单的故事或小短文；能正确朗读所学故事或短文；能在教师的帮助和图片的提示下描述或讲述简单的小故事；能在教师的帮助下表演小故事或小短剧。"教师要依据《课程标准》的要求把握小学英语故事教学的特点，让学生在语境中接触、体验和理解真实语言，并在此基础上学习和运用语言。

## 一、小学英语故事课的定义

小学英语故事课是指教师根据设定的教学目标，以英语故事作为载体来完成的一种教学活动。小学英语故事课通过让学生阅读故事、学习故事、表演故事等方式，将交互式、多样化、个性化的课堂活动与故事学习融为一体。它侧重于对事件发展过程的描述，强调情节的生动性和连贯性。这种教学活动或激发兴趣，或讲授道理，或强调原则，或渗透精神，或探索规律，充分发挥学生的主体性、能动性、创造性，真正发展学生的英语学科核心素养。

## 二、小学英语故事课的特点

语言的学习不仅仅在于学会语言知识，更在于学习语言的文化背景，理解语言内在的魅力，让学习者的知识、心智、情感得到综合发展。小学英语故事教学恰恰符合这一目标，它为学生提供了语言实践的机会，激发学生学习兴趣，促进语言的习得、心智的发展、情感的升华。小学英语故事教学有以下几个特点。

1. 趣味性

故事自身具有趣味性，故事的语言通俗易懂、形式有声有色、内容生动形象、内涵丰富多彩，与小学生的心理特征相符合。故事自身的趣味性决定了故事课就是一个充满趣味的过程，教师利用生动有趣的故事，创设符合故事情节发展的有效活动，提升学生学习英语的内在动力。

2. 情节性

情节是构成故事内容的要素之一，它是指作品中表现人物之间相互关系的一系列事件的发展过程。故事情节一般具有完整性、连贯性、生动性和不可预见性。故事中的事件环环相扣，情节曲折，出人意料而又合乎情理，引人入胜又令人欲罢不能，让学生在故事的情节中浸润式地习得语言。

3. 多样性

故事具有多样性，主要体现在以下四个方面：故事体裁的多样性、故事内容的多样性、故事呈现形式的多样性以及故事作用的多样性。教师在把握故事多样性的同时也应当选择符合学生学情、贴近学生生活、顺应当代中国主流文化的故事开展多样化的教学活动。

4. 人文性

故事是人们以叙事的方式认识世界的结果。布鲁纳曾说："故事具有塑造我们日常经验的力量。"每种故事都有它的价值，神话故事讲人类的发展，世间万物由何而来；童话故事讲人类的心灵成长，体现人性的方方面面；传说则将人类的人性挖掘到极致。学生可以通过故事认识世界，了解多元文化，学习和感悟故事中的智慧与哲理。

## 三、小学英语故事课的教学模式

在故事教学中，有效的教学模式能够给教师提供一个清晰的教学框架，同时能带给学生丰富的故事学习体验。在传统的故事教学中,教师常常过多地注重语言知识的传授,以教授单词和句子为主要教学任务。在这种教学模式中,教师更多关注的是学生对知识的掌握和应试能力的培养,过分强化对新句型的操练,过于重视语言的输入,缺乏针对故事内容的理解性引导。因此,常常忽视了其他技能的培养和文化的渗透,导致学生只能机械地使用文本中的句子。为了避免传统故事教学模式带来的弊端,培养学生思维品质,拓展学生视野,促进学生语言与思维、语言与策略、语言与行为规范、语言与文化意识的共同发展,我们提炼出小学英语"3A 五步"故事教学模式。

"3A 五步"故事教学模式将故事教学活动分为:Appreciate、Act、Advance。其中,Appreciate 包括第一步感知故事和第二步理解故事,Act 包括第三步表演故事和第四步复述故事,Advance 即第五步能力提升。

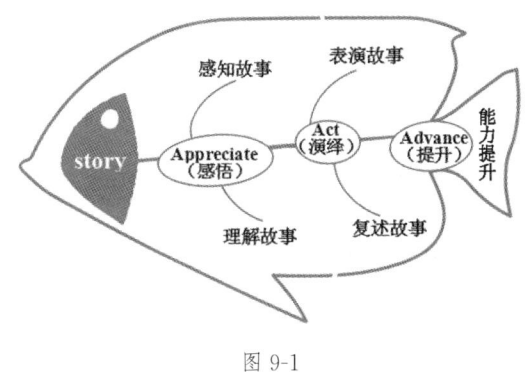

图 9-1

1. Appreciate(感悟)

感悟指的是人们对特定事物或经历所产生的感想与体会。感悟故事顾名思义就是教师以故事为载体,利用多样化的教学手段创设故事情境,引导学生在情境中习得语言,体会故事真谛的过程。

第一步:感知故事。感知故事的过程是见证意义建构的过程。它要求教师立足于故事的内涵及价值,在保证故事完整性的前提下,通过视听、预测等手段让学生初步了解故事发生的背景,准确把握故事的情感基调,在感知故事的过程中习得语言知识,提升英语学习的内在动力。

第二步:理解故事。理解故事是指教师以故事为载体,深入挖掘文本;以问题为纽带,创设问题情景;引导学生通过对话交流、小组讨论、发表故事感悟等多种形式展开积极思维,逐步加深学生对英语故事的认知,使学生把握故事的主题和主线，加深对故事的理解。

2. Act（演绎）

演绎的近义词有发挥、展现、表现、推理、推演等，演绎故事顾名思义就是在感知和理解故事的过程中，学习者带着自己的理解将故事复述或表演出来，它包括表演和复述故事。

第三步：表演故事。表演故事是语言输出的有效途径。学生可以选择扮演故事中的角色，描述其中的场景，也可以采用配音、朗读等方式参与其中，甚至可以用自己的语言和理解来表演故事。教师通过多样化的活动设计带给学生丰富的活动体验，激发学生的参与热情、培养学生的想象力和创造力。

第四步：复述故事。复述故事是在表演故事的基础上对学生逻辑思维的更高层次训练。复述故事环节要求教师在故事课堂的尾声利用图片环游、板书、思维导图等多种形式帮助学生回顾课堂，理顺故事内容，寻找故事内容的中心和结论，建立起属于学生自己的知识体系。

3. Advance（提升）

第五步：能力提升。能力提升以评估学生对故事的掌握程度为手段来实现语言知识的系统输出。能力提升环节要求教师根据不同学段的学生、不同故事的特点开展不同形式的语用提升活动。教师需引导学生围绕故事主题展开想象，让学生尝试使用故事中的词汇、短语或目标句式结构做练习，以口头或书面的形式，续写或创编故事，加深学生对故事内容、情感、价值的把握，培养学生的思维品质，促进学生核心素养的养成。

## 四、故事课的教学策略

学习始于故事，故事可以满足人的好奇心、娱乐心、探索心、智慧心、英雄心、游戏心、同情心、悲怆心、变革心和审美心（李静纯，2013）。教师选择符合学生学情、贴近学生生活、顺应当代中国主流文化的故事，并以故事为载体，根据故事课的特点采取不同的教学策略：通过激活故事背景，唤醒学生已有的知识储备，让学生整体感知故事；以任务为驱动，让学生在解决问题的过程中深入地理解故事；以多维的方式再现故事，给学生自主演绎故事的机会；以图表等手段为助力，帮助学生更加直观地理解故事、理清故事脉络；通过整合相关故事资源，为学生创编故事提供合理的素材；通过交互式、多样化、个性化的语言实践活动，发展学生的语言能力，提升学生思维品质，构建学生文化品格，体现学科育人价值。在故事教学中，可以采用以下教学策略。

1. 激活背景，整体感知故事

导入是课堂教学的重要环节，有效的导入方式是营造浓厚的课堂学习氛围的关键，它能提高学生参与学习活动的热情，帮助学生实现由旧知向新知的自然过渡，从而达到优化英语课堂学习的效果。故事导入的目的在于激活学生的知识图式（知识储备和相关经验），为他们更准确地体会和把握故事的内涵和情感奠定基础。导无定法，因人而异，因课而异，故事导入的形式和方法大致有如下几种：情境式导入、背景式导入、设疑式导入、引用式导入、温故式导入等。下面对背景式导入、设疑式导入各举一例。

【课例1】背景式导入教学片段

在六年级自编英语故事 Sima Guang and the Water Jar 的教学中，为了让学生更好地理解司马光的人物事迹，教师将故事背景定位为司马光人物简介，以此激活学生已有的知识图式。

T：Children, we have learned the story in Chinese. What do you know about Sima Guang?

$S_1$：He lived in the Song Dynasty.

T：Wow, you know the dynasty he lived in. Well done! Anyone else?

$S_2$：He wrote the book 《资治通鉴》.

T：Excellent! Do you know when he saved his friend's life?

$S_3$：At the age of seven. He was very clever and brave.

T：Yes, we know it from the Chinese story. Sima Guang was a historian. He could recite the book 《左氏春秋》at the age of seven. He could fight with the snake at the age of twelve. He was very brave. What a wonderful person he was!

来源：吴棉棉（泉州市实验小学）

本课例荣获第二十三届全国教师教育教学信息化基础教育组教学案例三等奖

在该教学片段中，教师通过学科间的融合教学，从语文学科中的旧知让学生提取故事主人公司马光的背景知识。在师生问答、信息共享的过程中，让学生认识司马光，了解司马光从小就与众不同。背景式的导入，为后续的故事学习做了铺垫。

**【课例2】设疑式导入教学片段**

在闽教版《英语》（三年级起点）四年级上册 *The Tiger and the Monkey* 故事课教学中，授课教师采用设疑式导入带领学生进入奇幻的动物世界。

T：Boys and girls, please listen and guess who is coming.

（教师利用多媒体播放老虎吼叫的声音）

Ss：A tiger.

T：So today our story is *The Tiger and the*... Can you guess?

$S_1$：*The Tiger and the Mouse*.

$S_2$：*The Tiger and the Turtle*.

T：Please pay attention to the tiger's eyes. What's in its eyes?

（教师利用多媒体放大功能将老虎眼中的猴子清晰地展现出来）

Ss：A monkey.

T：Clever! So the title of the story is...

Ss：*The Tiger and the Monkey*.

T：What do you think of them?

$S_1$：The tiger is big and strong.

$S_2$：The tiger is silly.

$S_3$：The monkey is clever.

T：Good answers! We know the tiger is angry, fierce, strong... And the monkey is clever, smart... Now I have two more questions for you:

What's the relationship between them?

Is the monkey always the food of the tiger?

Today our story is *The Tiger and the Monkey*.

来源：叶进（南平市实验小学）

在该教学片段中，教师直截了当地进入故事，引导学生深入挖掘故事两大主人公——老虎和猴子的图片信息，引导学生从故事主人公的表情中挖掘它们的潜在特征，并让学生进行预测和合理想象：它们有什么样的特征？它们之间会有怎样的关系？学生带着疑问进入文本学习，好奇心被激发，进一步了解故事内容的兴趣也被激发。

## 2. 任务驱动，深入理解故事

《课程标准》指出，要采用各种强调过程与结果并重的教学途径和方法，如任务型语言教学途径，培养学生用英语做事情的能力。教师在故事教学中应以任务为驱动，立足文本解读，关注故事细节，在引导学生展开多模态故事体验的同时，帮助学生理清故事脉络，充分挖掘故事价值。

【课例3】绘制故事情节曲线图教学片段

在六年级自编故事 *Sima Guang and the Water Jar* 的教学中，教师通过引导学生绘制故事情节曲线图（见图 9-2），培养学生用英语做事情的能力，达到了在解决问题的过程中理解故事的目的。

T：Children, now please read pages 1-2 and choose the right answers. What was Sima Guang doing?（学生自读课文第1、2页，回答问题。）

$S_1$：Sima Guang was playing hide-and-seek with his friends.

T：Well done! You got it. And this is the setting of the story.

（教师板书情节曲线第一点：setting，即背景。）

T：Children, now please listen and guess: "What happened?"（教师播放有人落水的音效）

$S_2$：Someone fell into the river.

T：Good. You can hear the sound of the water. Is it a river? Now let's check. Look, he fell into a water jar.

（引出情节曲线的第二点：problem，即问题，并板书。）

T：Boys and girls, now please read by yourselves and find out: "What did they do?"

$S_3$：Some ran to ask for help.

$S_4$：Some started crying.

$S_5$：Sima Guang smashed the water jar.（边校对答案边朗读课文）

T：Good job! Now let's check. You did a good job. And this is the solution of the story.

（引出情节曲线第三点：solution，即方法，并板书。）

T：Sima Guang smashed the water jar. Now let's smash the water jar together. I say one two, you say smash. One, two.

Ss：Smash.

T: Crash! The water flooded out. Then the boy was saved. And this is the ending of the story.

（引出情节曲线的第四点：ending，即结局，并板书。）

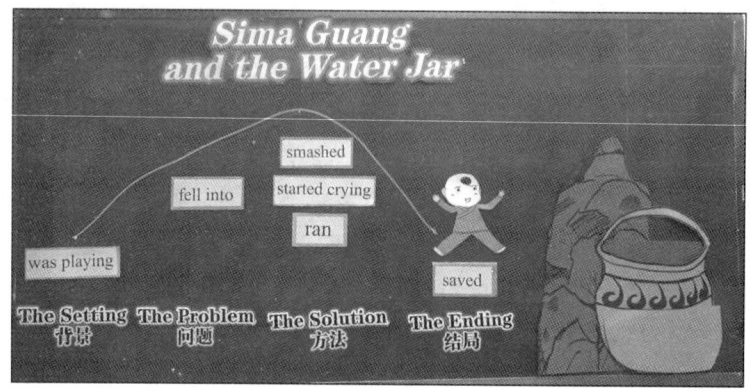

图 9-2

来源：吴棉棉（泉州市实验小学）

本课例荣获第二十三届全国教师教育教学信息化基础教育组教学案例三等奖

课堂伊始，教师就让学生明确本课的学习任务：绘制故事情节曲线图。学生在任务的驱动下开始故事的学习，通过绘制故事情节曲线图这个任务理清故事脉络，加深对故事的理解，并在此过程中学习和运用语言。

【课例4】利用维恩图理清人物关系教学片段

在五年级自编故事课 The Lion and the Mouse 的教学中，教师在导入环节选择利用维恩图与学生共同构建两位主人公——狮子和老鼠的形象。在与学生的问答过程中，教师将生成的维恩图（见图9-3）一点一点地呈现出来，使主人公形象特征形成鲜明的对比。

T: What do you think of the lion?

Ss: Big, strong, bad, tall...（教师呈现维恩图中有关狮子特性的部分）

T: What do you think of the mouse?

Ss: Small, thin, short, sly...（教师呈现维恩图中有关老鼠特性的部分）

T: Look, the lion and the mouse! They are different. Are they friends?

$S_1$: No, because they are different.

$S_2$: Maybe, they are both animals...

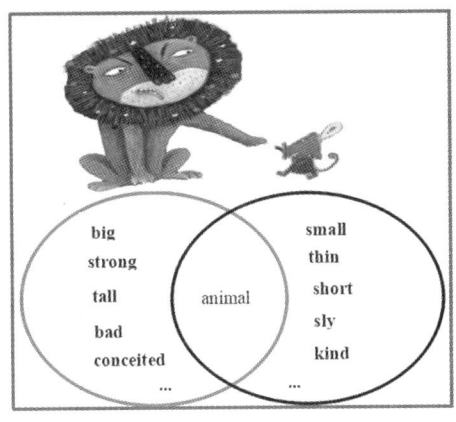

图 9-3

来源：叶金仙（南平市建阳区实验小学）

本课例荣获教育部2016—2017年度"一师一优课、一课一名师"部级优课

这样的图表呈现方式不仅可以让学生对故事的主人公——大狮子和小老鼠的特性一目了然，更是直观地将两位主人公的形象、特征形成了鲜明的对比，让学生理解了故事的情感基调：一个是高大威猛的狮子，一个是瘦弱胆怯的老鼠，它们会有怎样的交集呢？学生对故事的情节充满期待。

【课例5】利用关键词复述文本教学片段

在五年级自编故事课 The Lion and the Mouse 的教学中，教师根据五年级学生学情制订了"学生能在图片和关键词的帮助下简单复述故事"这样的语言技能目标。在该课的巩固环节，教师利用板书（见图9-4）梳理故事脉络、概括主要内容，让学生用自己的语言简单复述故事。

T: Today, we have learned a story. Its name is...

Ss: The Lion and the Mouse.

T: Retell the story with the help of the key words together, like this: The rabbit and the monkey said, "Let's be friends." The lion answered, "Go away. You are too small." Can you do it? Try to retell it together.

$S_1$: The mouse said, "Oops, forgive me. I can help you one day."

$S_2$: The lion laughed at the mouse and let him go.

$S_3$: One day, the lion fell into a trap. The lion cried, "Ouch! Help!"

S₄：The mouse came and helped the lion with its sharp teeth.

S₅：Then, the lion wanted to be friends with the mouse, the rabbit and the monkey.

T：You did a good job!

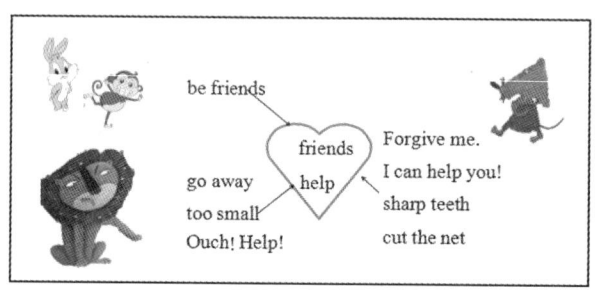

图 9-4

来源：叶金仙（南平市建阳区实验小学）

本课例荣获教育部 2016—2017 年度"一师一优课、一课一名师"部级优课

该课例的复述环节不是让学生以第三人称视角简单复述故事，而是将故事人物的经典话语提炼出关键词，以此引导学生以故事的第一人称视角有感情地再现故事情节。学生在看似简单的故事复述中，将整堂课的语言输入，经过内化及情感积淀转化为语言输出。

3. 多维呈现，灵活演绎故事

多维演绎故事环节应结合小学生的学习心理和认知能力发展的特点，以促进学生思维和智力的发展为目的，鼓励学生积极参与，提高他们的表达能力，保证学习效果。教师可以提供故事发展的主要框架、思维导图或主要情节插图，鼓励学生用自己的方式表演。学生可以选择扮演其中的角色，描述其中的场景，也可以采用双簧、看画面配音、个人辩论、小组探究、实验模拟、手偶表演、沙画表演等方式参与其中，甚至可以用自己的语言和理解来表演故事。这种个性化的活动设计给学生带来多样化的活动体验，有利于激发学生的参与热情，培养学生的想象力和创造力，落实用英语做事情的理念。

【课例6】创意演绎故事——双簧表演教学片段

在五年级自编故事课 The Monkey's Wisdom 的教学中，由于原故事较长，教师根据学情将主要故事情节经过删减、重构、再造，改编成七幅图文（见图 9-5），学生可自由选择图文、自由选择组合方式进行双簧表演。教师引导学生进行双簧表演,合作演绎精彩故事。

T: Here are seven pictures. You can choose one of them to practice with your friends. Both role playing and cross talk are OK.

Ss: What's cross talk?

T: We'll show you. (教师邀请一位学生进行双簧表演示范。教师与该学生耳语,学生点头并拿起麦克风躲到讲台下,教师做出张牙舞爪的动作开始表演第三幅图——狐狼争吵。)

Fox: What are you doing with my lunch?

Wolf: What? Are you kidding? It's mine!

Fox: No, this is mine!

Wolf: Liar! Liar! This rabbit is all mine.

(麦克风里传出的是学生稚嫩的声音,与教师的表演形成很大的反差,使得表演生动有趣。)

图 9-5

来源:谢国华(南平市建阳区实验小学)

本课例荣获2016年第六届全国农村及少数民族地区中小学英语课堂教学优秀课例展评比赛二等奖

在该课的演绎环节中,在双簧表演过程,学生们一动一静,一说一演,充分发挥了个人优势,这种个性化的活动设计给学生带来多样化的活动体验,激发了学生的参与热情、想象力和创造力,提升了学生的高阶思维。

**【课例7】创意演绎故事——看画配音教学片段**

英语配音活动可以激发学生学习英语的兴趣，提高学习效率，调动学生的积极性、主动性和创造性。学生通过故事配音活动，能较容易地理解英语词汇的适用环境，学习效率大大提高。通过体验配音过程，学生感受到"演员"的成就感，英语学习的热情大幅提高。在六年级自编故事课 Chang'e《嫦娥》的教学中，教师通过看图配音的方式引导学生演绎故事（见图9-6），让学生自主选择看动画配音或看静止画面配音。

T：Boys and girls, what is your favourite part of the story?

$S_1$：I like Picture 1—Houyi and Chang'e.

T：Anyone else?

$S_2$：I like Picture 6—Chang'e flew into the sky.

Ss：…

T：Now, choose your favourite part and work in groups.
Then, try to look at the picture and dub.

图 9-6

来源：陈璐（南平市建阳区西门小学）

该课例在表演故事环节中，通过形式独特、内容丰富的英语配音，在课堂营造英语学习氛围，鼓励学生开口说英语，让更多的学生体验到轻松学英语的乐趣，增进了学生对英语故事的理解，提高了学生的英语综合运用能力。

**4. 提供资源，大胆创编故事**

创编故事是培养学生创新能力的有效途径，是将所学知识内化并产出的过程。教师引导学生围绕故事主题,根据已有知识经验积累素材,通过集中、取舍、选择与主题有关的故事进行连缀通串,再加上连接语、开篇和结语等形成自己的故事;或围绕一个主题,以一个事物或者人(动)物为线索,想象此事物的神奇或者人物的特质,构思类似的故事情节,编成引人入胜的新故事;或创设故事情境,抓住故事特点大胆想象,根据要求编写童话故事;或根据给出的不定数量的词语或者句子(如:格言、谚语、歇后语等),想象故事情节,编写故事;或将经典的故事变换时空,变序式地、对比式地、多线索式地编写;或根据经典故事内容编写前传、续篇等。

【**课例**8】创设情境重编故事教学片段

在五年级自编故事课 The Lion and the Mouse 的教学中,教师在解决完故事悬念,完成文本教学之后,进行了一个大胆的尝试,即让学生重编故事。

T: The mouse helped the lion. They became good friends. The lion knew he couldn't look down upon others. If someday the lion met other little animals, what would he say and do?

教师围绕故事主题,通过多媒体创设合理情境并出示一些可供选择的森林里的小动物,如 bird、butterfly、turtle 等,给学生提供重编素材(见图9-7)。

T: Who will the lion meet? The bird? The butterfly? Or others?

T: Maybe you can create a new story like this: Here comes a bird. The bird says... The lion says...

图 9-7

来源:叶金仙(南平市建阳区实验小学)

本课例荣获教育部2016—2017年度"一师一优课、一课一名师"部级优课

经过大量的输入、操练和内化语言之后,在语言输出环节,教师利用"重编故事"的方式让学生进行拓展练习,给学生提供故事语言支架,供学生自由发挥,以此检验学生的掌握情况。该环节培养了学生的发散思维,让学生将思考与语言相结合,大大提高了课堂效率,达到将语言学以致用的目的。

5. 关注故事育人价值,培养学生文化品格

故事具有丰富的育人价值,教师与学生共读故事的过程,不仅仅是语言

知识的传递过程,更是师生共建正确价值观的过程。故事的这一特性要求教师进行英语故事教学时需理清所授故事传达的正确价值取向,并通过让学生融入故事情节和角色中体验故事主人公的经历、感受角色的变化等形式,渗透情感教育和人文关怀,给学生真善美的熏陶,向学生传递正确的价值观,最终达成学科育人的目标。

**【课例9】** 顺应当代中国主流文化的《愚公移山》教学片段

六年级故事课 *Yu Gong Moved the Mountains* 改编自人教版《英语》八年级下册 *Unit 6 An Old Man Tried to Move the Mountains* 一课。教师在教学设计中能关注故事的育人价值,注重学生文化品格方面的培养。

T:If someone says to you "How stupid you are!" or "You can never do it!", what will you do? What will you say?

$S_1$:I will say "I can do it."

$S_2$:I will keep on doing it.

T:Great! We shall overcome any difficulty however great it is.

T:President Xi says that we should have the spirit of Yu Gong to build a beautiful China in the New Era. What is the spirit of Yu Gong?

$S_1$:Never give up.

$S_2$:Keep on doing something.

T:Let's learn the spirit of Yu Gong and be a little Yu Gong.

来源:许婷(建阳师范附属小学)

愚公精神是中华民族宝贵的精神财富,是古代劳动人民艰苦奋斗、不畏艰险、向恶劣环境挑战的一种精神表现。新时代愚公精神的发扬光大,将有助于实现中华民族伟大复兴的中国梦。教师应当充分利用课堂教学这个主渠道,真正落实以文化人、以文育人的功能定位,让学生在故事学习过程中,感悟故事蕴含的文化内涵,在学生的心里埋下坚持愚公精神的种子,帮助学生感悟艰苦奋斗、不畏艰险的重要意义。

**6. 紧跟时代步伐,用英语讲好中国故事**

文化自信是一个国家、一个民族发展中最基本、最深沉、最持久的力量。优秀传统文化具有鲜明的民族性特征,具有高度的教育意义和动员作用,能够让学生增强民族自信和认同感,形成中国人独特的价值体系,即使是英"文"也要发挥"化"人的作用。目前大多数英语故事都存在"有故事,没中国"的现象，学生在学习过程中容易形成"崇洋"心理。教师在故事选材时应当顺应当代中国主流文化，以"讲好中国故事、传播好中国声音"为理念，选择既符合学生学情、贴近学生生活，又符合时代发展潮流、弘扬社会主旋律的故事展开教学。

【课例10】顺应当代中国主流文化的《张骞出使西域》教学片段

在六年级自编英语故事 Zhang Qian and the West 的教学中，教师在课堂尾声设计了"话说张骞"作为课外延伸环节，让学生了解张骞出使西域对中国古代"丝绸之路"的重要意义，理解张骞出使西域对新时代中国"一带一路"理念的影响。

T：Boys and girls, today we have learned the story about Zhang Qian. Is he a great man?

Ss：Yes.

T：Why? Can you tell me the reason?

$S_1$：He was very brave. He went to the West three times.

$S_2$：No one dared to go to the West, except him.

$S_3$：The Han Dynasty was flourished for Zhang Qian's trips.

T：The story didn't tell us this information. How do you know it?

$S_3$：I read some stories about Zhang Qian and his contributions to Chinese Silk Road.

T：Clever! Zhang Qian is a great man for not only his braveness but also his contributions.

T：We have already learned his braveness in the story. How about his contributions?

（教师出示张骞出使西域对开拓中国古代丝绸之路意义的幻灯片）

$S_4$：He made great contributions to Chinese Silk Road.

T：Anything else? Maybe you can search the information from the Internet. And let's share it next time.

（教师出示张骞出使西域对新时代中国"一带一路"理念的影响的幻灯片。学生结合自身实际情况，或单人完成，或小组合作上网搜索相关资料完成"话说张骞"环节。教师将在下节课对学生个人或小组的"话说张骞"活动情况利用下面的评分表进行评分。）

表 9-1 评分表

| 我会讲故事，我给自己评_____级 | |
|---|---|
| 我能将故事基本复述出来。 | ★ |
| 我能将故事流利地复述出来。 | ★★ |
| 我能将故事基本复述出来后再加上一点个人观点。 | ★★★ |
| 我能将故事基本复述出来后还可以说明事件带来的意义和影响。 | ★★★★ |
| 我能将故事流利地复述出来后再加上一点个人观点。 | ★★★★★ |
| 我能将故事流利地复述出来后还可以说明事件带来的意义和影响。 | ★★★★★★ |

来源：陈璐（南平市建阳区西门小学）

## 五、小学英语故事课的注意事项和准备工作

1. 注意事项

（1）理清绘本与故事两个概念

绘本与故事有些相同之处，故有些人常把它们混为一谈，因此在教学中有必要分清这两个概念。绘本是以图文并茂的形式反映儿童生活为主的儿童图书。书中的图与文有同等的重要性，有时候甚至图画的重要性还比文字更大，而且绘本可以不一定有故事情节。而故事是文学体裁的一种，侧重于对事件发展过程的描述，强调情节的生动性和连贯性，较适于口头讲述，有一定的教育意义。

（2）注意故事教学的特殊性

故事情节的生动性和连贯性决定了故事教学应具有相对的完整性，切不可将一个故事多次割裂教授，也不可只注重语法、词汇、重点句型的教授和巩固，使得故事索然无味。

2. 准备工作

（1）英语故事是故事教学法中的工具，英语故事选择的科学与否会直接影响故事教学法的实施效果。教师应充分了解学生情况，根据学情，选择难易适中的故事文本。

(2) 教师应注意故事的多样性，为学生推荐各种不同类型的英语故事，开拓学生的视野，丰富小学英语课堂教学内容。当然，教师在把握故事多样性的同时也应当选择符合学生学情、贴近学生生活、顺应当代中国主流文化的故事开展多样化的教学活动。

## 六、一份完整的故事课课堂教学设计

**The Monkey's Wisdom**

教材：改编绘本故事　　适用年级：五年级上学期

执教教师/谢国华　　指导教师/连淑姿、吴彩霞

 **1. 教学内容与学情分析**

（1）教学内容分析

本课内容根据世界经典童话双语绘本系列故事书 *The Monkey's Wisdom* 改编。故事主要讲述森林中好心的猴子在兔子将要掉进陷阱时及时救了它。后来狼和狐狸为了争吃兔子大打出手时，又是猴子利用智谋让狼和狐狸掉进陷阱，从而再次救了兔子。四个动物生动的对话及故事的曲折发展引起学生的极大兴趣和积极模仿，同时也引发学生的思考：遇到险境该如何自救？如何运用智慧帮助深陷困境的弱小？由于原故事较长，教师根据学情进行了适当的删减，便于学生感知、理解、演绎与编创。

附：课文内容

---

(*In the forest*)

Monkey：Watch out，Rabbit！There's a pit.

Rabbit：Oh！Thanks a lot！

Wolf：Rabbit，stop there！

Rabbit：Hello，Mr. Wolf！

Wolf：What's the hurry？

Fox：What are you doing with my lunch？

Wolf：What？Are you kidding？It's mine！

Fox：No！This is mine！

Wolf：Liar！Liar！This rabbit is all mine！

> Fox: No, it's mine!
>
> Monkey: Hello there! Please don't fight! I have an idea.
>
> Fox: What's that?
>
> Monkey: Have a race! The winner eats the rabbit.
>
> Wolf & Fox: That sounds good!
>
> Monkey: Are you ready?
>
> Wolf & Fox: Sure!
>
> Monkey: Start!
>
> Rabbit: Monkey! How could you do this to me?
>
> Monkey: Don't get me wrong! Remember the pit?
>
> Rabbit: The pit? Ah-ha! You're smart!
>
> Monkey: Run! Run! Run! Run fast!
>
> Wolf & Fox: Oops! Ouch!
>
> Monkey & Rabbit: Have Fun. Ha, ha, ha!

（2）学情分析

学生从三年级开始学习英语，教师根据学情，对故事进行删减、改编，以适合五年级的学生阅读和学习。五年级的学生形象思维记忆占主导地位，有意识记逐步增强，在两年多的英语学习中已接触、掌握了五六百个英文单词，初步具备用英语做事情的能力。因此，在运用语言的过程中要引导学生适当复习旧知，适时融入新的语言项目，构建新的语言知识体系。通过新单词的学习、对故事角色的把握和角色语言的模仿，学生能更好地感知语言，逐步掌握故事阅读技巧，在活动中演绎、创编故事，巩固并运用目标语言，最终达成学习目标。

 **2. 整体设计思路与教学流程图**

（1）整体设计思路

《课程标准》提出："通过英语学习使学生形成初步的综合语言运用能力，促进心智发展，提高综合人文素养。"小学英语故事教学正是基于这样的理念展开活动，教师通过学法指导、活动训练，培养学生的思维能力和综合语言运用能力。

本节课的设计围绕《课程标准》的总目标展开。教师以故事为载体，引导学生预测故事发展、发挥丰富想象来激活故事背景，唤醒学生已有的知识储备，让学生整体感知故事；以任务作为驱动，让学生在解决问题的过程中深入理解故事；以多维度的方式再现故事，给学生自主演绎故事的机会，使学生领悟故事的真谛；引导学生认识"用智慧解决问题"的道理，体现语言学习的工具性和人文性；在大量的输入、操练、内化语言之后，通过整合相关故事资源，为学生创编故事提供语言支架；通过交互式、多样化、个性化的语言实践活动，发展学生的语言能力，提升学生的思维品质，构建学生的文化品格，提升学生的学习能力。

（2）教学流程图

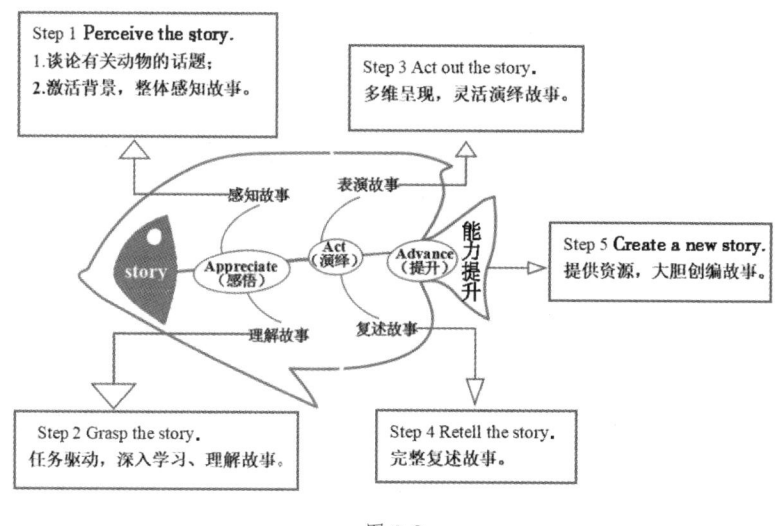

图 9-8

### 3. 教学目标

（1）语言能力目标

①学生能在故事情境中理解、会说词汇 pit、watch out、fight、wisdom 及句子"Watch out!""That sounds good."并通过完整的故事学习理解 wisdom 的真正含义。

②学生能借助图片、导图和文本信息感知故事、理解故事。

③学生能在教师的引导下正确把握每个故事角色的语言特征，表演经典故事桥段。

④学生能在教师的引导下复述、续写故事，感悟故事。

（2）思维品质目标

①学生能通过 Free talk 等活动培养发散思维。

②学生能通过连环问题串培养逻辑性思维及思辨能力。

（3）学习能力目标

①学生能借助语境，培养推测生词能力，如：单词 wisdom 的学习。

②学生能通过小组合作的形式，培养合作学习、自主探究的能力。

（4）文化品格目标

①学生能在学习中悟出"用智慧解决困难"的道理。

②学生能在英语故事学习中激发学习英语的兴趣，使英语学习成为一种愉悦的体验和感受。

③学生能在小组学习中积极与他人合作、互相帮助。

 **4. 教学重、难点**

（1）教学重点

学生能整体理解故事，习得并运用目标语言。

（2）教学难点

学生能借助语境和情境，悟出 wisdom 一词的含义；能正确把握每个故事角色的性格特点，从而正确把握角色对话的语音、语调。

 **5. 教学准备**

单词卡、词条、多媒体课件、动物头饰。

**6. 教学过程**

**Step 1　感知故事**

（1）Greetings

（2）Free talk

T：I like dogs very much． They are helpful and cute． How about you? What animals do you like?

$S_1$: I like cats, and I have a cat. She is my best friend.

$S_2$: I like birds. They can fly.

**设计意图**

在本课的故事教学中，教师锁定故事的背景基调，利用背景导入方式，将学生带入人与自然这个主题语境中，激活学生头脑中已有的与动物有关的词汇，为后续学习做好铺垫。

(3) Talk and watch

①Lead-in

T: Look here. （教师指着黑板故作神秘地问）What's this?

Ss: （信心十足地回答）It's a blackboard.

T: Blackboard? Look carefully! （教师快速画出一棵大树、一条小路……边画边说。）

In a forest there are many trees and flowers. This is a path and there is a pit here. Do you know pit? （教师用手在小道上"走"，走到陷阱的地方落下，学生会意。）Hush! Let's keep it a secret.

②Presentation

Look! Who is coming? Watch and answer.

教师将视频播放至狐狸与狼开始赛跑时暂停并提问："Who did you see?"，学生回答："A rabbit, a monkey, a wolf and a fox."。

（在学生回答的同时，教师依次将兔子的画像放在小道上、将猴子放在树上、将狼和狐狸并排站立，并在它们的脚下画一条线。）

教师接着说："Look! The wolf and the fox are having a race. What will happen?"。

学生猜测故事的结局。

$S_1$: The wolf and the fox meet a tiger.

$S_2$: The monkey and the rabbit run away.

$S_3$: The wolf and the fox fall into the pit.

教师将故事完整地播放一遍，学生在思考中整体感知故事。

**设计意图**

本环节属于"3A五步"故事教学模式的第一步"感知故事"环节。感知故事是通过视听、预测等手段使学生能初步了解故事发生的背景,准确把握故事的情感基调。在揭示课题的时候教师有意不点破 wisdom 的意思,让学生渴望从故事中得知其含义;在故事高潮处教师暂停课件播放,有意让学生猜测故事的结尾,调动学生的主动思维。教师播放完整故事视频,是为了让学生对故事有整体感知。

**Step 2  理解故事**

(1) Read and answer

①Read the story from Picture 3 to Picture 6 and answer the question:
What happened to the rabbit?

学生自主阅读,并回答问题。

Ss:The rabbit met the wolf and the fox. They wanted to eat her.

②Read the story from Picture 7 to Picture 10 and answer the question:
How did the monkey help the rabbit?

学生自主阅读余下的部分,在图片和老师的帮助下回答问题。

Ss:The monkey had an idea. The wolf and the fox had a race and they fell into the pit.

(2) Name the story

T:Can you give the story a title?

$S_1$:*A Lucky Rabbit*.

$S_2$:*A Monkey,a Rabbit,a Wolf and a Fox*.

T:Good try! The best title is *The Monkey's Wisdom*. Wisdom means…

Ss:聪明的。

T:Yes,you got it.

**设计意图**

本环节属于"3A 五步"故事教学模式的第二步"理解故事"环节。理解故事是通过师生互动、生生交流等形式,逐步加深学生对英语故事的认知,并在此过程中使学生把握故事的主题和主线。故事作为具有独立、完整意义的语篇,对于提升学生的学习兴趣、理解和体验语言运用、发展综合语言能力具有重要的作用。在理解故事这一环节中,教师运用了 Watch and answer、

Read and answer 等方式引导学生通过听、观察、感知、思考、回答，逐步加深学生对故事的认知，使学生能把握故事的主题和主线。当老师询问该故事的标题时，相信绝大部分学生都会基于对故事的理解而给出精彩的答案。老师没有逐句讲解整个故事，而是让学生在自主阅读理解的基础上提出不懂的问题，避免了无的放矢的满堂灌。

**Step 3　表演故事**

（1）Learn and read

T：Read the story again. Learn the new words and anything you want to know by asking the teacher or your classmates，or from the Internet.

（学生通过向老师提问，或同学间讨论，或上网搜索等方式，深入学习故事内容。）

（2）Imitate the dialogue

T：Let's watch again and imitate it. The rabbit is very scared. Please read like this...

（教师播放故事视频，让学生尝试带着人物的情感来模仿、跟读句子。）

（3）Practice in groups

学生自由组合，进行角色扮演。

（4）Act out the story

展示环节，每小组选一幅图进行表演。

**设计意图**

本环节属于"3A 五步"故事教学模式的第三步"表演故事"环节。表演故事指的是学生可以选择扮演故事中的角色，描述其中的场景，也可以采用配音、朗读等方式参与其中，甚至可以用自己的语言和理解来表演故事。在本课的演绎环节中，教师将主要故事情节经过删减、重构、再造变成七幅图片，学生可自由选择图片、自行选择表演形式、自由选择组合方式进行表演。在演绎产出环节，学生有的四人合作用双簧的方式表演语言的精彩片段，有的独立配音，也有的将故事片段改写成叙述的形式，一组组精彩的表演将课堂推向高潮。这种个性化的活动设计给学生带来多样化的活动体验，有利于激发学生的参与热情、想象力和创造力，从而提升学生的高阶思维。

**Step 4　复述故事**

(1) Retell the story

学生利用黑板上提供的关键词 watch out、pit、stop there、do with、don't fight、have an idea、have a race、eat、run 等复述故事。

T：Today，we learned a story. Its name is…

Ss：*The Monkey's Wisdom*.

T：Please retell the story with the help of the key words.

(2) 学生复述故事后进行自我评价

表 9-2　学生自我评价表

| 我会讲故事，我给自己评 _____ 级 | |
|---|---|
| 我能在关键词或流程图的提示下简单复述故事（有点小磕巴）。 | 🐵 |
| 我能在关键词或流程图的提示下较完整地复述故事（不磕巴）。 | 🐵🐵 |
| 我能在关键词或流程图的提示下完整、流利地复述故事（很流利）。 | 🐵🐵🐵 |
| 我不需要关键词或流程图的提示就能简单复述故事（我有点"小牛"）。 | 🐵🐵🐵🐵 |
| 我不需要关键词或流程图的提示就能完整地复述故事（我很"牛"）。 | 🐵🐵🐵🐵🐵 |
| 我不需要关键词或流程图的提示就能完整、流利地复述故事（佩服我自己）。 | 🐵🐵🐵🐵🐵🐵 |
| 我能用自己的语言把故事讲述得很精彩（给自己点赞）。 | 🐵🐵🐵🐵🐵🐵🐵 |

(3) 通过图片板书引导学生理解 wisdom 一词的意思，解开谜"题"

**设 计 意 图**

本环节属于"3A 五步"故事教学模式的第四步"复述故事"环节。复述故事是语言输出的有效途径，学生对故事内容和情节都有一定了解后，教师可利用图片环游、关键词板书、思维导图等多种形式帮助学生理顺故事。在复述故事的过程中，学生学会梳理故事中的线索和脉络，加深了对故事内容的理解，巩固了在感知故事和理解故事过程中习得的语言知识。另外，整个故事教学通过"总—分—总"的设计思路，最后回到学生一开始所困惑的生词 wisdom，引导他们自己悟出课题意思，既达到篇末点题的目的，又让学生有了通过努力而取得的成就感。

**Step 5　能力提升**

（1）续写故事

T：The wolf and the fox are in the pit now. What will happen?

$S_1$：I think they will cry.

T：I think so. And then?

$S_2$：They will help each other and get out of the pit.

T：Interesting! Go on!

$S_3$：I think a hunter will come and shoot them.

T：Haha，you hate the wolf and the fox. Write down your ending. Continue the story.

设 计 意 图

本环节属于"3A 五步"故事教学模式的第五步"能力提升"环节。能力提升是系统地输出语言知识的重要途径，也是培养学生能力的有效手段。能力提升环节要求教师根据不同学段的学生、不同故事的特点开展不同形式的活动。在本课的能力提升环节，教师创设了这样的情境：现在，狼和狐狸掉进了陷阱，你觉得它们之间会发生什么样的故事呢？教师引导学生围绕故事主题展开合理想象，让学生尝试使用故事中的词汇、短语或目标句式结构做练习，以书面形式创编故事，加深学生对故事内容、情感、价值的把握，培养学生的思维创造力和创新能力。

（2）情感升华

T：What can you learn from the story?

$S_1$：The monkey was clever.

$S_2$：The monkey was helpful. He helped the rabbit.

$S_3$：We should learn from the monkey.

T：So，what can we do when we are in trouble?

$S_4$: We should use our wisdom.

$S_5$: We should keep calm.

T: You are as smart as the monkey in this story. When we are in trouble, first, keep calm; then, try to use our wisdom.

图 9-9

**设 计 意 图**

故事本身具有丰富的育人价值，师生共读故事的过程，不仅仅是语言知识的传递过程，更是师生共建正确价值观的过程。故事的这一特性要求教师在进行英语故事教学时需理清所教授的故事想要传达的正确价值取向，并在教学过程中通过各种教学形式向学生传递这种正确的价值观，最终达成学科育人的目标。本故事所要传达的理念是：用智慧解决困难。教师在本节课所设计的每一项教学活动都是围绕达成这个目标而设计的。值得注意的是，学科育人价值应该渗透在教学过程的每一个小细节里，而不是单独划分出来的一个教学环节。

**Step 6　Homework**

• Try to retell the story.

• Try to continue the story.

• Read more English stories.

**设 计 意 图**

《课程标准》要求教师要面向全体学生、关注个体差异，所以在作业布置方面对不同程度的学生教师应提出不同要求。比如，学习较吃力的学生对于简单机械的朗读，没有太大的压力，乐于完成；学有余力的学生可以自主选择难度较大的作业，体验挑战的乐趣。

## 7. 板书设计

## 8. 课例点评

故事是小学英语教学中深受学生欢迎的语言材料。谢国华老师根据学情，将 *The Monkey's Wisdom* 进行改编，锁定故事的背景和内容，准确定位，通过语言、思维、文化和学习四个维度制订教学目标，运用"3A 五步"故事教学模式，教学主线清晰、明了，教学活动符合学生的年龄和认知特点，调动了学生参与的积极性，挖掘了学生的潜能，发展了学生的核心素养。本节课有以下三个特点。

（1）立足故事语境，丰富教学内容

*The Monkey's Wisdom* 主要讲述了森林中 monkey、rabbit、wolf 和 fox 四个动物之间发生的故事。谢老师成功地将学生带入"人与自然"这个主题语境中，激活了学生头脑中已有的与动物有关的词汇，通过观看视频并提出问题"Who's in the story? What happened to the rabbit? How did the monkey help the rabbit?"，让学生整体感知和理解故事。

（2）巧设故事活动，发展思维能力

在"理解故事"环节，谢老师运用 Watch and answer、Read and answer 等方式引导学生通过视听、观察、感知、思考、回答，逐步加深学生对故事的认知，增长学生的知识，丰富学生的词汇，促进学生的智力发展，激发学生的好奇心，满足学生的求知欲，使学生能够把握故事的主题和主线。

在"表演故事"环节，谢老师通过开展 Learn and imitate、Imitate the dialogue、Practice in groups、Act out the story 等活动，让学生自由选择图片、自行选择表演形式、自由选择组合方式进行表演。学生通过表演故事感受语言的交际性，在故事演绎中寓学于乐，增强了活学活用的意识。

在"复述故事"环节，学生根据谢老师呈现的关键词 watch out、pit、stop there、do with、don't fight、have an idea、have a race、eat、run 进行故事复述，锻炼了语言运用能力和逻辑思维能力。

在"能力提升"环节，谢老师提出"The wolf and the fox are in the pit now. What will happen?"这一问题让学生尝试使用故事中的词汇、短语或目标句式结构做练习，以书面形式创编故事，拓宽了学生的视野。

个性化的活动设计给学生带来多样化的活动体验，有利于激发学生的参与热情、想象力和创造力，提升学生的高阶思维。

（3）依托故事功能，融入育人价值

在整个教学过程中，谢老师依托故事功能传达了正确的价值取向。她提出"What can you learn from the story? What can we do when we are in trouble?"等问题请学生思考，让学生通过这个故事明白"We should learn from the monkey. The monkey was helpful. It helped the rabbit. When we are in trouble, first, keep calm; then, try to use our wisdom."，最终达成学科育人的目标。

本节课谢老师以"3A 五步"故事教学模式，借助生动的多媒体课件，为学生提供了丰富的视听内容和想象的空间，有助于学生的心智发展。学生在习得知识的同时形成能力、发展思维、体验情感、感受文化，核心素养的培养落到实处，对小学英语故事教学有很好的借鉴作用。

（点评专家：陈丽，南平市教育科学研究院）

本课例荣获第六届全国农村及少数民族地区中小学英语课堂教学优秀课例展评二等奖

## 9. 执教教师简介

谢国华,南平市建阳区实验小学英语教师,高级教师,福建省小学英语学科教学带头人,南平名师,南平市小学英语学科指导组成员。曾荣获第六届全国农村及少数民族地区中小学英语课堂教学优秀课例展评二等奖、福建省第二届小学英语课堂教学现场大赛一等奖。

附:小学英语故事表演评分表

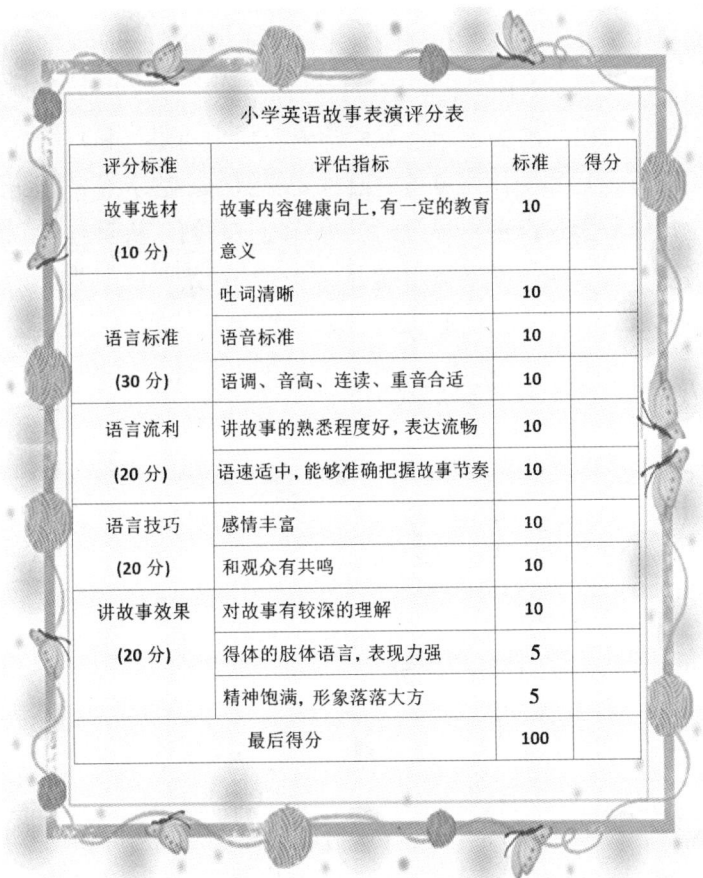

小学英语故事表演评分表

| 评分标准 | 评估指标 | 标准 | 得分 |
|---|---|---|---|
| 故事选材<br>(10分) | 故事内容健康向上,有一定的教育意义 | 10 | |
| 语言标准<br>(30分) | 吐词清晰 | 10 | |
| | 语音标准 | 10 | |
| | 语调、音高、连读、重音合适 | 10 | |
| 语言流利<br>(20分) | 讲故事的熟悉程度好,表达流畅 | 10 | |
| | 语速适中,能够准确把握故事节奏 | 10 | |
| 语言技巧<br>(20分) | 感情丰富 | 10 | |
| | 和观众有共鸣 | 10 | |
| 讲故事效果<br>(20分) | 对故事有较深的理解 | 10 | |
| | 得体的肢体语言,表现力强 | 5 | |
| | 精神饱满,形象落落大方 | 5 | |
| | 最后得分 | 100 | |

# 第十章 复习课型

小学英语复习课是小学英语课堂教学中不可或缺的一种课型，是学生经过一个阶段的学习后，对所学语言内容进行综合性的阶段小结或回顾。《课程标准》学习策略二级标准要求学生对所学内容能主动复习和归纳，能积极运用所学英语进行表达和交流。可见，通过复习课的方法引导，可以让学生逐渐学会主动地对所学知识进行分门别类的梳理、归纳，从而夯实语言基础知识，提高各项语言技能，发展语用能力，培养学科素养。小学阶段常见的复习课主要有单元复习课、阶段复习课、综合复习课和专项复习课等。

## 一、小学英语复习课的定义

小学英语复习课是在明确的复习目标前提下，基于文本，找到符合学生实际的切入点，设计教学主线，引导学生梳理、巩固已学的语言知识，构建系统化、条理化的知识体系，强化语言技能，巩固和提升学生综合语言运用能力的教学组织形式。

## 二、小学英语复习课的特点

小学英语复习课是为了帮助学生对已学知识进行整理、归纳与重组。教师通过科学有效的方法指导和策略引领，帮助学生构建科学合理的知识体系，并尝试在课堂活动或生活中运用所学语言，发展语言能力。因此它具有以下几个特点。

1. 基础性

小学是英语学习的启蒙阶段，小学英语复习课不仅应该夯实和巩固英语基础知识，还应该进行有效的方法引领，帮助学生掌握科学有效的复习策略，养成良好的英语学习习惯，为学生后续的英语学习和未来发展奠定基础。

2. 系统性

复习要树立整体观，首先要通读教材，确定复习范围，通过合理的梳理，把零散的知识围绕某一主线进行系统的归纳、整理，再进行纵横归类，使知识条理化，防止出现片面性和孤立性的现象。

3. 应用性

复习课应创设多种不同层次的语言应用活动，鼓励学生参与、体验、实践，通过这种反复的语言训练，让学生在运用听、说、读、看、写等技能做事情的过程中提升语言运用能力。

4. 针对性

复习前要做到目标明确，复习中要立足重、难点，针对知识的易混点、易错点设计练习活动，通过精讲多练，对重、难点进行有效突破，让学生真正地理解并扎实地掌握目标语言知识。

## 三、小学英语复习课的教学模式

小学英语复习课的教学内容多、散、碎，又加上小学英语课时少，许多教师在上复习课时只是让学生进行简单的机械性口头操练或书面的习题训练，基本谈不上系统梳理和有针对性的教学目标设定，更谈不上整体性、趣味性的活动创设。这种走过场的复习方式使复习课本应有的巩固、拓展和提高的作用得不到发挥，而有效的复习课教学模式可以防止复习的盲目性和随意性，帮助教师有序、系统、快速地理清复习内容，提高复习课的课堂教学效率。通过实践，我们总结出小学英语"APPA"复习课教学模式。该模式的具体步骤为：Activation、Pectination、Practice、Application。

小学英语"APPA"复习课教学模式

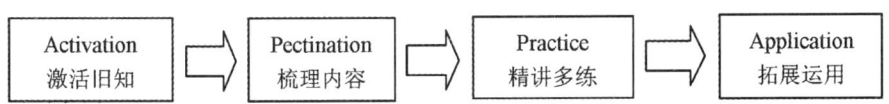

图 10-1

1. Activation（激活旧知）

立足复习内容，借助各种教学辅助手段设计活动，有效地激活学生相关的知识储备，激发学生的学习兴趣，营造宽松、和谐的课堂氛围，从而拉近师生距离，为接下来的复习做好准备。

2. Pectination（梳理内容）

确定复习内容后，引导学生围绕一条主线对所学的语言知识进行回顾与梳理，勾勒出大概的复习框架，把原来零散的知识点串联成条理化、系统化的知识体系。

3. Practice（精讲多练）

围绕复习内容的重难点，有针对性地设计各种活动。教师可根据学情进行适当的点拨，有效地增强学生的理解，再让他们进行必要的语言训练，在操练中巩固并掌握相关知识点，夯实基础。

4. Application（拓展运用）

经过激活、梳理与反复的操练，学生对相关复习内容已经基本形成一定的知识网络体系。教师可在此基础上设置任务型活动，强化学生的语言运用意识，让学生带着明确的目标任务，在完成学习任务的过程中发展语言能力、思维能力、文化意识以及交流与合作的能力。

## 四、小学英语复习课的教学策略

小学英语复习课是通过复现来强化和巩固已学知识，但是小学生的注意力持续时间不长，而且容易分散，如果只是机械地讲练，很容易使课堂变得枯燥无味而影响复习的实效。因此，有必要采用一定的教学策略来进行复习，引导学生梳理和建构知识网络，强化语用意识，培养学生的综合语言运用能力，同时发展学生的学科核心素养。

1. 借助多媒体链接生活，活化语境

心理学研究表明，在人们从外界获得的知识信息中，80%要通过人的视觉从图像中得到。同时心理学家也证实，同一件事物，如果仅用符号或文字来认识需要10秒钟，用图画只需约一半的时间，用逼真的图像只需三分之一的时间。多媒体具有形象直观、图文声像并茂的特点，随着社会的发展，多媒体等信息技术被教师引进了课堂。在小学英语复习课教学中，恰当运用多媒体技术将静态的语言知识活化在与学生生活经验相联系的动态语境中，直接让真实的语境活生生地出现在我们的教学中,跨越符号及图画的局限性,能有效地吸引学生的注意力,激活学生的思维,使学生保持最佳学习状态,改变传统的课堂教学方式,切实提高教学效率。

【课例1】北师大版《英语》(三年级起点)六年级下册 Unit 11 Review Food 教学片段

本教材在 Unit 11 复习单元中列出关于"Food"这一话题并以"My favourite food"活动板块的形式出现在"Vocabulary"部分,要求学生为所提供的"food"类词汇归类。教师基于这个话题,首先梳理出本套教材中与该话题相关的已教内容,包括三年级下册 Unit 7 Fruits,Unit 8 Vegetables,四年级下册 Unit 7 At the Restaurant,Unit 9 Hot Soup,五年级下册 Unit 9 Day and Night。

课前,教师立足本课的话题"Food",挖掘教学内容与学生生活之间的联系。教师播放一个小视频,视频中依次呈现各个地方风味美食的烹制现场以及人们品尝美食的真实生活场景。

在上述课例中教师巧妙地借助多媒体把真实的生活场景以小视频的方式展现在课堂中,把静态的语言转化成了活泼、形象、生动的交际性语言,熟悉、可口的美食及人们真实品尝的画面马上唤醒了学生头脑中已存储的关于食物类话题的知识,学生的学习热情一下子被调动起来了,注意力高度集中,仿佛身临其境,纷纷预测本课即将复习的内容是关于食物这一话题。真实、动态的教学情境既活跃了课堂气氛,又激发了学生的学习兴趣,锻炼了思维能力,让后续的学习不再是压力,而是一种期待,一种乐趣。

来源:郭佳楣(泉州市惠安县八二三实验小学)

【课例2】外研版《英语(新标准)》(三年级起点)六年级上册 Module 4 Festivals Review 教学片段

这一课呈现的是"Festival"这一话题,并围绕着"What to do? What to eat? What to say?"展开讨论。教师基于这个话题,首先横向梳理出本套教材中与该话题相关的已教内容,包括西方节日 Halloween、Thanksgiving、Christmas,中国传统佳节 the Spring Festival、the Lantern Festival、the Dragon Boat Festival 和 the Mid-autumn Festival;再进行纵向的深度拓展"What to wear? When is the festival? How is the festival?"

教学中,教师在指导学生阅读 Mini-book 时,为了强化训练学生对传统节日的英语表述，插入一段小视频"Festivals in Quanzhou"。

T：My friend Edison likes the Lantern Festival in Quanzhou very much. Look！（课件呈现泉州各地元宵节的视频）

视频中 Edison 以一个外国人的视角介绍他在泉州体验到的中国传统节日的庆祝活动场面，有泉州的元宵灯节，有南安英都的拔拔灯节等极具地方特色的节日。

T：Chinese culture has a long history. There are many meaningful and colourful festivals. We can introduce them to the world.

来源：黄梅芬（泉州市南安市第一实验小学）

本课例荣获第十二届全国小学英语课堂教学优秀课例展评二等奖

"Festivals in Quanzhou"这一环节让学生通过视频跟着 Edison 走进泉州的元宵节。当真实而熟悉的生活情景随着外国友人的介绍栩栩如生地再现在学生的眼前时，抽象的文字符号在多媒体信息技术的辅助下瞬间活化成动感十足的生活画面，有效地激起学生对节日话题的探究兴趣，也让他们对家乡传统的节日文化有了进一步的了解，从而增强了爱祖国、爱家乡的意识。同时，Edison 声情并茂的描述也让学生进一步了解了如何运用所学语言来表述节日的相关信息。

2. 运用图表梳理内容，形成体系

图表是图示法的主要应用方式之一。图表形式丰富多样，结构清晰。它包括各种表格和图示，可以直观地表达事物之间的联系，系统地呈现复杂问题的脉络，用可视化的方式对信息进行描述，尤其适合支持学生的高阶思维活动，如解释、分析、综合、评价等（曹伟华，2019）。因此，教师可借助各种图表来帮助学生理清主题所涵盖的词汇、句型、语篇等，帮助学生实现从点、线、面的纵横角度建立知识结构网，扩大课堂容量，还可以帮助学生搭建语言输出的支架，建构系统化的语言知识网络，促进语言的运用和思维的发展。

【课例3】北师大版《英语》（三年级起点）六年级下册 Unit 11 Review Food 教学片段

教师把三年级至六年级所学的关于"Food"话题内容进行了梳理和整合后，明确本课应包括以下方面：词汇、功能句型、语法功能项目（包括一般现在时及第三人称的转换）等。

为了帮助学生系统整理知识，并把相对独立的知识串联起来，教师通过地方风味美食的生活小视频热身后，以猜谜的方式，引导学生回顾食物类的相关旧知，接着播放某超市食物区域琳琅满目的食物视频。高频率、大容量的美食再现，引发学生进行食物类词汇的头脑风暴。教师在播放视频的同时把这些与教材活动板块的词汇基本一致的词卡贴在黑板上，为接下来的食物分类埋下伏笔。

图 10-2

来源：郭佳楣（泉州市惠安县八二三实验小学）

该环节中，教师借助食物图示的清晰建构，引导学生尝试对黑板上相关词卡进行分类。在贴词卡的过程中，学生自主做到眼到、手到、心到，主动构建食物的类别概念，有效地落实了本教材活动板块关于食物词汇的分类目标，也达成了学习能力和思维能力提升的目标。

【课例4】外研版《英语（新标准）》（三年级起点）六年级上册 *Festivals Review* 教学片段

上课伊始，教师以玩拼图游戏的方式引导学生回顾各种节日。当学生的积极性被调动起来之时，PPT 上出现一张被抹黑了的 "Broken puzzles" 拼图，形成一个信息的断层。没有了拼图的提示，该如何猜出这个节日呢？教师适时点击 PPT，出现了 What、Where、When 等疑问代词，引导学生通过向老师提问来获取相关信息，从而推断出具体节日，由此引出节日的思维导图。

T：Oh, dear! A broken puzzle. What's the festival? I've got an idea. You can ask me some questions about the festival，then you will get it.

Ss：When is this festival? What do people do? ...

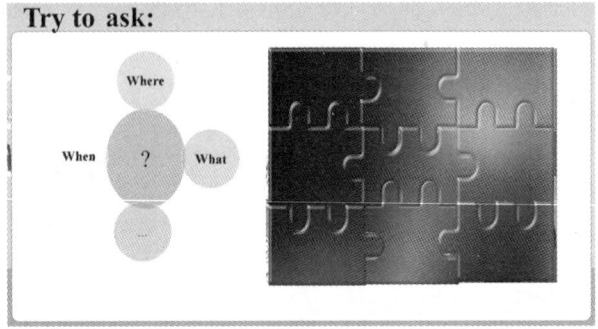

图 10-3

T：Yes. It's the Spring Festival. Look，your questions make the puzzles clear. Can you tell us more about the Spring Festival?

（学生回答）

T：What else? What do people wear? What do people eat/drink? What do people say?

（教师呈现思维导图，见图 10-4。）

最后教师小结：When we talk about festivals，we often ask questions like "When is this festival? Where is it from? What do people do? What do they eat/drink? What do they wear? What do people say?"。

图 10-4

来源：黄梅芬（泉州市南安市第一实验小学）

本课例荣获第十二届全国小学英语课堂教学优秀课例展评二等奖

思维导图是一种基于图式理论的图示法，学习者在利用思维导图学习知识的过程中，将所学知识加以梳理、沟通，并以形象化的方式有效组织起来，使知识点之间发生链接，形成知识的网络系统。以上环节，教师就是利用思维导图引导学生围绕 The Spring Festival 这一节日，立足学生的认知能力把一些看似零散的复习内容整体化、系统化，让学生对节日信息的具体描述有了清晰的结构框架，便于学生理解、记忆，也让他们有话可说，有话能说，在落实语言能力目标的同时有效地促进了学生思维能力的发展。

3. 借助游戏激发兴趣，增强实效

《课程标准》二级目标要求学生对继续学习英语有兴趣。心理学研究表明，小学生的注意力持续性差、不稳定，如果不能以趣味吸引学生，学生会在反复的训练中感到枯燥，会对学习渐渐失去信心。英国著名语言学家 Dick Alluring 说过，"如果语言教师能组织一些活动来吸引学生把注意力放在意义上，使用所学的外语通过交流来解决问题，那么，语言学习就会自然发生。"培养兴趣是小学阶段英语教学的主要目标之一。如何有效地激发小学生的英语学习兴趣呢？多年的实践证明，培养小学生的英语学习兴趣可借助于游戏、唱歌等活动。因此，教师在引导学生进行复习时，应多组织诸如头脑风暴、猜谜、竞赛等具有趣味性的游戏活动，吸引学生积极主动地参与复习，提高复习效果。

【课例5】北师大版《英语》（三年级起点）六年级下册 Unit 11 Review Food 教学片段

本课中，教师抓住小学生好玩、好胜心强的年龄和心理特征，设计了多个竞猜活动。为了复习食物类词汇，教师通过 PPT，呈现了"Riddle"这一活动任务。具体步骤如下：

（1）猜红色的物品

T：First，let's guess a riddle.（PPT 呈现红色，并提示"It's red."。）

$S_1$：It's an apple.

$S_2$：It's a flag.

$S_3$：...（学生根据已知的红色物品进行猜测）

（2）猜红色的圆形物品

教师点击 PPT，红色演变成一个红色圆圈，然后提示："It's round."。

Ss：...（学生再次进行各种猜测）

教师不断地进行提示："It's sweet and sour. It's a kind of vegetable."。

很多学生纷纷猜出:"It's a tomato."。

在教师的不断启发下,学生脑洞大开,积极踊跃地进行了头脑风暴,几乎把之前学过的有关红色的圆形物品词汇都用句型"It's a/an..."猜了一遍。

(3) 猜一食物

T:You are so clever! Do you like tomatoes?

(学生纷纷进行各种肯定或否定回答)

T:Tomatoes are good for our health. We should eat more. Let's go on to the second riddle. Look, what's this?(看着兴趣盎然的学生,教师呈现 meat、bread、cabbage 等词,引导学生根据生活经验猜猜这些食物还可以组合成自己喜欢的哪一种食物。)

Ss:Meat/tomato/cabbage/bread.(学生根据 PPT 呈现的图示预测)

T:Guess. It's a kind of yummy food.

学生猜出是汉堡后,教师借机进行提醒:"I like hamburgers too, but I don't eat too many. We should eat less food to keep fit.",并引出本课将要学习的话题"Food"。

来源:郭佳楣(泉州市惠安县八二三实验小学)

心理学认为,人在精神亢奋时对外界的刺激体验最强烈,对外部信息的接受也最快。上述具有挑战性的猜说活动激发了学生的参与积极性,大家思维活跃,发言踊跃,在猜说的活动过程中自然而然地运用目标语言进行交流,表达自己的真实喜好。随着问题的解答,本课要复习的话题内容也逐步呈现出来,学生在积极参与的过程中,既激活了思维又发展了语言能力。

4. 利用语篇整合语言,落实语用

朱浦老师在《小学英语教学关键问题指导》一书中提到:"任何以特定文本整体呈现的语言材料,都可称之为语篇。语篇是学生英语学习的重要语言材料,通过语篇学习,学生能获取信息,吸收语言知识点,了解国内外文化并进行实际交流和表达,从而提高综合语言运用能力。"语篇作为综合性语言材料,能帮助学生启动头脑中已有图式,激活相关信息,引导学生主动思考、探究、合作,形成与文本的交流,与自身体验的交流,促进语言能力与思维能力的发展。语篇的选择可以根据复习内容而定,比如选用一些与主题相关联的短文、绘本等,把零散的复习内容进行整合,以迁移语用。

【课例6】北师大版《英语》(三年级起点)六年级下册 Unit 11 Review

*Food* 教学片段

教师在最后环节借助一个与"Food"话题相符的绘本语篇作为拓展阅读材料,让学生由单纯的喜欢哪种食物提升到一日三餐的饮食文化认识。

(1) 介绍绘本人物 Bob

T：This is Bob. He is from the USA. He likes food. Can you guess what he likes for breakfast?（教师以 PPT 播放动漫的方式介绍主人公 Bob,并鼓励学生运用已学知识大胆预测。）

Ss：Hamburgers, sandwiches, bacon...

T：What does Bob like for lunch/dinner?

教师此时再伺机提问,让学生带着问题观看视频,并圈出答案,培养学生从文本中获取信息的能力。教师借助绘本故事中 Bob 的一日三餐,让学生初步感受中西方饮食文化的不同,逐步培养文化意识。

(2) 介绍绘本人物 Rola

T：Look, this is Bob's sister, Rola. She is a picky girl. What doesn't Rola like?

教师播放绘本另一人物 Rola,让学生同样带着问题观看视频,并圈出答案,同时核对答案"She doesn't like..."。

T：What does Rola like?

Ss：...（教师进一步追问,再次让学生进行预测。生活中有些学生也跟 Rola 一样存在挑食的现象,因此能马上结合自己喜欢的食物来猜测。）

T：Yes, she likes cake and ice cream. Do you like cake and ice cream?

Ss：Yes, I do.（大部分学生做出肯定回答）

教师用 PPT 呈现饮食金字塔,向学生渗透健康饮食概念。至此,课堂实现了从语言习得到生活文化的不同,再到健康饮食的意识渗透。

来源：郭佳楣（泉州市惠安县八二三实验小学）

在该课例中,教师选取了基于文本又高于文本的绘本语篇,提供语言实践的真实生活情境,有效地整合了食物这一话题所涵盖的语言知识,通过衔接、连贯等方式将所学句子有机地结合在一起,不仅丰富了复习课的内容,而且拓展了复习课的广度和深度,传递了完整的篇章意识。同时,学生在阅读别人的故事的过程中,感悟蕴含其中的文化元素,渗透从小树立健康饮食习惯的理念，发展语言的交际能力。

5. 巧搭支架落实读写，提升能力

语言能力是人类借助语言，以听、说、读、写等方式理解和表达意义的能力，听和读主要基于理解能力，说和写则侧重于表达能力。英语语言的内在结构是个有层次的系统，英语学习是一个由简单到复杂、由少到多、由具体到抽象、由听说到读写的层次性、阶梯性的掌握过程（王建平，2017）。小学阶段的英语教学，要把"写"作为支持口头表达的能力来训练，通过"写"的活动丰富口语教学训练。在复习的拓展运用阶段，教师可以在语境中设计相应的任务，借助语言支架，引导学生通过听、说、看、读等多层次活动的不断深入，逐渐形成一定的语言基础，最后让学生通过书写来表达，就能更深层次地提升学生的语言能力，体现"用英语做事情"这一理念。

【课例 7】外研版《英语（新标准）》（三年级起点）六年级上册 *Festivals Review* 教学片段

在此课例中，教师采用层层递进的方式，由易到难、循序渐进地引导学生围绕 The Spring Festival 这一节日的思维导图，对节日的旧知进行梳理，为后面的输出任务搭好支架。

教师呈现一篇有关新节日 Mid-summer's Eve 的短文（见图 10-5），引导学生阅读，找出与 When、Where、What 相关的描述语句。然后以此为范例搭建一个新的节日支架（见图 10-6），让学生进行仿写。

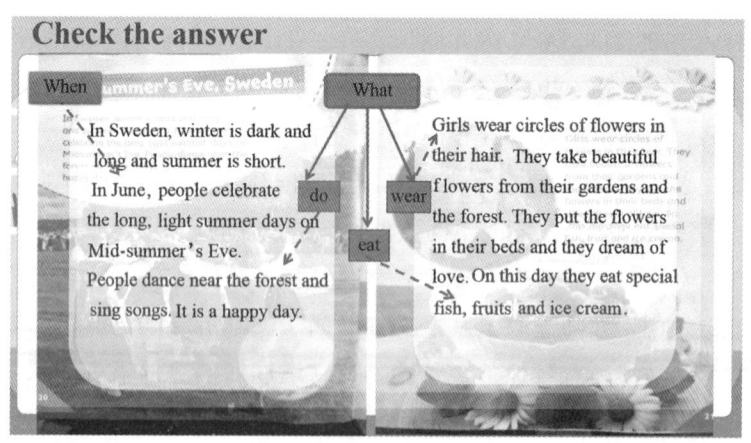

图 10-5

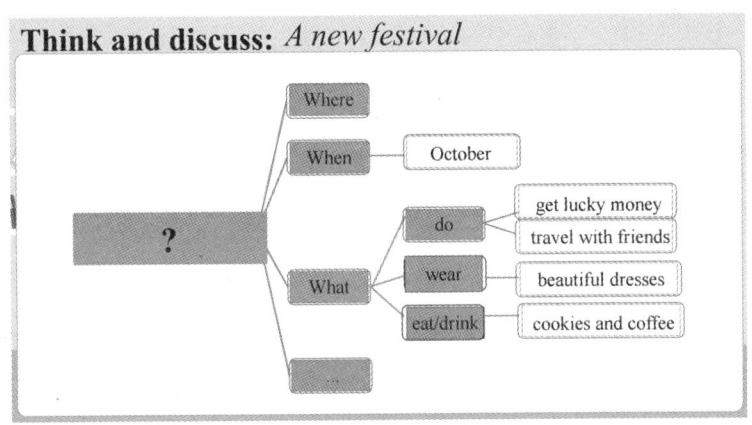

图 10-6

来源：黄梅芬（泉州市南安县第一实验小学）

本课例荣获第十二届全国小学英语课堂教学优秀课例展评二等奖

教师引导学生对 The Spring Festival 的相关信息进行梳理，并借助思维导图搭建出一个语言支架，让学生更清晰地理解节日所包含的几大因素，训练学生有效阅读信息、梳理信息以及吸收信息的能力。在此基础上，指导学生尝试根据自己对节日的理解与需求，创造性地仿写出一个新的节日，并在同学中相互交流，分享对新节日的所思所想。活动过程有效地培养了学生的语言表达能力，提升了学生的思维品质。

【课例8】北师大版《英语》（三年级起点）六年级下册 Unit 11 Review Food 教学片段

学习完绘本故事后，学生了解了国内外饮食习惯的差异，从 Rola 不健康的饮食习惯中仿佛看到了自己的影子，纷纷进行自我反思。此刻，教师趁机借助 PPT 呈现健康饮食金字塔。

T：Look，this is the Food Pyramid.（与学生一起说一说）

T&Ss：We should eat more cereal, like noodles, rice...

We should eat more vegetables and fruits.

We should drink daily milk or yogurt.

We should eat less meat, fish, beans, eggs and fish.

We should eat less candies, cake, ice cream.

通过饮食金字塔的认知，学生也意识到日常饮食需保持均衡，才能保证身体健康。

T：This is Bob's breakfast, lunch and dinner.（PPT 课件中呈现 Bob 的一日三餐结构导图，要求学生模仿绘制自己的三餐导图，并运用句型"I like... for breakfast/lunch/dinner."与同伴分享。）

What do you like for breakfast, lunch and dinner? Please draw and write them down.

（学生自主画思维导图）

教师用句型"I like... for breakfast/lunch/dinner."进行示范表达，要求学生根据自己画的导图，运用"I like... for breakfast/lunch/dinner."句型分享自己喜爱的一日三餐。

来源：郭佳楣（泉州市惠安县八二三实验小学）

在这个过程中，学生在教师搭建的语言支架的辅助下，运用已学的语言知识先进行书面仿写，再进行口头表达，并对他人的饮食安排进行评价与对比，学生的语言能力和思维能力在学习活动以及师生、生生互动中得到训练和提高，有效彰显了复习课的应用性，渗透了学科的立德树人目标，进一步促进了学生综合语言能力的发展。

## 五、小学英语复习课的注意事项和准备工作

### 1. 注意事项

作为巩固和提高小学生英语语言能力的一个重要课型，复习课在小学英语课堂教学中占有重要地位。复习课的容量大，知识点多而散，因此，在进行小学英语复习课教学时必须做到如下几点。

- 切勿把复习课上成练习课或者是新授课。
- 在目标的定位上切勿只关注语言知识及语言能力，而忽略思维品质及文化意识的培养。
- 应对复习内容进行整合或提炼，切勿出现内容的机械堆砌。
- 复习内容要源于教材，活动设计要基于学情。

### 2. 准备工作

- 研读《课程标准》相关级别的目标要求。
- 研读教材，确定复习内容，并根据学情制订相应的复习目标，确定复

习思路。

• 设计复习教学过程，根据需要搜集相关的复习资料，制作课件，准备好相应的教具，并熟练掌握课堂教学用语和多媒体应用技术。

• 根据制订好的复习方案，设计复习导学案，让学生做些课前的预习准备。

## 六、一份完整的小学英语复习课课堂教学设计

北师大版《英语》（三年级起点）六年级下册

Unit 11 Review 2（Sports）复习课

执教教师/吴惠玲　指导教师/何清华

 **1. 教学内容与学情分析**

（1）教学内容分析

北师大版《英语》（三年级起点）六年级下册第 10、11、12 单元为小学阶段的复习单元，内容涵盖三至六年级所学过的水果、蔬菜、动物、能力、家庭等话题内容。在设计复习课时，教师可以根据学生的水平，立足复习单元中的某一话题，整合相关联的活动板块的内容，搜集资源，确定本节复习课的主题，从兴趣激发、能力培养和情境创设三个方面设计能促使学生主动参与学习的活动，引导学生在学习过程中发现、分析、记忆，从而让学生在整体学习中学会运用语言表达，提升学习能力，发展思维能力，形成文化意识，让学生的知识、心智和情感都得到综合发展。

本节课整合教材 Unit 11 Review 2 中关于运动话题的三个板块，确定了"谈论运动，提倡运动"这一主题。纵观本套教材，涉及运动话题的有三年级下册的 Unit 11 和六年级上册的 Unit 3，学生已学过的有关运动类的词汇有 run、100-meter race、200-meter race、jump、do the long jump、do the high jump、play football、play basketball、play table tennis、swim 等，运动情境语言有"What sports do you like? I like... What sports does he/she like? He/She likes... What sports can you do? I can... I can't... Congratulations."等，以及询问名次的句型"Who was first? ... was first/second/..."及序数词 first、second、third、fourth、fifth 等。

（2）学情分析

六年级的学生已经具备较强的学习能力和基本的听、说、读、写能力，对于教材中复习单元所涉及的学习内容，也有一定的知识储备。同时，这个年龄段的学生已经具备独立朗读、识记基本的单词和句型的能力。但由于学习时间间隔较长，又缺少融合，学生会产生一定程度的语言知识遗忘，也缺乏一定的整合、系统归纳的能力，所以教师在设计活动时，有必要联系学生的生活经验创设情境，有效帮助学生启动知识储备，建构知识网络，形成整体的知识体系。

### 2. 整体设计思路与教学流程图

（1）整体设计思路

《课程标准》指出："教师要通过英语教学帮助学生形成有效的学习策略，发展自主学习能力。"小学英语复习课就是基于这种理念，通过科学有效的复习方法指导、策略引领及活动训练，帮助学生梳理和归纳所学的语言知识，并在头脑中形成知识网络体系，同时强化学生的语用能力，培养学生的思维能力。

本节复习课采用的是小学英语"APPA"（Activation、Pectination、Practice、Application）这一复习课教学模式。

（2）教学流程图（见图10-7）

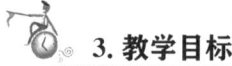

### 3. 教学目标

（1）语言能力目标

①学生能正确听、说、读、写有关运动类的词汇：swim、long jump、run the 100/200-meter race、basketball、football、table tennis、high jump、tennis 以及有关序数词 first、second、third、fourth、fifth、sixth、seventh、eighth、ninth、tenth 等。

②学生能在语境中正确运用句型"What sports can you do? I can.../I can't... She/He can..."来互相询问并描述自己或他人的能力；能正确运用句型"What sports do you like? I like... What sports does she/he like? He/She likes..."来询问并描述他人或自己喜欢的运动；能正确运用句子"Who was first? Ben was first."来谈论比赛名次等。

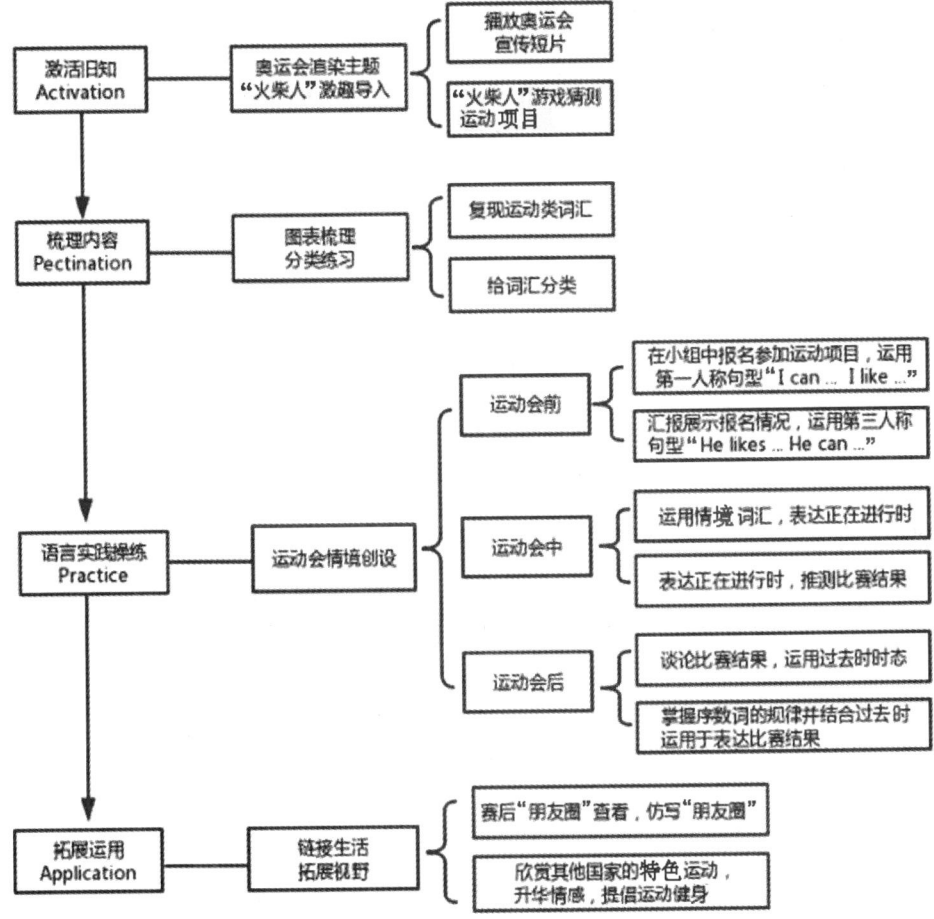

图 10-7

③梳理、运用、精讲、精练有关运动主题的内容。

（2）学习能力目标

①学生能通过发现、分类、归纳等方法，掌握序数词的构词规律，并进行正确的表达，形成有效的学习策略。

②学生能通过体验并自主发现第三人称单数的用法与其他人称用法的不同，能正确运用相关句型进行交际。

③学生能在图片和情境的帮助下，谈论自己和同伴能做的运动和喜欢的运动，并在真实情境中正确且灵活地运用语言进行交际。

（3）思维品质目标

①学生能在任务驱动下思考问题，解决问题，提炼和总结信息，培养理解、分析、归纳、综合和概括的思维能力。

②学生能在语境中灵活运用本课词汇、句型做事情或解决问题，或开展与运动相关话题的交际活动，提高思维能力。

（4）文化意识目标

①培养跨文化意识，拓展运动文化的国际视野。

②培养同学间互相关爱及集体荣誉感的意识，树立热爱运动、运动健身的意识。

**4. 教学准备**

PPT、运动会报名表、词卡、句型条等。

**5. 教学过程**

**Step 1　Activation**

（1）Watch a video and have a free talk

教师播放奥运会宣传片，渲染本课的教学主题。

T：What sports can you see in the video?

Ss：Swimming，running，basketball…

T：Can you do some sports?

Ss：Yes，I can.

T：I can do sports，too. Guess. What can I do?

（2）Guessing game

教师通过PPT呈现以自己头像制作而成的"火柴人"形象，激发学生兴趣，让学生根据"火柴人"的动作变化，看图猜测运动类词汇。

图 10-8

T: Look! This is Ms Wu. Yes, Ms Wu can do many sports. Now, guess. I can...

S₁: ...

T: Maybe.

学生根据"火柴人"的动作变化说出相应词汇。

**设计意图**

震撼人心的奥运会宣传片既能呈现给学生各种类别的运动项目,唤醒、激活学生已有的记忆,又能渲染课堂的运动类学习氛围,将学生的思维迅速拉到运动这个主题上来。教师通过给自己设计"火柴人"的形象,让学生根据"火柴人"的简笔画来猜测运动类别,增加了猜词活动的趣味性,既调动了学生的学习热情,拉近了师生间的距离,也让学生在游戏中回顾、提取已学的词汇,为后续的学习做好了铺垫。

**Step 2　Pectination**

(1) Review

教师将学生说到的运动类词汇逐一呈现在黑板上,请学生自主归类。

T: Wow, you're so clever! Yes, I can do high jump. (教师将以下词卡一一呈现:high jump、long jump、swim、run the 100/200/400-meter race、play football、basketball、tennis、table tennis,学生逐一认读。)

These are ball games. These are others. And they're all sports.

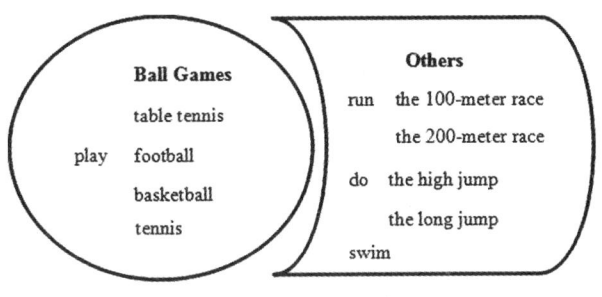

图 10-9

**设计意图**

该环节对运动类词汇进行回顾、提取,实现从图到文的对接,并借助图表引导学生对已学过的运动类词汇进行梳理。学生通过看图说话、认读，进而进行词汇分类的语意学习，实现活动层次的加深，促进思维能力的发展。

（2）揭题：Sports

T：This is today's topic "Sports".

　　Look，I can swim. Can you swim？

$S_1$：Yes，I can. I can...

$S_2$：...

T：Can you...？

$S_3$：No，I can't. I can't...

T：What sports can you do？（教师呈现句型，并请两三个学生回答。）

$S_3$：I can...

T：Wow！That's cool. So，you can... You can... You can... Wonderful！

**设计意图**

从奥运会宣传片、"火柴人"的猜词游戏的活动，到运动类词汇的汇总、分类，本节课的教学主题已经呼之欲出，学生已在头脑中形成了运动类词汇的结构，此时，师生间可以自然地进行有关运动话题的谈论。至此，本课的学习话题水到渠成地揭示出来。

**Step 3　Practice**

（1）运动会前，填报运动会报名表

教师示范如何调查学生运动项目、填写运动会报名表。

T：Boys and girls, our school sports day is coming.（PPT 呈现运动会开幕场景，见图 10-10。）

What sports do you like？（呈现句型，教师请两名学生回答。）

$S_1$：I like swimming.

$S_2$：I like running the 100-meter race.

图 10-10

T：Look，this is a sports entry form. What sports do you like, Dan？

S₂: I like swimming.

T: OK, swimming. （教师呈现报名表，询问一个学生喜欢什么运动项目，并根据学生的回答在表格上画"√"。）What sports do you like, Sam?

S₃: I like playing basketball.

T: Wow, cool! （教师与学生问答，在表格上画"√"，继续示范报名表的填写。）Each group has an entry form, right? Please take it out. Now choose the sports you like. （小组完成报名表的填写）Remember to use such sentences as "What sports do you like? I like…"

表 10-1　**Sports Entry Form**（运动会报名表）

| Item＼Name | swim | run the 100-meter race | run the 800-meter race | play football | do the long jump | play basketball | do the high jump |
|---|---|---|---|---|---|---|---|
| Dan | √ | | | | | | |
| Sam | | | | | | √ | |
| | | | | | | | |

**设计意图**

本环节从谈论运动的话题转向运动语境的创设，通过播放本校学生的运动会图片和视频，链接学生校园生活实际，创设相对真实的运动会情境，勾起学生对运动会的共情，促进学生用所学语言进行交流。情境的创设在整节课中保持相对完整并前后一致，使教学流程自然、顺畅。教师在交流互动中自觉地把注意力从语言形式转向语言意义，转向信息和情感的沟通和传递，以帮助学生建构知识。

（2）展示、交流报名表

T: Now, boys and girls, which group wants to share with us? OK, Group 1.

What sports does he/she like?（教师边说边板书）

Very good. This is the entry form of Group 1. Now another group?

S₁: A likes… B likes… C likes… D likes…

T: Yes. He/She likes…（教师板书）

第十章 ｜ 复习课型　247

**设计意图**

学生在小组内通过使用句型"I like..."完成报名表填写,操练并运用句型"What sports do you like? I like..."进行表达。但班级中各组所报的运动信息并没有交流,存在一定的信息差。因此,教师利用各组间存在的信息差,将报名表在全班展示并交流。此时,第三人称的句型就可以水到渠成地进行使用了。在相对真实的情景中,因信息差的存在而激起学生交流的欲望,使运用语言进行交际有了必要性。真实的语境有利于学生体验源于真实交际情境的语言,而让学生置身于具体、真实的语境中能有效地帮助学生理解、练习和初步尝试运用语言,增强了语言学习的现实意义。

(3)运动会中,跑步比赛现场

教师播放本班几个学生跑步比赛的视频。

T: B likes running. Who likes running, too?

T: Great! Many of you like running. Let's watch a running race.

(教师播放比赛现场画面)

T: Look! He's... He's... They are having a running race. Let's say "come on" to them. Ready? Go!

Ss: Come on!

T: OK. Very good! Who was first?

Ss: A was first. B was second. F was sixth.

**设计意图**

心理学研究告诉我们,唯有当学生能自由参与探索与创新,并发现知识的个人意义时,其身心方处于最佳状态,思维方能呈现激活之势。教师让学生谈论所看到的自己熟悉的同学的比赛现场,学生肯定很激动,并很乐意就比赛结果进行交流,自主提出"Who was first? Who was second?"等问题,从而自然过渡到序数词的学习。

(4)运动会后,谈论比赛结果

(呈现比赛结果,观看PPT,给选手连上正确的序号。)

T: Good job, boys and girls! Look at these words: fourth, fifth, sixth, seventh. Have you found something?(PPT上呈现出有规律的红色变

化"th",教师请学生说一说序数词的规律。)

S₁: 8th, 22nd, 25th, 27th...

T: Very good. We add "th" after numbers, and here it sounds /θ/. Let's look at some more ordinal numbers here. (教师呈现其他序数词,学生练习说。)

OK,you all did very well in the running race. Congratulations!

### 设 计 意 图

通过让学生谈论同伴比赛的名次,并引导学生查看更多序数词,发现差异、触动思维、发现规律、进而加以掌握运用。在这一过程中,学生会读、会认、会填,提高了学习能力。学生的观察力、思维能力、归纳能力等都得到有效锻炼。而且,补全 PPT 内容空缺的方式可使数字学习变得轻松明了,起到了化繁为简的作用。

**Step 4　Application**

(1) 读赛后"朋友圈"(以任务驱动落实读、写)

教师设计赛后分享"朋友圈"的阅读任务,驱动学生尝试自主阅读和提取信息,并采用听音、补白、仿写、分享的活动方式,落实学生的读、写技能。

T: A was first. He was very excited. And he shared it in the WeChat moment. Look, this is his moment.

 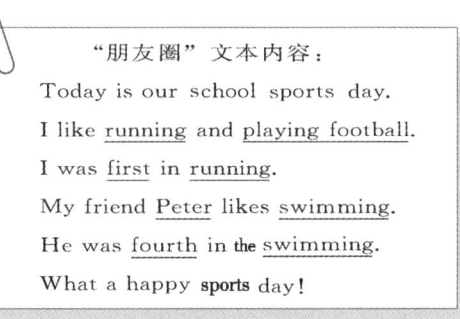

图 10-11

①听音查看"朋友圈"。

T: He is cool, isn't he? What did he share? Let's listen. (播放语音,呈现"朋友圈"插图,见图 10-11。)

②读后补白。

(PPT 呈现补白内容)

A likes... A was... in the running race.

A's friend Peter likes... Peter was... in the swimming.

③写写自己的"朋友圈"。

T：Great! Can you share something in the moment, too? Please take out the paper, and write it down like this.

④展示作品。

T：Now, boys and girls, who can show your moment?

学生 1 展示如下：

Wow, cool! The sports day! My friend ××× was first in the 100-meter race.

××× was second in doing the long jump. ××× was second in the swimming.

Come on! My Class 606!

**设 计 意 图**

语言能为学习者提供表达和获得反馈的机会，促使他们把注意力从理解层面集中到准确表达所需、所想的更深层次的句法处理层面。通过追求语言的准确度，学习者能发现自己的语言输出与目标之间的差异，发现不足之处，从而推动语言水平的提高。"朋友圈"是学生日常生活中常见的社交方式，教师通过让他们看别人的"朋友圈"，联系自己所知道的运动情况，也来写写自己的"朋友圈"，实际上就是帮助学生搭设了一个语言输出的平台，给他们引导性的语言建构，让他们通过阅读、观察、分析、运用语言，从听、说、读、写等方面落实学习技能，发展学习能力。

(2) 情感渗透，培养意识

教师播放短视频，让学生欣赏各国不同特色的运动项目。

T：Sports make us happy and healthy. Children in other countries like sports, too. Let's enjoy it.

学生观看视频，欣赏各国小朋友的不同运动项目。

T：Are they interesting? Yes! Boys and girls, let's keep doing sports, keep healthy.

📎 **设计意图**

本环节通过学生日常生活中常见的社交方式——"朋友圈",引出书写小练笔,落实学生读、写能力的培养。教师在这一环节还引导学生关注外国小伙伴的运动生活,适时补充了文化信息,渗透爱运动、爱健康理念,引导健康向上的生活意识,同时又让学生拓展了国际视野,培养了跨文化意识。教育作为发展和完善个体认知、塑造人格的社会活动,其核心价值不仅仅在于传授知识,更体现立德树人,其本质是一种人文关怀。

**Step 5　Homework**

- Do "Read and match" on P54.
- Make a sports plan for yourself, just like the following:

**Ms Wu's Sports Plan**

|              | Sunday | Monday         | Tuesday | Wednesday | ... |
|--------------|--------|----------------|---------|-----------|-----|
| 6:30 a.m.    | run    | —              | —       | ...       |     |
| 4:00 p.m.    | swim   | play badminton | run     | ...       |     |

📎 **设计意图**

总结全课和评价表,肯定与鼓励学生的学习积极性,同时巧妙地运用本课所学的语言。根据教学目标把作业设计为制订自己的运动计划,是学生内化语言、巩固新知的过程,意在建立课堂与生活的联系,把课堂延伸到生活当中。

 **6. 板书设计**

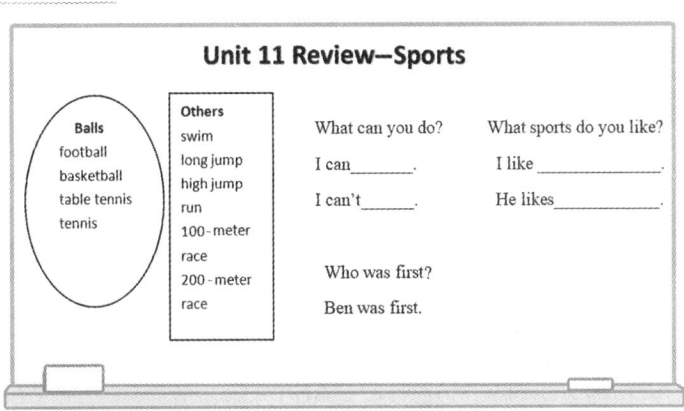

> 设 计 意 图

本节课的板书设计帮助学生把运动类词汇进行分类梳理，并把核心句型以对话方式勾勒出来，便于学生在头脑中形成框架，在实际交流中加以运用。

 **7. 课例点评**

本节复习课主题是"运动"，在教学课堂里，我们听到了学生的话语声、愉悦的笑声和歌声，这是一个快乐的课堂，是一个英语语言学习的课堂，是一个学生自我成长的课堂。纵观整个课堂面貌，真正做到了由英语学科教学转向学科借助英语来组织学生学习的课堂，是为学生的进步和成长服务的课堂。整堂课都能展现出以下几个特点。

（1）围绕话题主线串联内容，彰显复习的整体性与系统性

本节课中，教师通过创设"Sports Day"这一学生熟悉的真实校园生活情境，把已学过的有关"sports"的内容进行系统串联、整合设计，引导学生围绕"参与报名、观看跑步比赛、谈论赛后成绩、赛后晒 WeChat、欣赏有趣运动"等一系列活动展开复习。这种以话题为主线，以情境迁移语用的复习方式，有效地体现了语言学习的整体性和系统性，培养了学生的语言运用能力。

（2）任务驱动的活动设计意识，体现复习的针对性

针对复习重、难点设计活动进行有效训练，是本节课体现出的另一优势。比如在填写完报名表后，让全班同学相互交流报名情况，交流过程中，学生的语言表达自然而然地从第一人称转向第三人称。又如在 ranking list 这一活动中，融入序数词的复习，教师呈现了 first、second、third 等序数词，引导学生自己去发现规律、总结规律。再比如晒"朋友圈"活动中，让学生先试听同学的"朋友圈"，自主读"朋友圈"，读完之后结合自己的理解，模仿着把自己看到的运动会发一条"朋友圈"消息。以上每一个活动都目标明确地强化了学生的某一语言项目的巩固，鼓励学生在遇到问题、思考问题、解决问题的过程中提高自身的学习能力。

（3）丰富话题资源素材，拓宽学生文化视野

在本节课中，教师围绕运动话题精心准备了丰富多彩的文化素材和资源，比如奥运会宣传片、学校运动会视频、国外小朋友的特色运动项目。这些素材和资源，不仅能有效激活学生的相关知识，还拓宽了学生的文化视野。无

论是当地的本土文化，或是中国的传统文化，还是通过外语学习接受到的国外文化，都能促使学生接收到不同的文化信息，从而促使学生去认识语言之外的丰富内容，或通过以文化为载体的语言学习形成信息，培养情趣。

当然课无完课，本课在活动设计上如果能进一步优化，比如通过提高活动的层次，让语言真实运用起来，就能更有效地激活学生思维。ranking list 这一环节，如果想让学生更深入地参与，可以让学生用语言来做事情，即让学生能够用 first、second 来描述和介绍跑步比赛（running race）。先观看视频，观看完之后让学生讨论谁参加 running race 和 who was first/second，可以以小组为单位，让学生你一言我一语地互动起来，把运动会情形说下来。复习中，教师可以对学生的语言能力要求再高一点，在整体复习上，直接指向学生运用语言的能力，给他们搭设平台。最后的书写表达环节，教师给学生提供的范例，可以是第一种，还可以是 Sports Day 结束之后一个同学在 WeChat 上这么写，还有一个同学在 WeChat 上那么写，这样就有了两种不同的材料，达到开阔学生思路的目的。学生最后的书写表达部分，教师所提供的范例也可以再增加部分内容，可以更好地开阔学生的思路。

（点评专家：林平珠，泉州市教育科学研究所）

本课例荣获第八届全国农村及少数民族地区中小学英语课堂教学优秀课例展评一等奖

### 8. 执教教师简介

吴惠玲，泉州市小学英语学科带头人、泉州市小学英语骨干教师。曾荣获第八届全国农村及少数民族地区中小学英语课堂教学活动优秀课例展评一等奖，第八届全国农村及少数民族地区中小学英语课堂教学活动论文评选一等奖。

# 第十一章　科学探究课型

《课程标准》指出，小学英语教学应鼓励学生通过体验、实践、讨论、合作和探究等方式，在学习中积极思考、主动探究自己感兴趣的问题并在教师的引导下自主学习。基于此，小学英语科学探究课旨在通过指导学生提出问题、推断探索、梳理阐述、举一反三、分享表达等一系列学习活动，进一步培养学生的自主学习能力、动手实践能力、合作探究能力、英语综合语言表达能力、思维能力和用英语做事的能力。

## 一、小学英语科学探究课的定义

小学英语科学探究课是依托英语语言学习为载体，对蕴含科学现象的现行教材或科学主题绘本等学习资源进行整合、开发，引导学生对科学现象进行积极探究的学习过程，最终达到发展学生语言综合运用能力及科学探究能力。

## 二、小学英语科学探究课的特点

小学英语科学探究课强调师生以严谨的思维探寻科学现象背后的真相，在英语语言学习与科学探索的过程中拓宽学生的知识面，提高学生的问题解决能力，将知识和能力转化为学科素养，促进学生的全面发展。因此，小学英语科学探究课具有学科融合性、科学探究性、科学严谨性等基本特点。

1. 学科融合性

为了提升小学英语科学探究课的教学质量,理解科学现象和解决实际问题,需要综合运用不同领域的知识和方法。小学英语科学探究课不仅在教法上需要跟其他学科有机融合,学法中更应注重学习内容与经验的结合、动手与动脑的结合、学科知识与社会实践的结合。

2. 科学探究性

科学探究性是小学英语科学探究课最显著的特征。在小学英语科学探究课堂中,教师从扶到放,鼓励学生以英语语言为交流工具,结合已有认知水平对未知科学现象进行大胆预测,在实验中论证,在拓展迁移中深度探究学习,从而形成和发展学生的科学探究素养。

3. 科学严谨性

师生在研究科学知识时要严格遵守科学逻辑规则。探究的过程应秉持严谨的态度和方法,去粗取精,去伪存真,由此及彼,由表及里。

## 三、小学英语探究课的教学模式

小学英语教育是动态化的学习过程,学生在教师的引导下进行积极主动、深入探究、体验迁移、思维碰撞的科学探究性学习。在培养听、说、读、写等英语语言核心技能的同时,保持对科学的好奇心和探索欲。小学英语科学探究课与科学探究教学最大的区别是依托英语语言学习为载体,引导学生对科学现象进行积极探究,所以该课型首先要保证的前提是英语语言的有效学习。为此,我们总结出小学英语"5E"科学探究课教学模式,即Engagement、Exploration、Explanation、Extension、Evaluation。

小学英语"5E"科学探究课教学模式的探索,能寻求更为有效的、适合学情的小学英语科学探究教学策略,从而更好地发展学生的语言综合运用能力和科学探究能力。

小学英语"5E"科学探究课教学模式

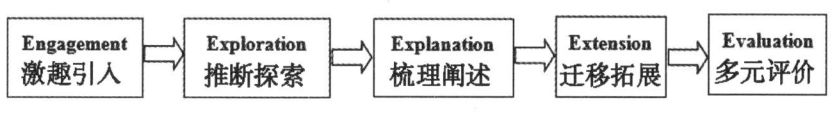

图 11-1

1. Engagement（激趣引入）

教师引导学生在原有认知结构储备的基础上，通过多样化手段，激发学生的兴趣，引发其好奇心，引导学生明确探究方向，为接下来的科学探索做足准备。

2. Exploration（推断探索）

学生在教师引导下通过文本阅读或科学实验任务导图的帮助，初步构建新的知识体系，进行多维思考，提出有逻辑的推断，不断进行深入学习与思考，合作探寻事物或现象背后的真相，发展高阶思维能力。

3. Explanation（梳理阐述）

学生通过同伴互助讨论或多种方式深度学习，探寻事物本质或者表象背后的真相，通过思维导图或其他组织结构图对表层结构进行深层次的梳理和总结，阐述结论。

4. Extension（迁移拓展）

学生在个体内化的基础上通过知识的迁移进行发散性思考，以英语语言为载体，对同类现象或同主题科学真相进行举一反三拓展探究。

5. Evaluation（多元评价）

学生评估自己的收获与进步，呈现富有个性与创造性的汇报交流，教师给予客观公正的评价。学习成果可以通过多种形式呈现，如科学实验报告、科学实验手抄报、科学主题迷你绘本作品等，鼓励学生围绕探究主题开展进一步的延伸学习。

## 四、小学英语科学探究课的教学策略

在小学英语科学探究活动中，教师是活动的组织者和引导者，学生在教师的指导下进行独立的探究活动，逐渐形成一定的探究能力，为今后的进一步发展创造条件。为更有效地优化小学英语"5E"科学探究课教学模式，在教学中可采用以下教学策略。

1. 聚焦科学主题，激趣导入

核心素养背景下的英语学科教学，其育人功能在很大程度上是与语言活动所围绕的主题范畴、教学文本所携载的文化内容密切相关。《普通高中英语课程标准（2017年版）》将"主题"作为课程内容的六大要素之一，并按照"人与自然""人与社会""人与自我"三大主题设置了多个子主题。如"人与自然"中包含"自然生态""环境保护""灾害防护""宇宙探索"等 7 个子主题。这些主题语境以英语为媒介,呈现优秀的人文和科学知识,我们应该利用好这些主题资源,摒弃单纯的语言形式学习,通过学生感兴趣的方式,如"Co-teaching(双师配合教学)""Tasks""Guessing game""Magic show"等方式激发学习和探索欲望,最大化调动学生的积极性。引导学生围绕科学主题进行有意义的探究学习活动,这不仅有利于培养学生的学习能力,也能更有效地培养其综合语用的能力和提升思维品质。

【课例1】外研版《英语(新标准)》(三年级起点)三年级上册 Module 4 Unit 1 It's red. 教学片段

主题:颜色探究

教师播放一段有趣的短视频(见图 11-2),视频中的"chameleon"在翻爬各色眼镜框的同时,身上的皮肤颜色会随即发生相近色的改变,学生们都惊呼:"帅呆了!"

T:What an amazing chameleon! How many colours can he change?

Ss:Red,blue,green,yellow and black.

T:Why do chameleons change different colours? You can speak in Chinese.

$S_1$:为了隐藏自己,不被天敌发现。

$S_2$:为了捕食。

……

T:Yes,you are right! And what colour will it be when it warns the enemy?(见图 11-3)

图 11-2    图 11-3

$S_1$: Sometimes red.

$S_2$: Sometimes green.

$S_3$: Sometimes black.

……

来源：赖月茹（泉州市鲤城区东门实验小学）

该案例中，教师通过呈现变色龙具有自由变色本领的小视频，带给学生强大的视觉冲击力，他们的学习兴趣快速被点燃。与此同时，教师利用信息差抛出问题，引导学生猜测变色龙在警示敌人时所呈现的皮肤颜色，进一步激发了学生探索变色龙变色奥秘的欲望，为后面的颜色学习与探究做足了铺垫。

2. 启发多维思考，深入探索

人们对未知领域的了解源于"思"，起于"疑"，成于"探索"。引导学生学会"质疑"，则需要通过猜想与假设这一途径。猜想与假设是对问题中事物的因果性、规律性做出的假定性解释。在猜想环节，学生充分发挥主体性作用，积极主动地提出猜测与可能，培养发散性思维。假设是通过对猜想的排查进行提炼总结，因此需要一种逻辑的聚合思维。学生在已有知识经验的基础上，大胆提出有依据的假设，引发多维层次的思考，是小学英语科学探究课的首要前提。

【课例2】外研版《英语（新标准）》（三年级起点）三年级上册 Module 4 Unit 1 It's red. 教学片段

主题：颜色探究

在学生熟练掌握颜色表达之后，为进一步探究"多种颜色融合会发生怎样的变化"，教师首先呈现一瓶装有半瓶水的透明塑料瓶，让学生猜一猜瓶子里的水会变成什么颜色。

T: Guess what colour it will be.

$S_1$: Red.

$S_2$: Blue.

……

（教师摇晃手中塑料瓶里的水，水变成黄色。）

T: How can I change this bottle of yellow water into orange water? What colour shall I add into it?

$S_1$：White.

$S_2$：Blue.

$S_3$：Red.

（教师进行实验验证：把红色颜料加入黄色水中充分混合搅拌，瓶中水的颜色由黄色变为橙色。）

T：Now it's your turn. Complete your colour card，please.

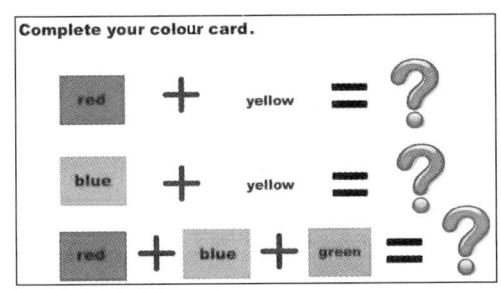

图 11-4

来源：赖月茹（泉州市鲤城区东门实验小学）

该教学课例能聚焦"Colour Change"这一科学探究主题，在承接课例1所探究的变色龙变色成因的基础上，引导学生对多颜色混合变色的结果进行思考探究。学生依据绘画配色经验或色感经验疑中有思，因思而做，在动手填涂色卡活动中验证猜测的结果，发展多重思维能力。

【课例3】《国家地理儿童百科入门级》*Some Things Float* 教学片段

主题：沉浮探究

《国家地理儿童百科入门级》涉及物理科学、地球·太空科学、生命科学、工艺和技术、地理、历史、文化以及经济等多个方面。*Some Things Float* 以"东西的沉浮"来展开对学生生活常识的培养。本教学情景在学习完书中 rock、coin、leaf 的沉浮探究后，通过追问引导学生对 glass、ball、pencil、key、watermelon 五种物品的沉浮进行大胆预测（见图 11-5），引导学生探索发现不同物品在水中沉浮的特性，培养学生从生活中进行多维思考的能力。

T：Will this key float?

$S_1$：No. I think the key will sink.

T：Will this ball float?

$S_2$：Yes. I think the ball will float，because it's light.

T: Look! What a big watermelon! Will it sink?

S₁: Yes. I think it will sink.

S₂: No. I think it will float.

T: Well, let's check it together.

Ss: Wow, amazing! The watermelon is floating in the water.

T: Why?

……

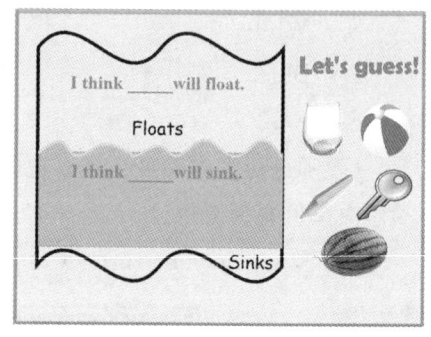

图 11-5

来源：曾华彬（泉州市鲤城区实验小学）

在该课例中，教师引导学生做有依据的假设，当学生的假设出错时，教师非常耐心，愿意等待。学生的假设不能一步到位时，教师的耐心等待就显得尤为重要。教师的引导可以让学生发现假设的不合理性或不完善之处，同时也让学生懂得这是一个质疑的过程。合理的猜想要经过进一步的筛选、整理、概括才能形成一条合理的具有探究价值的假设，从而进一步培养学生的高阶思维能力。本课例中对西瓜的沉浮探讨，打破了学生对事物的既定思维，为聚焦不同材质物品的沉浮探究做足了准备。

高阶思维在教学目标分类中表现为分析、综合、评价和创造。在小学英语探究课堂中，我们应积极鼓励学生依托英语语言，表达分析问题与解决问题的过程性思考，与此同时同步发展学生的辨析性思维、批判性思维以及创造性思维。

3. 引导综合表达，阐述习得观点

通过英语学习使学生形成初步的综合语言运用能力，促进其心智发展，提高综合人文素养是《课程标准》提出的义务教育阶段英语课程的总目标。在小学英语科学探究课中，教师要引导学生通过同伴互助讨论或多种方式深度学习，在探寻到事物本质或现象背后的真相后，通过思维导图或其他组织结构图，对表层结构进行深层次的梳理和总结，以阐述结论。

【课例4】自创探究性主题学习活动 Getting to Know Our Hometown 教学片段

主题：人文科学探究

根据主题，将学生进行分组，引导学生运用所学对自己的家乡进行介绍，进行合作探究学习，并编写汇报。

教学情景：课前教师根据学生喜好，将他们分成四组不同的探究主题小组：风景组（Famous places）、名人组（Famous persons）、物产组（Famous things）和美食组（Famous food）。通过展示学生前期完成的两本书：*Come and Meet My Family* 和 *Getting to Know Our School*，提出本课的任务是完成第三本书 *Getting to Know Our Hometown*。接着播放一段含有建阳元素的视频引导学生抒发对家乡的热爱之情。最后，教师引导学生在小组中开展合作探究学习，呈现如下阐述汇报。

---

**Jian Zhan**

Hello. I'm from Group 9.

Today I'd like to recommend Tea Bowl of Jianyang.

It's a kind of bowl for drinking tea.

It's black and brown. It's made of red soil.

It's very famous in China and Japan.

Index：★★★★★

---

**Kaoting Academy**（考亭书院）

Hello. I'm from Group 5. I'm a hometown guide.

Today I'd like to recommend Kaoting Academy.

It's a kind of old college.

It's made of stone.

It was built by Zhu Xi（朱熹）.

It's very famous in China.

Index：★★★★★

**Woodblock Printing**（雕版印刷）

Hello. I'm from Group 2. I'm a hometown guide.
Today I'd like to recommend Printing Woodblock of Jianyang.
It's a kind of board for printing books.
It's black. It's made of wood.
It was very famous in the Song Dynasty in China.
One third of books were printed in Jianyang in the old days.
Index：★★★★★

来源：谢国华（南平市建阳区实验小学）

该课例所生成的精彩阐述来源于小组合作良好的契合度。学生们首先自主选择最感兴趣的主题组成团队，这样就保证了目标观点的一致性。在小组分工中，每个组员根据自身的能力所长，承担不同的素材搜集或制作任务，保证了阐述内容的丰富性。教师在学生准备阐述的过程中能巡视辅导，增强了学生观点阐述的准确性。该课例以家乡名片推介的阐述方式，充分发展了学生"用英语做事"的能力。

4．举一反三拓迁移，纵深学习层次

为实现小学英语科学探究课的深度学习，需激活学生的已有经验，通过新旧知识的相互作用，实现知识的同化和顺应，进而建构新的知识网络。基于此，学生在新的语境和知识结构中，通过自主、合作、探究等学习方式进行多元思维，创造性解决陌生情境中的问题；通过举一反三，实现融会贯通，达到深度学习。

【课例5】闽教版《英语》（三年级起点）六年级上册 Unit 8 The Universe Part B 教学片段

主题：宇宙探究

原文是一篇描述太阳、月亮、星星、地球信息的叙述文（见图11-6、图11-7）。学习对象是小学六年级学生，他们思维活跃，敢于探索，具备了一定的英语语言技能和较好的语言学习能力。根据学生的认知特点，教师巧妙地将文本内容和课堂任务做了适当的拓展和调整，引导学生利用已有的认知经验，通过阅读、填写信息卡，进一步了解关于这四个天体的信息，使学生对宇宙产生更强烈的探索欲望。

附：教学内容

图 11-6

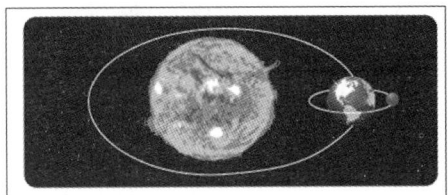

图 11-7

T：Hi, boys and girls. Do you want to know how the earth and the moon go around? Let's have a look.（观看地球、月亮公转和自转小视频，如图 11-8 所示。）

S：It's so cool.

T：Yes. Do you want to act it out? But how? Let's take a look.

（教师播放事先录制的视频，其中有三人分别头戴太阳、地球、月球头饰。首先由他们各自扮演的天体进行自我介绍，同时"地球""月球"表演自转、公转，一人介绍三个天体的自转、公转等内容。通过视频，让文本动起来，活起来，同时向学生展示下一个环节的活动过程。）

Ss：It's funny!

T：The masks are on your desks. Choose one of them, and put it on. Am I clear?

Ss：Yes!

$S_1$：I'm the sun. I am in the sky. I shine day and night.

$S_2$：I'm the earth. There is land and lots of seas, so I look blue.

$S_3$：I'm the moon. I don't shine. My light comes from the sun.

$S_4$：The sun and the moon are in the sky. They look small. We live on the earth. We can see the sun in the day time and the moon at night. The earth goes around the sun and revolves. The earth goes around the sun and it spins.

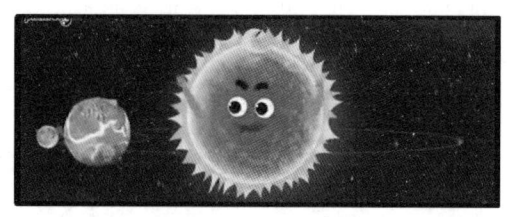

图 11-8

来源：黄芳梅（泉州市鲤城区第三中心小学）

在该课例中，教师巧妙梳理视频范例，再现文本内容，激活学生已有的经验。通过合作表演，对三个天体进行介绍，延伸文本，拓展学习的深度，实现融会贯通，达到深度学习层次。自主合作、探究等学习方式的有效融合发展了学生的多重思维，创造性地解决了情境中的问题，学习的深度就在举一反三的迁移中得到提升。

5．有效科学评估，呈现多元评价

科学评价能促进学生科学素养的形成与发展，教师既要关注学生学习的结果，更要关注他们学习的过程。在课堂结束时，教师要引导学生学会评估自己的收获与进步，呈现富有个性与创造性的汇报交流，同时教师要给予客观公正的评价。成果可以通过多种形式呈现，如科学实验评价表、科学实验报告、科学实验手抄报、迷你主题科学绘本作品等，鼓励学生围绕探究主题开展进一步的延伸学习。

表 11-1　科学实验评价表

| Evaluation items 评价项目 | Rating 评价等级 | | | | Self-Evaluation 自我评价 | Teacher's evaluation 教师评价 |
| --- | --- | --- | --- | --- | --- | --- |
| | Excellent 优秀 | Very good 良好 | Good 合格 | Need to improve 要加油 | | |
| Question 提出问题能力 | | | | | | |
| Prediction 预测能力 | | | | | | |
| Communication 交流能力 | | | | | | |

续表

| Evaluation items 评价项目 | Rating 评价等级 | | | | Self-Evaluation 自我评价 | Teacher's evaluation 教师评价 |
| --- | --- | --- | --- | --- | --- | --- |
| | Excellent 优秀 | Very good 良好 | Good 合格 | Need to improve 要加油 | | |
| Function competencies 操作能力 | | | | | | |
| Information gathering capacity 信息搜集能力 | | | | | | |
| Teamwork ability 合作能力 | | | | | | |

【课例6】沪教版《牛津英语》五年级上册 *Module 4 Unit 11 Water Period 1* 教学片段

为丰富评价的多元性，教师引导学生以小组为单位，对本课的探究点"水从哪里来？"展开自由答辩，并引导学生进行互评。

主题：水资源的探究

Team Leader$_1$：Where does water come from?

S$_1$：I think it comes from the rain.

S$_2$：It comes from the tap.

S$_3$：It comes from the sea.

S$_4$：It comes from the cloud.

Team Leader$_1$：Good job! Now, the second question：How do you use water?

S$_1$：I use water to brush my teeth.

S$_2$：I use water to water the plants.

S$_3$：I use water to cook food.

S$_4$：I use water to feed my dog.

Team Leader₂: Good ideas! You know, water is important, useful and helpful for us. Save every drop as possible as we can. Thank you!

T: You are wonderful! I like your teams' work!

来源：吴翠红（泉州市鲤城区新华中心小学）

该课例聚焦的话题是"Water"，教师通过"Where does water come from? How do you use water?"问题链进行发散思考，引导学生借助已有生活经验和自然科学知识，深入探索水对人类、自然的重要性。在课堂结束之前，教师引导学生通过小组长的采访，组员之间进行自我评价、生生互动评价，进行有意义的合作讨论。教师则以指导者身份进行适时评价。

在上述课例中，学生既是学习的主体，也是评价的主体。本课的评价目标和评价内容、方式的选择与实施均以促进学生的英语学科素养发展为指向，为学生提供充分展示的机会。

## 五、小学英语科学探究课的注意事项和准备工作

### 1. 注意事项

小学英语科学探究课和其他常见课型不同，现处于起始研究阶段，相关可借鉴的文献较少。因此，在小学英语科学探究实践研究教学中一定要以《课程标准》功能话题项目的要求为依据，同时注意以下几点。

（1）甄选适合学情的科学探究内容

对于科学性强的文本知识，很多教师都自然回避或当成拓展阅读让学生自读，不了了之。作为新时代的教师，我们应具有大课程观，积极寻求与科学教研组协作，整合文本知识，用简单的英文表达某一科学现象或者科学现象背后的原理，提升学生的科学探究素养。对于隐藏于文本中的科学现象和探究点，教师应能捕捉并深入挖掘，进而对文本进行整合或开发。但是教师在具体的实施过程当中，要根据学科特点，依据学情灵活选择科学探究内容，不能为了顺应潮流而盲目探究。

（2）对探究结果和假设进行必要反思

受课堂时间的限制，许多教师往往都没有时间去引导学生对探究结果和假设进行反思，但是这其实是十分重要的。当学生的假设和探究的结论相同或相近时，可以引导学生对成功的原因进行分析，使成功的经验得到进一步的内化和巩固，对情感态度价值观也能起到提升的作用。

2. 准备工作

（1）努力提升教师自身的科学素养

小学英语科学探究课开放的学习内容、专业的科学知识对教师的能力素养提出了较高的要求：①应具备一双深入挖掘文本主题背后科学现象的慧眼；②应依据学生的学情制订相应的科学探究目标；③应保持对科学专业知识的求证精神，努力提高自身的科学素养和英语学科核心素养。

（2）依据学生的学情制订科学探究能力目标

受心理和生理特点制约，每一个学段学生的科学知识认知结构有所差别。教师应积极了解相应的学生认知水平特点，设计适合学情发展的探究目标。

## 六、一份完整的科学探究课课堂教学设计

外研版《英语（新标准）》（三年级起点）六年级上册
**Module 7 Unit 1 I don't believe it!**

执教教师/曾华彬　指导教师/林平珠、吕月云

附：教材内容

---

**Module 7 Unit 1 I don't believe it!**

*Grandma gives Daming a present. It is a DVD. They are watching it together.*

Daming: Wow! I don't believe it!

Grandma: What is it, Daming?

Daming: Pandas eat for twelve hours a day.

Grandma: Lucky pandas! They love bamboo.

Daming: And look at this picture. The snake can use its body to dance.

Grandma: Why does the snake come out of the box? Do snakes like music?

Daming: Well, it says snakes can't hear. They think the flute is dangerous!

Grandma: So the snake gets frightened!

Grandma: What an interesting DVD! Daming: It's a fantastic present, Grandma. Thank you again.

Grandma: You're welcome, Daming.

 **1. 教学内容与学情分析**

（1）教学内容分析

本节课的教学内容选自外研版《英语（新标准）》（三年级起点）六年级上册第七模块第一单元。本课以 Daming 和 Grandma 讨论熊猫和蛇的习性为主线，让学生重点学习相关的词汇和句型，探索发现动物不可思议的习性。

（2）学情分析

本课的教学对象为六年级学生，通过数年的英语语言知识学习，他们已储备积累了许多有关动物的名称、相关的形容词和动词等词汇；大多数学生对科学本质有一定的了解，已经具备了初步的探究能力，乐于动手，善于操作；能在教师的引导下实现新旧知识的融合，进行科学性探究学习，进一步达成发散性思维、辨析性思维与创新性思维能力的发展。

 **2. 整体设计思路与教学流程图**

（1）整体设计思路

本节课以《课程标准》为理论依据，以教材为载体，采用小学英语"5E"（Engagement、Exploration、Explanation、Extension、Evaluation）科学探究课教学模式，通过设计不同层次的问题链，让学生带着开放性的问题逐步理解、深入学习文本，不断进行推断探索，透过现象看本质，启发多维思考；利用思维导图，将已知信息、文本信息以及学生在此基础上生成的拓展性知识进行构建，为学生运用目标语言进行梳理阐述与写作提供思维框架；通过开展科学探究类的活动及制作科学主题迷你书，引导学生对表象下的动物习性进行深入的科学探究，发现更多有趣的动物习性内因，实现跨学科融合的学习。

（2）教学流程图

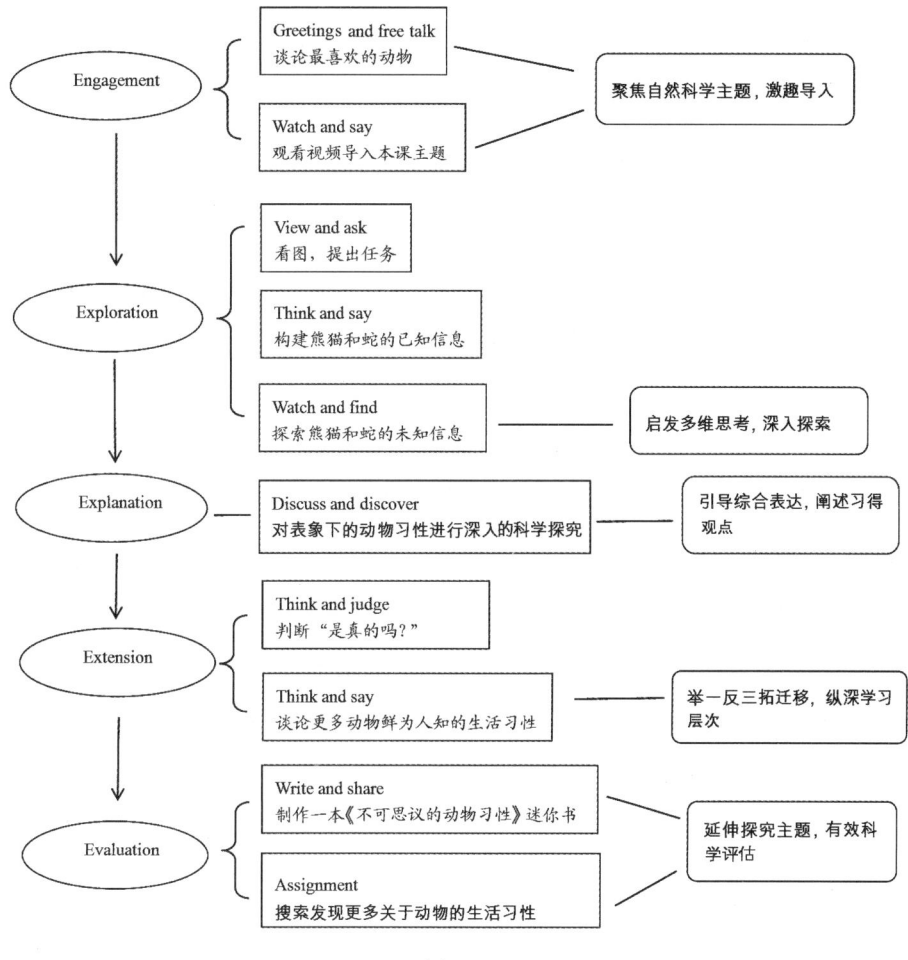

图 11-9

## 3. 教学目标

（1）语言能力目标

①学生能借助情境理解词汇 dangerous、frightened。

②学生能够掌握并灵活运用句子"Pandas eat for twelve hours a day.""They love bamboo.""It says snakes can't hear."等。

③学生能够借助图表和文本信息听懂、理解并复述课文。

（2）思维品质目标

①学生能在教师的引导下提炼、总结信息,构建对已有知识的复现与表达。

②学生能在思维导图的引导下理解文本,从不同的维度来描述相关动物的特殊习性和不可思议的能力。

(3) 学习能力目标

①能学会运用思维导图理清脉络,搭建语言支架,多角度地描述相关动物的特殊习性和不可思议的能力。

②能具有明确的目标意识,多渠道地获取学习资源,如利用互联网、书籍等资源,探究更多不可思议的现象内因。

(4) 文化意识目标

鼓励学生通过各种途径了解更多动物的生活习性,引导学生去探索更多自然界中不可思议的现象,从而激发学生对科学探究的欲望,让学生知其然更知其所以然,实现学科育人、跨学科融合的教学愿景。

## 4. 教学重、难点

(1) 教学重点:学生能联结新旧知识,依据思维导图,综合运用语言描述熊猫和蛇不可思议的能力,并探究表象下的内因。

(2) 教学难点:学生能整体理解文本,习得并运用目标语言描述更多不可思议的动物习性和内因。

## 5. 教学准备

多媒体课件、词卡、词条、手牌、mini book 等。

## 6. 教学过程

**Step 1  Engagement**

(1) Greetings and free talk

T:Hello, boys and girls. Nice to see you. I'm Nicole. I like reading books about science. And I like discovering. My favourite animal is the panda. It's cute. What's your favourite animal?

Ss:My favourite animal is a... I like...

**设 计 意 图**

教师通过自我介绍,开门见山地引入本课的主题,将学生喜爱的动物选为描述对象,引导学生运用所积累的动物名称及相关词汇进行描述。在复习旧知的同时也为新知的学习做好铺垫,以锻炼学生的思维和语言表达能力,增强学生的参与意识,营造出轻松、愉快的课堂气氛。

(2) Watch and say

Watch a DVD about animals, then show the topic of this lesson.

**设 计 意 图**

通过视频了解狗会开车、狒狒会洗头洗澡等不可思议的能力,从而激发学生的学习兴趣,引入本课的课题"I don't believe it!"。

**Step 2　Exploration**

(1) View and ask

T: Viewing these pictures, what do you want to know?

$S_1$: Who are they?

$S_2$: What are they doing?

$S_3$: What are they talking about?

...

图 11-10

**设 计 意 图**

引导学生通过看图,预测文本信息,提出有逻辑的推断,进行辨析性思考,激发学生对文本学习的期待性。

(2) Think and say

Talk about the known information of pandas.

T: What do you know about pandas?

$S_1$: They are very fat.

$S_2$: They love bamboo.

$S_3$: They are cute.

$S_4$: They are black and white.

**设计意图**

通过思维导图，先构建学生已知的关于熊猫的信息，进而探索更多关于熊猫的未知信息。

(3) Watch and find

T：Let's watch the video and find some unknown information about pandas.

Ss：Pandas eat for twelve hours a day.

**设计意图**

课文整体呈现可以为学生提供使用语言的环境。让学生带着求知的欲望初读课文，在文本中寻找关于熊猫的未知信息，在培养学生阅读能力的同时，也培养了他们的思维能力和理解能力。

Step 3  Explanation

(1) Learn more about pandas

①Discuss in groups of four.

Question：Why do pandas eat for twelve hours a day?

②Discover the facts.

Watch the video and discover the real reason：It's because they can only digest 17% of bamboo. Bamboo contains few nutrients and low calories. In order to get enough calories，they have to eat for a long time.

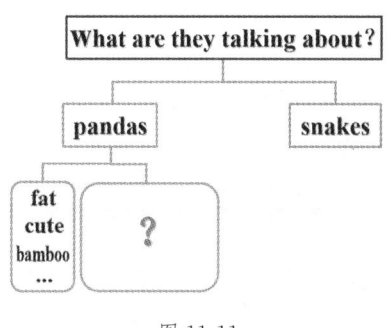

图 11-11

图 11-12

### 设 计 意 图

利用思维导图理清思维脉络,引导学生探索更多关于熊猫的未知信息。通过课前搜索到的科学资料,引导学生通过同伴互助讨论的方式进行深度学习。以四人小组的形式对现象进行探究,鼓励小组成员阐述各自观点,最终通过视频揭秘为什么熊猫一天要吃12个小时,进而发现熊猫是"吃货"这一不可思议的习性背后的科学原因,培养学生的自主学习能力和合作探究能力。

(2) Learn more about snakes

①Talk about some known information about snakes.

T:What do you know about snakes?

$S_1$:Snakes are very long.

$S_2$:They can swim.

$S_3$:They have no legs.

$S_4$:They eat meat.

②Find some unknown information about snakes.

T:Do you want to know more about snakes? You can find some information from Part 2. Let's read and underline.

$S_1$:The snake can use its body to dance.

$S_2$:Snakes can't hear.

$S_3$:They think the flute is dangerous.

$S_4$:The snake gets frightened!

③Discuss and discover the facts.

Question 1:Do snakes dance with music?

Question 2:Why does the snake come out of the box?

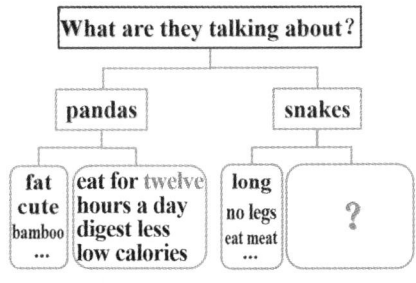

图 11-13

图 11-14

**设计意图**

运用思维导图引导学生联结旧知,先构建已知的有关蛇的信息,进而从文本中搜索更多关于蛇的未知信息,循序渐进地引导与激发学生从表象下的动物习性进行科学探究,并进行深层次的梳理和总结,以阐述结论,进一步提升学生的高阶思维和语用能力。

(3) Read the text

①Listen and imitate.

②Read by yourselves.

③Missing reading.

> Grandma gives Daming a _____. It's a _____.
> They are watching it together. I _____ believe it.
> Pandas eat for _____ a day. They love _____.
> Do snakes like _____? Well, it says snakes _____.
> They think the flute is _____. Snakes get _____.
> The present is fantastic.

**设计意图**

通过听音模仿、自读训练、补白复述等多维层次的训练,提高学生对文本的认读和解读能力。

**Step 4　Extension**

(1) Think and judge：Is it true?

T：There are many amazing things in the world. Let's watch and guess "Is it true?"

Can pigs see the sky?

Do ants never sleep?

Do horses stand while sleeping?

Is Hanhao Bird(寒号鸟)a bird?

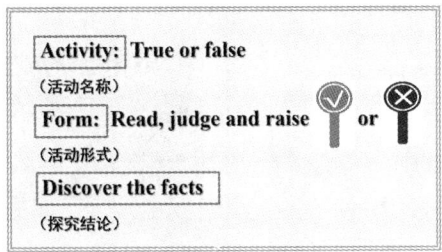

图 11-15

(2) Think and say: Talk about amazing things of animals

T: So many amazing things! Maybe you know more than I do. Who wants to share with us?

$S_1$: Giraffes are tall. They have long necks. They love leaves. They sleep for two hours at night.

$S_2$: Fish are cute. They can swim. They live in water. They can't close their eyes.

$S_3$: Flamingos are beautiful. They love shrimps. They can fly high. They can sleep while standing on one leg.

T: How do you know that?

Ss: From the Internet/books...

**设 计 意 图**

仿照中央电视台节目《是真的吗?》，让学生先判断真假，然后探究科学真相，与学生共同探讨自然界不可思议的现象，保持学生的学习好奇心和探索精神，激发学生为下一步的学习产出做准备。接着让学生根据自己已知或是多种途径搜索到的自然界中不可思议的动物信息，进行交流分享，充分挖掘学生的生活常识，拓宽学生自然科学的知识面，达到深度学习。

Step 5  Evaluation

(1) Write and share: Make a mini book

T: Let's make a mini book about animals. You can write down the amazing things you have known, or you just learned from the video.

图 11-16

<设计意图>

引导学生对自然界中不可思议的动物信息进行写作,通过合作,全班制作一本 mini 百科全书进行分享交流。这是学生集体智慧的结晶,调动了学生的语言储备进行归纳、整合,最大化地提高了多元评价的实效性,达到用英语做事情的目的,提升了学生的综合语言运用能力。

(2) Assignment

• Listen and read the text. ★
• Find more information about animals and share with others. ★ ★
• Write about your favourite animals. ★ ★ ★

<设计意图>

通过安排听读课文作业,可以巩固学生的听、说、读能力,是课堂的延伸。让学生通过多种途径搜索和了解动物的生活习性,可以拓展学生的知识面。让学生描写自己喜欢的动物,是落实写的训练,使学生的综合语言能力得到进一步的提升。作业的设置以星级分层的形式呈现,关注学生的个体差异,鼓励学生根据自己的喜好和能力选择完成适合自己的作业,达到学以致用的目的。

## 7. 板书设计

## 8. 课例点评

曾华彬老师执教的这节课是一堂有趣、有效、有益的科学探究课。本课在定位、文本解读和教学活动设计等方面都进行了大胆的尝试，立足学生的科学探索和学科融合，进行创新和突破。本节课有以下几个亮点。

（1）立足文本解读，关注学科整合

本节课的语言表现形式是对话，但内容实则是谈论动物（熊猫和蛇）鲜为人知的习性。教师通过对文本进行深度解读，将它定位为"科学探究性主题文本阅读"。教学整体设计采用小学英语"5E"科学探究课教学模式，以思维导图为主线进行整体教学，从而发展学生的语用能力。引导学生深入科学探究，了解更多有趣的动物习性，保持积极的探索欲，实现学科育人、跨学科融合的教学愿景。

（2）真实任务驱动，培养探究精神

《课程标准》提倡教师尽可能多地为学生创造在真实语境中运用语言的机会，鼓励学生在教师的指导下通过体验、实践、探究和合作等方式，发现语言规律，逐步掌握语言知识和技能，不断调整情感态度，形成有效的学习策略，发展自主学习能力。本节课通过设计不同层次的问题链，让学生带着开放性的问题逐步理解、深入学习文本，培养学生的深度阅读能力；循序渐进地引导与激发学生从表象下的动物习性进行深入的科学探究，揭秘不可思议之动物习性内因。问题的设置层层递进，环环相扣，不断引发学生的自主思考、自发阅读和合作探究，逐步提升学生探究学习的能力。

（3）关注学习过程，发展思维能力

思维能力是学习能力的核心，教师在本节课中采用了形式丰富的教学活动，启发学生思考。在学习文本前，引导学生看图，提出任务，进行辨析性思考，激发学生对文本的学习期待，培养学生的思维品质。在学习文本时利用思维导图理清思维脉络，引导学生构建有关熊猫和蛇的已知信息，探索更多未知信息，多维度探索熊猫是"吃货"，蛇是"聋子"却能扭动身体起舞等许多不可思议的习性背后的科学原因。在文本学习后开展"Make a mini book"活动，全班制作一本mini百科全书，介绍自然界中不可思议的动物信息。活动设计符合学生的认知水平，充分激发学生的参与热情，使学生能够在个体和合作的实践活动中发展语言和思维能力。

本节课的教学突出了科学探究性主题文本阅读课的特点，采用"5E"教学模式运用于科学探究类的文体内容的教学尝试，有利于学生自主探究，发展思维能力，拓宽学习渠道，落实核心素养的小学英语课堂教学。

（点评课专家：吴青梅，福建省普通教育教学研究室）

本课例入选2019年福建省中小学优质课；荣获福建省2020年"一师一优课、一课一名师"省级优课，并被福建省教育厅遴选为省级重点推广课例

## 9. 执教教师简介

曾华彬，泉州市鲤城区实验小学英语教师，鲤城区"教坛新秀"。2019年执教的"I don't believe it！"一课入选福建省中小学优质课，同时该课例荣获福建省2020年"一师一优课、一课一名师"省级优课，并被福建省教育厅遴选为省级重点推广课例；2010年获得泉州市小学英语课堂教学评优活动一等奖；2015年获得"福建教育云"杯泉州市小学教师微课比赛二等奖。

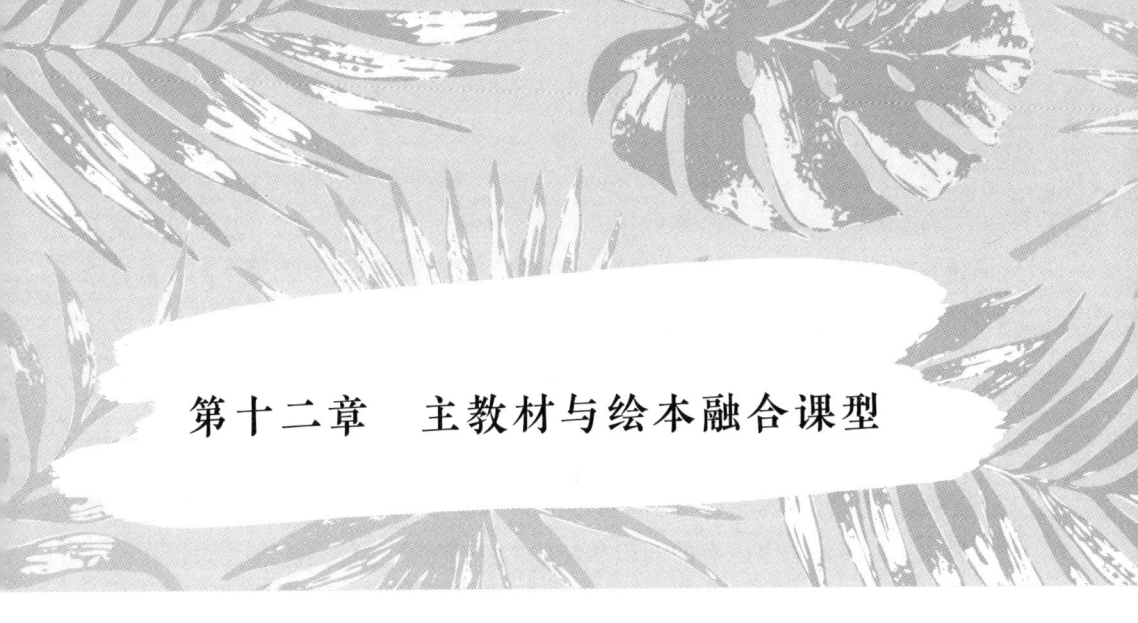

# 第十二章　主教材与绘本融合课型

《课程标准》指出："……英语课程承担着培养学生基本英语素养和发展学生思维能力的任务。"语言学习需要大量的输入，丰富多样的课程资源对英语学习尤为重要。英语课程应根据教和学的需求，合理利用和积极开发课程资源，给学生提供贴近实际、贴近生活、贴近时代、内容健康丰富的课程资源。绘本读物图文并茂，内容丰富有趣，语言地道纯正，便是符合这些条件的学习资源。小学阶段将英语主教材与绘本整合，不仅能丰富课程资源，而且能激发学生语言学习的兴趣，培养学生的阅读品格，提升学生的阅读能力。

## 一、小学英语主教材与绘本融合课的定义

小学英语主教材与绘本融合课是指以主教材为依托，教师抓住主教材与绘本融合的契合点，融入自然拼读绘本、系列故事和分级绘本等立体课程，补充、整合或重新建构学习资源，确定教学目标，整体设计教学内容，丰富知识结构，提高学生的阅读技能，提升学生的阅读素养的一种新兴课型。

## 二、小学英语主教材与绘本融合课的特点

教学中，针对教材篇幅有限和课时不足等现状，教师把教材与绘本整合运用于教学，基于整合后的教学内容安排教学时间和设计教学活动，有利于提升学生的语言应用能力，培养学生的阅读素养。该课型有如下几个特点。

1. 整合性

教材是教学内容的主要载体，但不应是教学内容的全部。教师应依据英语课程标准、教材的编写体系等，选择合适的绘本融入主教材，在满足教学目标的要求及学情分析的基础上，对这些课程资源进行重组、加工和有效整合，设计丰富多彩的课堂，使教材内容得到深化和拓展，增加学生语言知识的储备，提高教师处理教材的能力和提升课堂教学效益。

2. 关联性

教学中，绘本与主教材不是割裂的，而是相互联系的。教师在深度解读教材文本内容及学生已有的知识和经验的基础上，从主题、语言知识和情感等方面，选取与之相关联的绘本展开教学活动，促进学生语言学习。

3. 实践性

绘本融入主教材的课堂不仅能为学生提供更多的语言学习材料，加大学生的语量输入，而且文本中的语境贴近学生生活实际，学生能综合运用所学知识，达到用英语做事的语用目的。在这样的过程中，学生的语言能力和思维能力均能得到充分的发展。

## 三、小学英语主教材与绘本融合课的教学模式

《课程标准》指出："英语课程应成为学生在教师的指导下构建知识、发展技能、拓展视野、活跃思维、展现个性的过程。"主教材融入绘本的课堂教学能有效突破教材的篇幅不足与课时较少的瓶颈。基于此，我们初步摸索出小学英语"I-AFAC"主教材与绘本融合课的教学模式，即 Integrating、Activating、Focusing、Absorbing、Creating。

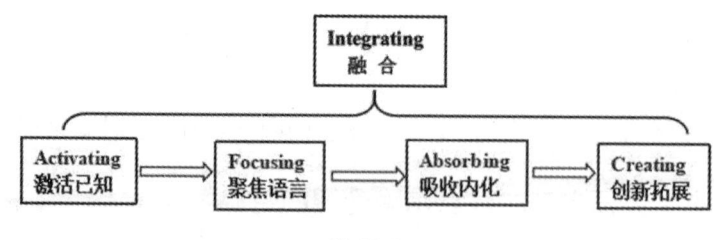

图 12-1

Integrating（融合）：教师基于英语课程标准、学生发展的需要和学情特点，选择合适的绘本融入课堂，或于热身环节融入绘本，引出主教材的话题；

或于操练环节融入绘本，复现并夯实主教材的语言点；或于运用拓展环节融入绘本，延伸课堂所学，提升学生的综合语用能力；或将绘本贯穿于整节课，对主教材内容重构，使语言内容更贴近学生生活实际，更好地实现多维教学目标，提高教学效率。

1. Activating（激活已知）

在分析教学目标要求、教材整体和局部的关系以及学情的基础上，教师可以设计 Free talk、Guessing game、Brainstorm 等课前导入活动，将绘本元素与文本元素有机融合，引出文本话题，激发学生学习兴趣，也可以激活并挖掘学生已有经验，发散学生思维。

2. Focusing（聚焦语言）

教师结合学生认知水平和价值取向，精准把握绘本与教材的融合点，聚焦语言学习。教学过程中，教师基于话题、词汇或语法结构，将绘本与文本融为一体，突破教材局限性，学生在习得的状态下，将融合后所学的语言知识建立联系，不仅可以丰富语言知识结构，提升学生的英语语言能力，而且可以为语言的运用做好铺垫。

3. Absorbing（吸收内化）

教师所输入的语言知识要转换为学生的语言技能，必须经过内化才能实现技能与知识的互动生成。在课堂活动中，教师用主教材与绘本材料融合后形成的知识点，构建创造性的课堂，培养学生的创造性思维，提高学生综合语言运用能力。在语言实践中，教师引导学生进行个体学习、合作学习、探究学习等融合后的语言输出，如 survey、report 或 composition，有效帮助学生吸收、内化主教材知识，实现语言的运用功能，构建语用融通的课堂。

4. Creating（创新拓展）

语言来源于生活，应用于生活。教师引导学生依托自己的知识经验，结合课堂知识，有机地融合绘本蕴含的多方面、多层次的内容信息，生成独有的知识体系，从而创造性地使用语言知识，拓宽知识维度，达到输出价值最大化、最优化。如：绘本故事续编、课文改编、文本创编、Lapbook 制作等。

## 四、小学英语主教材与绘本融合课的教学策略

英语学科核心素养"倡导深度学习，关注学习的结构性，知识的结构性、连接性和整合性"（梅德明，王蔷，2018）。教师以主教材为依托，融绘本于

教学中，通过丰富的语言实践活动，进一步提升学生的阅读素养，发展学生的语言能力，提升学生思维品质，构建学生文化品格，培养学生的学习能力。

1. 聚焦主题，丰富教学资源

（1）整合式

国家课标教材的编写遵循灵活性和开放性原则，允许使用者根据自己的实际需要，对教材内容进行适当的取舍和补充。教学中教师围绕主题，依据学情，选择与主教材相关联的绘本，引导学生采取自主、合作、探究等方式进行学习，学生通过对文本的体验、思考、讨论等实践来整体构建意义，达成共识。以下是我们整理的一份外研版《英语（新标准）》（下表中标注为NSE）（三年级起点）五年级上册部分模块与绘本的融合目录。

| 模块主题 | NSE课文 | 核心词汇 | 主要句型 | 课外绘本 | 核心词汇 | 主要句型 |
| --- | --- | --- | --- | --- | --- | --- |
| Module 1 London | Unit 1 Did you come back yesterday? | met、those、ice cream、wait、dropped | Did you come back yesterday? I dropped my ice cream! | 口语交际绘本：*Late Roommate* | come back、met | When did you come back? How did you come back then? |
| | Unit 2 We bought ice creams. | send、email、ran、love | Did they buy ice creams? | | | |
| Module 2 Shopping | Unit 1 What did you buy? | list、need、first、can、lost、how much、cheese、any、use | What did you buy? How many/much... did you buy? | 《丽声北极星分级绘本第二级下》*Sara's Medicine* | shopping list、how much、kilo、list、buy | Can I help you? How much is...? |
| | Unit 2 How much cheese did you buy? | how much、cheese、any、use、over there、bottle、half、kilo、a lot of | Do you like cheese? How many/much... did you buy? | | | |

续表

| 模块主题 | NSE课文 | 核心词汇 | 主要句型 | 课外绘本 | 核心词汇 | 主要句型 |
|---|---|---|---|---|---|---|
| Module 3 At the Weekend | Unit 1 Where did you go? | the British Museum、place、weekend、how、took、river、hour、minute | What did you/he do? We/He visited... Where did you go...? We went to... | *Social Media* | went to、had | Where did you go? What did you do there? |
| | Unit 2 Daming took a photo of his father. | arrive、for、with、plant | What did Daming do? | | | |
| Module 4 Possessions | Unit 1 Mum bought a new T-shirt for me. | pair、shorts、argue | Mum bought a new T-shirt for me. | *The Smartest Giant in Town* | always、took off、matter | I wish... What's the matter? |
| | Unit 2 What's the matter with Daming? | matter、took、wear、sports | What's the matter with Daming? That's OK. | | | |
| Module 5 In the Class | Unit 1 There are only nineteen crayons. | nineteen、crayon、fifteen、begin、give out、all right、thirteen、fourteen、sixteen、seventeen、eighteen、floor | There are only nineteen crayons. | 《丽声北极星分级绘本第一级下》 *The King's Yu Player* | eleven、twelve、thirteen、fourteen、sixteen、seventeen、eighteen、nineteen、twenty、thirty、forty、fifty | How many...? |
| | Unit 2 There are forty. | forty、number、thirty、fifty、sixty、seventy、eighty、ninety、happily、many | There are forty. | | | |

上述表格中，融入绘本的话题与主教材相符或相关，主教材的核心词汇和主要句型与绘本中的词汇、句型或吻合或有词、句的扩充。这样的融合有利于学生对语言进行更深入的学习，同时也可以丰富学生的感知认识。

（2）连接式

连接式教学指教师从教材和绘本中找到联结点进行整合，实现对教材内容的补充和拓展。教师基于主题语境，通过学习理解、应用实践和迁移创新分层次的学习活动，促使学生的知识、能力及素养得到提升。

【课例1】外研版《英语（新标准）》（三年级起点）四年级下册 Module 4 Unit 2 Will it be hot in Haikou? 教学片段

本课讲述的是机器人接听小朋友询问全国各地天气状况的电话，让学生学会运用句型"Will it be...?"来询问天气状况，并做出相应的回答"Yes, it will. /No, it won't."。（见图12-2）在学生模仿机器人播报第二天全国各地天气状况的活动后，基于"Weather"这一主题词，教师选取了与教材内容紧密相关的《剑桥彩虹少儿分级阅读第一级》的绘本 The Weather Today（见图12-3）融入课堂教学中。

T：Boys and girls, this is the cover of the book. How is the weather? Can you guess?

$S_1$：It's hot.

$S_2$：It's sunny.

$S_3$：It's windy.

$S_4$：It's cool.

T：Why?

$S_5$：They wear T-shirts.

$S_6$：I see a kite...

T：Well done! You have sharp eyes. It will be sunny. Where can they go? What will they do? Now let's read the book.

学生带着预测的问题进入绘本阅读。

T：It will be sunny. Where can they go?

Ss：They can go to the beach.

T：What will they do?

Ss：They will play with the ball.

教师播放视频验证预测的答案，带领学生逐图学习绘本内容，完成扩充词汇 foggy、stormy、beach、inside 的学习。

T：Now，choose the weather you like to expand. For example，if you like sunny days，you can turn to pages 4-5 and look at the pictures. Look，on sunny days，we can play on the beach. What will we do? What will we take? Then write down like this：

It will be <u>sunny</u>. We can play <u>on the beach</u>. We will <u>play with the ball</u>. We will <u>take a ball</u>. We will...

学生再次阅读绘本，并完成下列表格的填写。

| Weather<br>(It will be...) | Where<br>(We can play...) | What to do<br>(We will...) |
| --- | --- | --- |
| sunny | on the beach | play with the ball |
| windy | | |
| rainy | | |
| snowy | | |
| foggy | | |
| stormy | | |

T：Now boys and girls，let's check the answers together.

师生共同核对答案。

图 12-2

图 12-3

T: Wonderful! You all did a good job. We do different things in different weather. Now look at the screen. This is my plan. （课件出示教师根据天气状况做的计划案例）

T: Boys and girls, now it's your turn. Share your plans, please. （学生写下各自的计划并分享）

来源：黄凤玉（泉州师范学院附属小学）

教师从单元整体视角进行本课时教学的整合与设计。从封面预测天气到带领学生逐图学习有关天气的活动，聚焦文本细节；通过提问、预测等活动促进学生思维能力的提高；最后让学生制订不同的天气计划，实现文本知识与学生生活实际的连接，体现了语用的真实性，同时这一活动也能更好地帮助学生将碎片化的知识形成体系，学生的综合语言运用能力也得到提高。

2. 利用绘本，夯实语言点

基于绘本"图文并茂，集知识性、趣味性、寓意性为一体；文字简洁，语言综合、重复性高，朗朗上口；贴近儿童生活经验，符合儿童认知能力；情境逼真，主题多样"（王英华，2019）等特点，在操练教学环节中，教师恰当地运用绘本故事情节，能让操练更具趣味性和情境性，达到激发和培养学生的创新能力和想象力，训练语言能力的目的。

**【课例2】** 外研版《英语（新标准）》（一年级起点）四年级下册 Module 9 Unit 2 Kangaroos live in Australia. 教学片段

本课讲述的是对动物的描述，主要从栖息地、特征、生活习性等方面介绍袋鼠。（见图12-4）在操练环节中，基于学生的知识水平，教师选择澳大利亚优秀儿童绘本 Are You From Australia? （见图12-5），帮助学生理解、操练并夯实重点句型。该绘本通过精练的语言，介绍了澳大利亚八种奇特动物：袋鼠（kangaroo）、考拉（koala）、鸭嘴兽（platypus）、食蚁兽（spiny anteater）、蓝企鹅（blue penguin）、鳄鱼（crocodile）、编织蚁（weaver ant）、狐蝠（flying fox）。教师采用问题引领式的静态阅读方式，让学生深入学习、了解这些动物。

T: Now children, let's read and fill in the blanks: What animal is it? （学生根据教师描述，写出动物名称。）

T: It lives in the rivers. It looks like a beaver with a duck's bill.

Ss: It's a <u>platypus</u>.

T：It lives in the deserts and forests. It likes to eat ants.

Ss：It's a spiny anteater.

T：It lives in the trees. It eats nothing but special leaves.

Ss：It's a koala.

T：It's one of the biggest bats in the world. It eats sweet fruits and flowers.

Ss：It's a flying fox.

学生模仿文本中的句式，用第一人称"I"介绍自己喜欢的一种动物。

S₁：My favourite animal is a panda. It is black and white. It is fat and cute. It lives in the forest. Some pandas live in the zoo. It likes eating bamboo. It can climb the tree. I like pandas.

图 12-4

图 12-5

来源：潘茹梅（泉州市丰泽区实验小学）

学生将从教材中获取的知识运用到绘本中进行自主学习、实践，又将从绘本中获取的知识强化和补充教材中的知识，不仅复现了描述动物习性的句型"I live in... I eat... I..."，加深了学生的印象，而且补充了澳大利亚另外七种奇特动物的相关知识。经过这样处理，一方面复习了文本中关于动物描述的语言点，又在文本知识的基础上，拓宽了学生关于澳大利亚动物的知识面，丰富了教学内容；另一方面，又让学生体验了阅读的乐趣和成就感。

3. 融入拼读绘本，培养拼读能力

语音教学是小学英语教学的重要内容，教学中融合自然拼读绘本这一语言材料，让学生通过听、说、读及模仿，学会自主感悟并发现字母和字母组合在单词中的发音规律，可以更好地学习、掌握英语的发音规则及拼读技巧。

以外研版《英语（新标准）》（三年级起点）教材为例，学生从三年级下学期开始学习字母。为了更好地让学生掌握字母名、字母音及字母形，帮助学生更好地培养音素意识，可以选择拼读系列绘本进行一定的拼读训练。通过绘本的融入，学生能系统地对音素进行识别、分割、替换、合成和删除，从而更轻松地学会单词的拼读。同时，伴随着阅读中的拼读实践，学生解码、拼读、连读成句等能力也得到了提升。

【课例3】外研版《英语（新标准）》（三年级起点）三年级下册 Module 9 Unit 2 Has Amy got a bike? Part 6 Listen, repeat and trace the letters. 教学片段

该板块主要是帮助学生通过拼读单词 under、violin、window，初步感知字母 u、v、w 在单词中的常见发音。（见图 12-6）为帮助学生更深入学习字母的发音，在学完这一板块的内容后，为避免枯燥的机械训练，教师选择《丽声自然拼读绘本第一级》的 Uncle Vic's Wagon（见图 12-7）作为巩固语音的材料。绘本故事内容如下："Uncle Vic is in the woods. He finds a wagon. Uncle Vic gets his van. He puts the wagon in it. Uncle Vic works on the wagon. We put the wheel back on. We are in the woods. Uncle Vic finds a van."学生在一个有趣的情境中了解字母 u、v、w 的常见发音。教师首先播放 PPT（配有音频），学生通过聆听与图片结合，在语境中感知单词 uncle、up、Vic、van、wagon、wood。接着，引导学生在"听一听，选一选"的活动中辨认字母 u、v、w 的发音，巩固所学。最后，让学生反复阅读绘本，内化字母的发音，理解字母与发音之间的规律，并尝试运用这一规律把新单词拼读出来，为后续的学习打下基础。

图 12-6

图 12-7

来源：潘茹梅（泉州市丰泽区实验小学）

教学中，绘本作为巩固语音的材料，将枯燥的语音训练融入其中，学生感知故事的同时，在语境中反复训练和感知字母 u、v、w 的发音，提升学生的语音素养；同时，也增强学生的语言输入量，提高学生在拼读、认读方面的自主学习能力。

4. 借助导图，搭设支架

思维导图作为一种思维发散和导向的工具，为学生提供了知识点融合的思考框架，可以较好地帮助学生激活已有知识，构建完整的知识网络。教学中，教师给学生提供清晰的语言运用支架——思维导图，为学生语言知识的整体输出提供准备。

【课例4】外研版《英语（新标准）》（三年级起点）六年级上册 Module 3 Unit 2 What's your hobby? 教学片段

该模块的教学内容是谈论自己的兴趣爱好。课文情境如下：在一次班级兴趣展览上，教师询问学生们的兴趣爱好，学生一一回答，并介绍自己收集了哪些与兴趣相关的物品。（见图 12-9）

学完课文，教师通过文本中的话题"Hobbies Show"引入绘本 Dream Collector（见图 12-10）。该绘本讲述的是 Wendy 所有的朋友都有业余爱好，但她自己没有。一天，Wendy 和她的奶奶在一起，她问奶奶的业余爱好是什么，奶奶笑着说自己是一个梦想收藏家。于是，Wendy 明白了她也是个梦想收藏家。

学生观看视频，选出 Julie 和 Michelle 的 hobbies。

T：Now children, please tell me your answer. What's Julie's hobby?

$S_1$：She likes playing the violin.

T：Bingo. You got the answer. What is Michelle's hobby?

Ss：She likes collecting dolls.

T：Well done! Let's watch the video again. Is Wendy happy?

Ss：No.

T：Why?

$S_2$：Because she has no hobbies.

T：Wendy doesn't know what her hobby is. Can you give her some suggestions?

教师引导学生联系实际生活，运用下面的思维导图，给 Wendy 提建议。

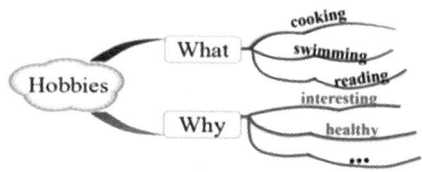

图 12-8

$S_3$：Wendy, swimming is a good hobby. It makes you healthy. It is great fun.

$S_4$：Wendy, reading is a good hobby. It makes you happy.

T：Thanks for your suggestions. What is Wendy's hobby? Let's read the book together.

（学生阅读绘本，在有关 Wendy 爱好的句子下画线。）

T：Wendy is happy now, because she is a dream collector.

图 12-9

图 12-10

来源：潘茹梅（泉州市丰泽区实验小学）

学生是信息加工的主体，是意义的主动建构者，教师要引导学生在感知、体验、实践、参与的过程中发展主动探究新知的能力。教师借助思维导图，从 what、why 两个方面设计教学活动，为学生提供知识点融合的思考框架，帮助学生将所学知识循环运用。学生通过图式回顾整个思维过程，提高了发散思维的能力，促进了思维品质的逐渐形成，也促进了学科素养的养成。

5. 延伸教学主题，挖掘教育价值

教育家苏霍姆林斯基曾说"情感如同肥沃的土壤，知识就播种在这个土壤上"。绘本通常有一条情感线，该情感线既是对文本内容深层次的理解，也是教师对学生进行情感教育渗透的重要因素。教学中，情感教育是其重要的组成部分，借助情感交流，可以丰富学生的情感体验，体现英语学科的育人价值。

【课例5】外研版《英语（新标准）》（三年级起点）三年级上册 Module 9 Unit 1 This is my mother. 教学片段

本单元主要谈论职业（见图 12-11）。为更好地让学生了解不同职业，在完成教学任务之后，师生观看视频并朗读了《海尼曼英文绘本》系列中的一篇 My Family（见图 12-12）。该绘本讲的是 Bunny 介绍一家人的喜好，绘本中的句子如下："This is my brother. My brother likes to paint. This is my grandpa. My grandpa likes to run. This is my grandma. My grandma likes to read. This is my family. My family likes to eat. And my family loves to play! I love my family!"。

T：Now boys and girls, can you tell me your feelings?

$S_1$：It's fun. I like the story.

$S_2$：Bunny loves his family.

T：Yes, Bunny has a big family. They are very happy. They love each other.

教师带领学生有感情地朗读最后一句:"I love my family!"。

$S_3$:我感受到 Bunny 对他的家人有很浓的爱。

T:Yes,Bunny loves his family very much. What about you? What will you say or do?

$S_4$:I will give my mum a big hug.

$S_5$:I will say…

学生们纷纷举手发言,表示要给家人一个大大的拥抱,要对家人说爱他们,要给奶奶捶背……

图 12-11

图 12-12

来源:林璇(泉州市永春县实验小学)

英语教学不仅是语言教学认知的过程,同时也是一个情感教育的过程。教学中,教师借由绘本故事所蕴含的情感内容,进一步拓展升华爱的教育主题,以此来启发并引导学生,培养学生积极的情感。

6. 借用 Lapbook,动态式评价

Lapbook,中文可以称它为折叠书或翻翻书,每本书可以针对一个主题。Lapbook 是欧美国家课堂上广泛使用的"主题式探究学习"方法,将 Lapbook 运用于小学英语课堂,可以有较好的教学效果和可操作性。学生围绕文本主题,搜集素材、数据,并且根据一定的逻辑方式将碎片化知识进行多角度、多层次、结构化的组织和展现,将知识学习的逻辑主线贯穿于教与学的全过程,从而建立富有层次和挑战的知识体系,真正提升学生的英语阅读素养。教师根据学生制作 Lapbook 的情况,进行动态式评价。一方面,针对英语基础薄弱的学生开展可选择式的拓展活动,逐步建立自信;另一方面,针对英语基础扎实的学生制订更高的拓展活动,确保每一位学生都找到属于自己的展示天地。

【课例6】外研版《英语(新标准)》(三年级起点)四年级上册 *Module 1 My family*(*Review*)教学片段

本课是单元主题式教学,其教学内容围绕"Happy Family"主题,分别从 family member、personality、occupation、hobby 四个分支进行教学,语言知识涵盖三年级上册第九模块、三年级下册第三模块和四年级上册第一模块,融合 Anthony Browne 先生的绘本 *My Mum* 作为拓展阅读资源。该绘本以有趣的内容、生动的画面、简单纯朴的语言、精心设计的排比句式、夸张的超现实主义手法,用孩子的口吻和眼光描绘了一位既强壮又温柔,孩子心中最完美的妈妈的形象。

T: Boys and girls, here is a picture book *My Mum*. Now let's read it together.

学生先通过视听动画,感知绘本;再听绘本,在围绕回答"Why is she a supermum?"这一提问的关键词 nice、fantastic cook、brilliant juggler、great painter、magic gardener 下画线。

T: Boys and girls, this is my lapbook *My Mum*. Is it nice?

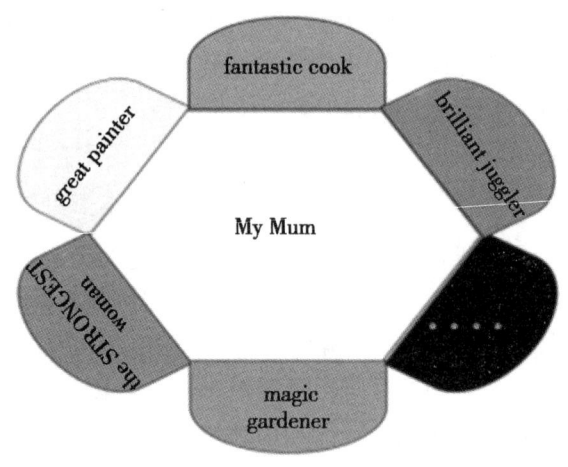

图 12-13

Ss：Wow！It's nice．I like it．

T：Now I will show you how to make a lapbook．

课件讲解 lapbook 的制作过程，学生制作主题为"My Mum"或者是"My Family"的 lapbook。

T：Time is up，boys and girls．It's show time．

学生展示作品。

来源：林华明（泉州市晋江市第二实验小学）

该课堂依托 Lapbook 的制作，鼓励学生整合单元知识并结合主题绘本展现出来，更好地实现单元整体教学与绘本的有效融合。在花样百出的花瓣式、风箱式、翻页式、抽拉式 Lapbook 展示中，学生展示了自己的学习情况，教师则从 Lapbook 的制作情况中，检验了学生的学习成果和教学效果，并得以及时调整教学计划和进程，实现师生共赢局面。

## 五、小学英语主教材与绘本融合课的注意事项和准备工作

1. 注意事项

（1）合理安排教学活动

绘本融入课堂，在设计教学活动时，时间比例要恰当，要对所选择的绘本进行整理，切忌喧宾夺主。要对绘本与主教材进行合理的整合与重构，将精读与泛读相结合，切实提高学生的阅读技能，提升学生的阅读素养。

（2）课堂容量符合学情

学生既是知识建构的主体，也是课程建构的主体，教师应依据学生身心发展的规律，注意绘本与主教材整合后的教学内容符合学情，语言量适中。

2．准备工作

（1）科学把握绘本筛选

美国语言学家克拉申的输入假设理论强调输入的语言材料既要有趣，又要与学习者的实际相联系，这样学习者就会在轻松的环境中自然而然地习得语言。根据这一理论，教师在选择绘本时应该从小学生的年龄特点、语言认知发展特点和实际需要出发，着眼于知识性，把握难易度，选择与主教材内容契合的英语绘本。

（2）准确定位教学目标

作为小学英语主教材与绘本融合课，其教学目标定位应依据整体性教学原则，基于主教材和绘本知识等方面的融合，让学生在相应的情境中开展听、说、读、写等一系列语言实践活动，培养学生的综合语用能力，体现英语学科学习的工具性与人文性。明确的教学目标作指引，采用的教学活动形式就能紧扣教学内容，达到理想的教学效果。

## 六、一份完整的小学英语主教材与绘本融合课课堂教学设计

外研版《英语（新标准）》（三年级起点）四年级上册
### Module 5 Unit 1 Can you run fast?

执教教师/陈美聪　指导教师/黄庆迎、潘茹梅

附：教材内容

---

**主教材内容**

Sam：Amy, can you run fast?

Amy：Yes, I can.

Sam：Aah. I'm the winner. You can't run fast!

Sam：Daming, can you jump high?

Daming：Yes, I can.

Sam：Look! I'm the winner. You can't jump high.

Daming：Yes, you can jump very high!

Lingling: Can you jump far, Sam?

Sam: Yes, I can. Can you?

Lingling: No, I can't. You're the winner.

Daming: Can you ride fast, Sam?

Sam: Yes, I can. Whoops! No, I'm afraid I can't.

**绘本内容**

Ant met a bird.
"Can you fly?" said the bird.
"No, I can't," said the ant.

Ant met a frog.
"Can you hop?" said the frog.
"No, I can't," said the ant.

Ant met a fish.
"Can you swim?" said the fish.
"No, I can't," said the ant.

Ant met a dog.
"Can you bark?" said the dog.
"No, I can't," said the ant.

Ant met a bee.
"Can you buzz?" said the bee.
"No, I can't," said the ant.

Ant met a cow.
"Can you moo?" said the cow.
"No, I can't," said the ant.

Ant met a pig.
"Can you oink?" said the pig.
"No, I can't," said the ant.

Ant met a spider.
"Can you crawl up a wall?" said the spider.
"Yes, I can," said the ant.

 **1. 教学内容与学情分析**

（1）教学内容分析

①主教材：文本的情境是 Sam 和 Amy、Lingling、Daming 外出玩耍，Sam 挑战他的朋友们进行四轮技能比赛。功能语句有 "Can you run fast? Yes, I can. Can you jump high? No, I can't. Can Sam play football?"。询问能力是朋友之间增进了解的一种方式。生活中，孩子们之间经常相互比赛、展示自己的才能。

②绘本教材：Ant Can't 选自《海尼曼分级绘本 G1—C》。绘本情境是小蚂蚁 Ant 外出游玩时遇到它的动物朋友们，大家相互展示自己的才能。这是一本非常适合本模块进行融合教学的绘本，其文本对于四年级学生来说难度适宜，主题、情境和语言知识与主教材完全吻合。因此，本节课利用绘本故事辅助主教材进行融合教学，有效突破教学重、难点，让学生在真实的语境中自然地习得语言，真正把语言知识变成学生语言交际的工具。

（2）学情分析

四年级学生通过一年多的英语学习，已经有了一定的知识储备。教材中出现的运动类词汇都已在三年级接触过，对大部分学生来说并不存在困难。但是，学生是首次接触询问能力的语言表达，教师应在教学过程中淡化语法和词汇知识的处理，引导学生进行有意义的语言学习，进而输出、内化语言。其次，教师拟通过问题设置，培养学生从多方面提取信息的能力；利用小组合作学习，培养学生与他人的合作能力；创设语境，巧用表演、比赛、游戏等教学活动，对学生起到激励作用，以更好地完成本节课的教学任务。

表 12-1 知识融合点

| 教材 | 课题 | 主题 | 语言知识 | | 语言技能 | 文化意识 | 学习策略 |
|---|---|---|---|---|---|---|---|
| | | | 核心词汇 | 主要句型 | | | |
| 主教材 | Can you run fast? | Ability | 动词词汇：run fast、jump high、jump far、ride fast 等 | Can you...?  Yes, I can. No, I can't. | 听、看为主，结合说 | 学会扬长避短，树立自信的人生观 | 在语境中学习词汇和句型 |
| 绘本 | Ant can't. | Ability | 动词词汇：crawl up 拟声词：buzz、moo、oink、bark | Can you...? Yes, I can. No, I can't. | 读取信息为主，结合说、演 | 培养学生正确看待自己和他人的优缺点 | 在语境中学习词汇和句型 |

## 2. 整体设计思路与教学流程图

（1）整体设计思路

本节课采用小学英语"I-AFAC"主教材与绘本融合课的教学模式。该教学模式设计的教学活动是基于资源融合（Integrating），巧妙融入绘本，从而进行情境或文本重构的一种深度融合的教学，其教学活动具体为：激活已知知识（Activating），寻找聚焦语言（Focusing），以吸收内化知识（Absorbing），进而实现创新拓展（Creating）。在授课过程中，教师将绘本与主教材的融合教学渗透在教学活动的多个环节，运用听、说、玩、演等学习方式，引导学生运用已有知识对故事情境进行预测、谈论。同时，在问题链引导下逐步构建知识框架，进而深入学习文本，为整体输出做准备。总体来说，本课在原始教学模式的基础上，结合绘本阅读进行深度融合教学，试图探索更有利于提高学生英语素养的教学策略。

（2）教学流程图

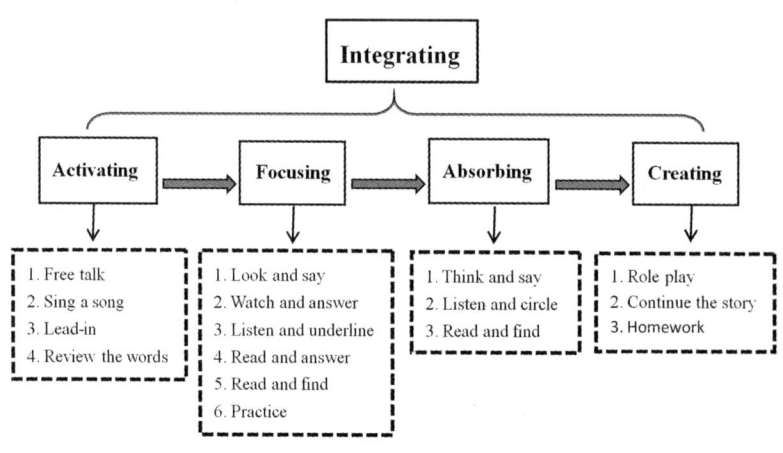

图 12-14

### 3. 教学目标

（1）语言能力目标

①听懂、理解主教材与绘本里的词汇：run fast、jump high、jump far、ride fast、crawl up a wall 等，部分学生能认读、理解拟声词：buzz、moo、oink、bark 等。

②能在老师和视频情境的帮助下，听懂、会说、会认读并运用句型"Can you...? Yes, I can. /No, I can't."。

（2）学习能力目标

①学生能从教材和绘本中获取关于询问能力的关键信息。

②学生能根据学习内容和学习重点，在教师引导下整合关于能力的运动类词汇及相关语言。

（3）思维品质目标

①教师将主教材与绘本进行融合教学，由浅入深，循序渐进，激发和培养学生的英语思维能力，发展学生的归纳、概括等思维品质。

②教师运用听、说、玩、演、唱等学习方式开展教学活动，培养学生的创造性思维。

（4）文化意识目标

通过体验"I'm afraid I can't."，让学生初步感知中外文化差异，培养学生正确看待自己和他人的优缺点，学会扬长避短，树立自信的人生观。

### 4. 教学重、难点

（1）教学重点

①学生能听懂、理解主教材与绘本的词汇：run fast、jump high、jump far、ride fast、crawl up a wall。

②学生能够正确听、说、认读、运用主要句型"Can you...?"及其回答"Yes，I can. /No，I can't."。

（2）教学难点

①学生能够理解主教材与绘本融合后所生成的知识，并能将其运用。

②学生能进一步理解 can 的语义和运用结构。

### 5. 教学准备

课本、绘本、希沃白板、动物头饰、单词卡片等。

### 6. 教学过程

**Step 1　Activating**

（1）Free talk

教师用肢体语言配合主教材的目标语句"Can you...?"进行简单谈话，让学生感知重点句型，并自然地过渡到下一个环节。

T：Hello, kids. Look at me! I can run. Can you run?

Ss：Yes/No.

T：I can dance. Can you dance?

Ss：Yes/No.

T：I can sing English songs. Can you?

S：Yes/No.

T：Let's sing together, OK?

(2) Sing a song：*What Can You Do*?

What can you do?

I can sing a song. Sing a song, sing a song, sing a song.

What can you do?

I can climb a tree. Climb a tree, climb a tree, climb a tree.

**设 计 意 图**

教师借助韵律十足的英文歌曲，不仅可以复现动词词汇，让学生初步感知知识点，而且可以创造轻松的课堂氛围，拉近师生间的距离，有效地激发学生的学习兴趣。

(3) Lead-in

课件出示主教材主人公 Sam 打电话的图片和谜语，教师引导学生猜测 Sam 正在和谁打电话，然后揭晓谜底。接着，教师引导学生猜测主人公谈话的内容，让学生畅所欲言，引出"Sports"主题。

Riddle：It's black. It's very small. But it's very strong. It's an animal. What is it?

图 12-15

T: Look! Sam is on the phone. Pay attention to the riddle, and guess: Who's calling Sam?

Ss: Amy/Daming/…

教师利用白板的蒙层功能揭晓谜底：绘本的主人公 Ant 正在给 Sam 打电话。

T: What are they talking about?

S: Sports/Weekend/Food…

课件出示两个主人公的对话内容，引出主题。

Sam: I'm going to have a sports day.

Ant: I'm going to have a sports day, too.

### 设计意图

教师巧妙设计"语境融合"的策略，利用创设运动日的情境，将主教材文本主人公 Sam 与绘本主人公 Ant 联系起来，让学生对本节课的教学内容有一个整体的印象，将绘本内容融入相应教材话题中，使主教材元素与绘本元素有机融合，从而整体把握、设计教学环节，发展学生英语思维能力。

(4) Review the words

①基于师生谈话的"Sports"主题，教师利用希沃白板功能出示带有多种运动图标的转盘，引导学生点击运动图标，说说运动项目的词汇。

T: Oh! They are going to have a sports day. What do you know about sports? Let's touch the logo and have a try.

Ss: Basketball/football/swimming…

图 12-16

②教师引导学生利用转盘上的运动类词汇，尝试用目标语句"Can you...?"来猜测老师在运动日可能参加的运动项目，接着让学生猜一猜Sam在运动日将参加什么运动项目，由此引入课文文本。

T：Sports day is very exciting. We can do many sports. I love it，too. So please guess：What can I do on sports day?

Ss：Can you run/sing/fly kites...?

T：I'm going to run on sports day. I can run fast. What can Sam do?

**设计意图**

在分析教学目标要求的基础上，整合话题资源，巩固旧知，并巧妙地运用问题式引学，营造整体式思维。教师利用转盘的主题"Sports"设计出环环相扣的高质量问题，激发学生已有知识，启发学生英语思维，充分发挥课堂提问的有效性，体现开放的教学手段。

**Step 2　Focusing**

（1）Look and say

教师出示主教材文本视频，并引导学生带着问题观看，从而引出文本中其他三位主人公。

T：Today，Sam is going to have a competition with his friends. So please guess：Who will join with Sam?

Ss：Amy/Daming/Lingling.

（2）Watch and answer

①教师引导学生了解Sam第一轮与Amy的比赛，让学生猜测谁会获胜，并教授新词组run fast。学生通过观看视频回答谁是获胜者，得出比赛结果1∶0。

T：Please guess：Who can run fast?（板书：run fast）

S：Sam/Amy.

T：Yes，Sam can run fast. He is the winner.（板书：winner）

出示winner进行新词教学，并在接下来的每一轮比赛中进行渗透学习和巩固。

②教师出示以下表格，引导学生小结第一轮比赛情况，为融入绘本学习做铺垫。

**Summary**

| | run fast | jump high | jump far | ride fast |
|---|---|---|---|---|
| 😊 | 😊 | | | |
| 😢 | 😢 | | | |
| | | | | |
| | | | | |

（3）Listen and underline

教师引导学生了解 Sam 第二轮与 Daming 的比赛，让学生猜测谁会获胜，并教授新词组 jump high，然后播放录音，让学生边听录音边在答案下画线，得出本轮比赛结果 2∶0。最后通过表格小结比赛情况，达到复习巩固的效果。

T：Please guess：Who can jump high?（板书：jump high）

S：Sam/Daming.

T：Yes，Sam can jump high. He is the winner.

（4）Read and answer

①教师引导学生了解 Sam 第三轮与 Lingling 的比赛，让学生猜测谁会获胜。教师借助图片和视频教授新词 far 和词组 jump far，并借助一首 Chant 进行操练，突破教学重点。

Let's chant
The park is very far.
I go there by car.

②教师引导学生自读课文并找出答案，得出本轮比赛结果 3∶0，并通过表格小结比赛情况，达到复习巩固的效果。

T：Please guess：Who can jump far?（板书：jump far）

S：Sam/Daming.

T：Yes，Sam can jump far. He is the winner.

（5）Read and find

教师引导学生了解 Sam 与 Daming 的第四轮比赛，让学生猜测谁会获胜。教师引导学生自读课文并找出答案，由此得出比赛结果是 Sam 以 3∶0 获胜。接着通过表格小结比赛情况，达到复习巩固的效果。

T：Please guess：Who can ride fast?

Ss：Sam/Daming.

T: Yes, Daming can ride fast. He is the winner.

教师提出疑问："Why can't Sam ride fast?"，引导学生找出 Sam 没有获胜的原因，并借此情境教授新词 afraid 的发音及其意思。

### 设 计 意 图

将主教材文本创设成真实的比赛情景，按情节分成四轮比赛。巧妙设置问题，让学生带着问题学习文本，难度由浅入深，逐步构建知识图表，教学环节环环相扣，大幅降低了文本学习的难度。

（6）Practice

①教师引导学生利用表格，对主教材文本内容进行梳理。

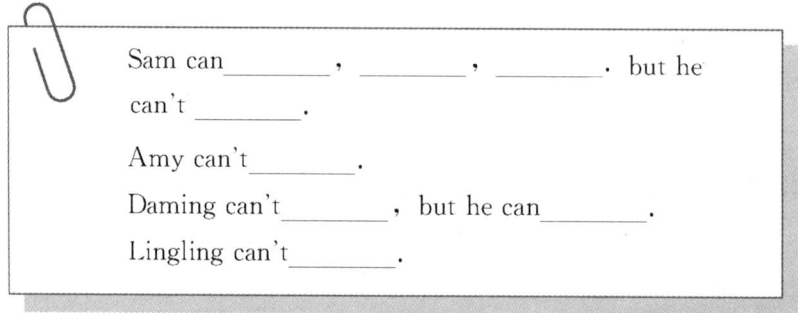

②教师带着学生利用表格内容进行文本小结。

```
Sam can _____, _____, _____. but he
can't _____.

Amy can't _____.

Daming can't _____, but he can _____.

Lingling can't _____.
```

### 设 计 意 图

通过图表形式，将文本内容逐步转化成文本框架，可以有效地帮助学生对主教材文本进行梳理，加深对文本的理解，也为绘本的深度融入做好铺垫。其次，由老师带领学生进行文本小结，有利于培养学生由低阶思维到高阶思维发展的能力。

**Step 3　Absorbing**

(1) Think and say

巧设动物运动会情境，利用主教材文本学习过程中构建的图表，引入绘本，猜测绘本主人公 Ant 可能会做的事。教师示范说："Can Ant run fast?"，引导学生输出，运用目标语句猜测 Ant 的能力，达到巩固、内化语言知识的目的。

(2) Listen and circle

教师引导学生听绘本故事，圈出 Ant 不会做的事的相关动词：fly、buzz、hop、moo、swim、oink、bark，并形成关于绘本内容框架的表格。

T：Today, we are going to enjoy this picture book about Ant. What can't Ant do in this picture book?

Ss：Ant can't_____.

(3) Read and find

①教师引导学生带着 Ant 会做什么的疑问，看视频跟读绘本故事，找出 Ant 会做的事情，并教授词组 crawl up a wall。（教师板书）

T：What can Ant do?

Ss：Ant can crawl up a wall.

②情感教育

教师播放 Ant 是"大力士"的科普视频，然后让学生自由发言，谈谈他们从故事中收获的感悟，并适时进行情感教育："Just believe in yourself：I can do it!"。

**设计意图**

精准把握融合点，拓宽教材局限性。教师通过问题引导学生找出绘本主要动词，让学生由主教材的学习正迁移到绘本的学习，既拓展了学习内容，又将主教材的目标语句有效地融合在绘本的学习中，丰富语言知识结构的同时，进一步巩固和加深目标语句的学习，并有效地帮助学生内化知识，实现语用功能。

**Step 4　Creating**

（1）Role play

让学生扮演绘本中的人物进行简单的对话，达到学以致用的目的。

（2）Continue the story

教师先做示范，给出范本。

（3）Homework

• Make a lapbook about ability.

• Do a survey. 扮演世界中学生运动会小记者，利用所学句型询问同学的能力。

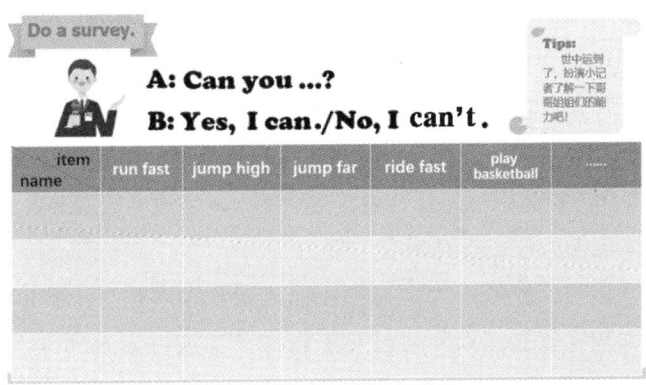

 设计意图

善于利用课堂资源，注重课堂生成，适时进行价值引导。教师设计了角色扮演、续编绘本、制作小记者采访调查表、Lapbook等活动，引导学生依托自己的知识经验，结合课堂知识，融合绘本蕴含的多方面、多层次的内容信息，生成独有的知识体系，从而创造性地使用语言知识，拓宽知识纬度，达到输出价值最大化、最优化。

## 7. 板书设计

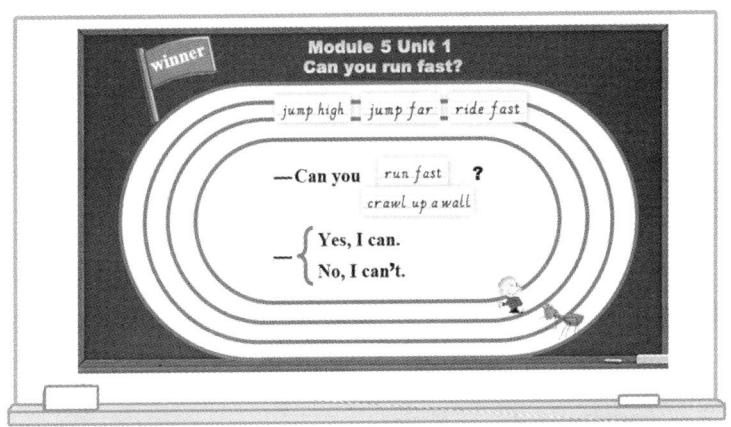

 **8. 课例点评**

本课以 Ability 为话题，以主教材和绘本融合后重构的情境为体裁，以主教材主人公 Sam 和绘本主人公 Ant 与他们各自的朋友进行能力比拼为主线，以表格框架为思维工具，以精准的融合点为催化剂，以有效的活动为依托，运用主教材与绘本融合"I-AFAC"教学模式进行深度融合教学，从而突破教学重、难点。教师引导学生在问题引领下深入学习文本，让学生在学习中学会询问能力，在主动参与、乐于体验、勤于思考的过程中，真正把语言知识转化成语言交际的工具，提高学生的综合语言运用能力，创建高效的融合课堂。

（1）整体把握教学，提高融合效度

在设计教学时，教师以主教材为依托，融合绘本教材，整体把握教学过程，提升课堂教学效益。教师通过对主教材文本进行深入剖析，结合学生学情，选择话题内容、文本情境、语言知识等相匹配的绘本融合于教学之中。在教学的导入环节，教师将主教材与绘本的主人公进行情境重构，设计了 Guessing game 活动和转盘游戏，激活学生关于运动类词组及相关信息的已有知识，进入本课学习主题。在新授环节的设计中，教师精准把握融合点，灵活设计 Think and say 活动，由主教材文本学习的语言知识点迁移到绘本的学习，发展学生思维品质。在巩固、拓展环节利用绘本情境设计 Role play 活动和 Continue the story 活动，内化主教材知识，触通语言运用。总之，教师通过多个环节深度融合进行教学，采用丰富的语言实践活动，发展学生的语言能力。

（2）夯实语言要点，深化融合深度

将绘本融入教学带给英语学习一个全新的视角，打破了传统教学单纯进行知识讲解的枯燥、无味，让学生能够通过绘本中有趣的对话内容来夯实所学的英语知识。教学中，教师将绘本 Ant Can't 带入课堂，引导学生将从教材中获取的知识运用到绘本中进行学习、实践，以绘本中获取的知识来强化和补充教材中的知识，让语言操练更具趣味性和情境性。一方面，复现了询问能力的目标语句"Can you...？Yes，I can. /No，I can't."，帮助学生对教材中的内容进行深化理解，达到训练语言能力的目的。另一方面，让学生能够在感受绘本丰富画面的同时，恰当地运用绘本的故事情节，丰富教学内容，从而激发和培养创新能力和想象力。

（3）巧设图表框架，提升融合维度

小学生英语认知水平和交际经验有限，借助语言支架辅助教学，为学生的语言输入和输出提供有效的"生长点"或"脚手架"，可以有效地促进学生组织、加工、建构英语，较好地实现语言输出，促进学生语言能力的发展。在新授环节，教师通过图表形式，在教学过程中借助主教材文本情境的学习逐步转化成文本框架，然后以主教材的主人公能做某事为切入点，正迁移到绘本主人公 Ant 能做某事的融合学习，不仅有效地帮助学生梳理了主教材文本，构建起完整的知识网络，加深了对文本的理解，丰富了语言输出，而且为巩固环节中绘本的深度融入做好了铺垫，为学生语言知识的整体输出提供了准备，有效地促进了学生思维品质的形成，提高了融合教学的效度。

（4）注重创新生成，拓宽融合广度

课堂因生成而精彩。在课堂上生成创新资源已成为英语课堂的新追求，也成为英语课堂的亮点。教师应善于盘活教学资源、拓宽生成空间，通过创新活动设计积极引导课堂生成。课堂上，教师设计了拓展环节的 Role play、Continue the story、制作 Lapbook 等活动，为学生提供了更多的思考空间，引导学生依托主教材和绘本所学的语言演绎绘本故事、自主续编绘本，拓宽学生学习的知识纬度，培养学生的想象力和创造力。

（点评专家：林平珠，泉州市教育科学研究所）

### 9. 执教教师简介

陈美聪，泉州市晋江市第二实验小学英语教师，晋江市骨干教师，晋江市"教坛新秀"。2015 年参加第九届全国小学英语教师基本功大赛，荣获优秀课例评选一等奖。

# 参考文献

[1] 中华人民共和国教育部. 义务教育英语课程标准（2011年版）[M]. 北京：北京师范大学出版社，2012.

[2] 中华人民共和国教育部. 普通高中英语课程标准（2017年版）[M]. 北京：北京师范大学出版社，2017.

[3] 贾秋林. 基于教材文本分析的对话教学设计与实施[J]. 中小学外语教学（小学篇），2018（4）：15-20.

[4] 陈剑. 优化小学英语高年级对话教学的策略探讨[J]. 中小学外语教学（小学篇），2019（2）：51-57.

[5] 冯茜. 单元整体教学设计的实践与思考——以人教版《英语》教材为例[J]. 中小学外语教学（小学篇），2018（10）：53-58.

[6] 乐伟国. 小学英语语音入门教学策略[M]. 宁波：宁波出版社，2010.

[7] 朱浦. 小学英语教学关键问题指导[M]. 北京：高等教育出版社，2016.

[8] 龚海平. 龚海平的小学英语教学主张[M]. 北京：中国轻工业出版社，2015.

[9] 王初明. 英语语音自我概念与实际英语语音水平[J]. 外语界，2004（5）：62-67.

[10] 李荣华. 小学英语4D课堂词汇教学模式探究[J]. 基础英语教育 2014，16（6）：50-54.

[11] 张洲，尹邵春. 课程标准（2011）导读与教学实施[M]. 北京：北京理工大学出版社，2012.

[12] 罗少茜，赵永海，邢加新. 英语词汇教学[M]. 南宁：广西教育出版社，2016.

[13] 章兼中. 英语教学模式论[M]. 福州：福建教育出版社，2016.

[14] 施嘉平. 小学英语课堂教学设计[M]. 上海：上海教育出版社，2019.

[15] 王笃勤. 英语阅读教学[M]. 北京：外语教学与研究出版社，2013.

[16] 葛炳芳. 英语阅读课堂教学：阅读素养与综合视野[M]. 北京：

外语教学与研究出版社，2019.

［17］康淑敏. 英语课堂教学艺术经典案例评析［M］. 福州：福建教育出版社，2018.

［18］王蔷，敖娜仁图雅. 中小学英语绘本教学的途径与方法［J］. 课程·教材·教法，2017（04）：70-75.

［19］李杨，王丹. 基于新课标的小学英语绘本教学［J］. 中小学英语教学与研究，2012（09）：9-12.

［20］戈向红. 小学英语绘本"三环节"教学模式探讨［J］. 当代教育家，2016（12）：37-41.

［21］李静纯. 小学英语故事教学［M］. 北京：外语教学与研究出版社，2013.

［22］刘海涛，王林发. 故事教学的规则与方法［M］. 福州：福建教育出版社，2016.

［23］王蔷，敖娜仁图雅，罗少茜，陈则航，马欣. 小学英语分级阅读教学：意义、内涵与途径［M］. 北京：外语教学与研究出版社，2017.

［24］蒋树业. 包天仁与四位一体教学法［M］. 北京：国际文化出版公司，2003.

［25］曹伟华. 支架理论指导下的小学英语写作教学实践［J］. 中小学外语教学（小学篇），2019（7）：5.

［26］王建平. 小学英语关键问题实践研究［M］. 北京：北京师范大学出版社，2017.

［27］徐浩，屈凌云. 聚焦英语学科核心素养［M］. 北京：外语教学与研究出版社，2019.

［28］梅德明，王蔷. 普通高中英语课程标准（2017年版）解读［M］. 北京：高等教育出版社，2018.

［29］王英华. 小学英语绘本教学实用指南［M］. 安徽：中国科学技术大学出版社，2019.

［30］黄蓓. 在故事教学中培养学生主动参与学习的实践与思考［J］. 中小学外语教学（小学篇），2015（9）：29-33.

［31］王毅，石晓佳. 采用"英语语音教学模式"开创大学英语教学新局面［J］. 山西师大学报（社会科学版）研究生论文专刊，2009（S2）：151-153.